André Kostolany

Die Kunst über Geld nachzudenken

Inhalt

Vorwort

Als André Kostolany und ich im Februar diesen Jahres an dem vorliegenden Buch zu arbeiten begannen, wussten wir beide, dass es sein letztes Buch sein würde. Dass mein Vorwort aber zugleich ein Nachruf sein würde, ahnte ich nicht.

Am 14. September starb André Kostolany im Alter von 93 Jahren in Paris. Die Folgekrankheiten eines Beinbruchs hatte sein geschwächter Körper nicht mehr verkraftet.

Doch in seinen Werken lebt er weiter. Dreizehn Bücher, einschließlich des vor Ihnen liegenden, hat er geschrieben. Sie wurden weltweit rund drei Millionen Mal verkauft. 414 Mal erschien seine Kolumne in *Capital* – die erste in der März-Ausgabe 1965 unter dem Titel *Bekenntnisse eines Spekulanten* und die letzte in der Oktober-Ausgabe diesen Jahres. Sein größter Wunsch war es, die Kolumne für die Januar-Ausgabe 2000 noch zu schreiben. »*Capital* hat es mir garantiert, aber wer garantiert für *Capital*?«, hatte er in seiner gewohnt humorvollen Art gesagt.

Unzählige Vorträge und Fernsehauftritte absolvierte er in den vergangenen 35 Jahren. Doch egal wo Kostolany auftrat, ob auf dem Wirtschaftsforum in Davos oder bei der Volksbank Jever, ob in der *Telebörse* oder in der *Harald Schmidt Show*, er war immer der gewohnt humorvolle, geistreiche und streitbare Kämpfer für einen sauberen Kapitalismus.

Er wurde zum Altmeister der Börse. Wer auf heiße Tipps vom Börsenguru Kostolany wartete, wurde jedoch enttäuscht. »Erwarten Sie keine Tipps«, begann er jeden seiner Vorträge. Tipps gebe es nicht, sie seien stets der Versuch einer Bank oder einer anderen Interessengruppe, irgendeine Aktie beim Publikum abzuladen. Ratschläge gab er in den 35 Jahren seines journalistischen Wirkens hingegen viele. Der berühmteste war wohl, in die Apotheke zu gehen, Schlafmittel zu kaufen, einzunehmen, dann eine Palette internationaler Standardwerte zu kaufen und ein paar Jahre zu schlafen. Wer diesen Rat beherzigte, erlebte die von ihm zuvor prophezeite angenehme Überraschung.

Den weisesten seiner Ratschläge gab er jungen Eltern: »Investieren Sie in die Ausbildung ihrer Kinder!« Was aus dem Munde eines anderen wie ein pathetischer Allgemeinplatz geklungen hätte, erhielt durch Kostolanys eigene Erfahrung Gewicht. Seine Eltern hatten ihn im Alter von achtzehn Jahren zu einem befreundeten Börsenmakler nach Paris in die Lehre geschickt. Dank dieser Ausbildung konnte ihr jüngster Sohn André ihnen später, nachdem sie durch den Krieg und den Kommunismus alles verloren hatten, einen angenehmen Ruhestand in der Schweiz finanzieren.

»Genießen Sie das Leben«, lautete der Rat, den er seinem Publikum aus dem durch Budapest fahrenden Audi A8 gab. Ein Grundsatz, den er beherzigt und (fast) bis zum Schluss gelebt hat. André Kostolany genoss das Leben in vollen Zügen. Er liebte die klassische Musik. Über 100 Mal sah er Wagners *Meistersinger von Nürnberg* und den *Rosenkavalier* von Richard Strauss, den er zu seiner großen Freude noch persönlich kennen lernen durfte. Klassische Musik zu hören, eine gute Zigarre zu rauchen und über die Börse nachzudenken, bereitete ihm größtes Vergnügen. Nur die Zigarre ließ er aus gesundheitlichen Gründen später weg.

Kosto, wie wir Freunde ihn nennen, genoss aber nicht nur das angenehme Leben, sondern auch seine »Arbeit«. So wie sein Publikum ihn brauchte, so brauchte er sein Publikum. Es gab ihm die Bestätigung und hielt ihn jung. »Geistige Gymnastik« war seine Antwort auf die immer wieder in Interviews und Diskussionen gestellte Frage nach seiner Vitalität. Doch er wusste, dass mit zunehmendem Alter Musik hören und nachdenken im Kampf gegen die Senilität nicht mehr ausreichten. Er forderte sich, hielt 1998 noch über dreißig Vorträge, trat in verschiedenen Fernsehsendungen auf und gab diverse Interviews. Zwar wurde die Anreise per Flugzeug, Bahn oder Auto, einschließlich des letzen Fußweges auf die Bühne, immer beschwerlicher, doch die bequemen Sessel, die ihm die Vortragsveranstalter stets zur Verfügung stellten, nahm der »Herr« Kostolany bis zuletzt nicht in Anspruch. Hatte er mit beiden Händen das Rednerpult fest im Griff, blühte er auf, und es folgten 60 bis 90 mitreißende, spannende und witzige Minuten. Immer häufiger gab es anschließend Standing Ovations.

André Kostolany ist zur Kultfigur zweier Börsianer-Generationen in Deutschland geworden. Star-Allüren blieben ihm trotzdem fremd. Auf die Autogrammwünsche junger Leute entgegnete er ungläubig: »Ich bin doch kein Rockstar«, bevor er dem Wunsch nachkam und auf Eintrittskarte, Geldschein oder T-Shirt unterschrieb.

War er nicht als Wanderprediger der Börse, wie er sich selbst nannte, unterwegs, lebte er in Paris bei seiner Frau oder in seiner zweiten Heimat München. Dort angekommen führte ihn sein Weg mittags ins Café in der Hypo-Passage. Abends ging es zu seinem Stammitaliener *ROMA* auf der Maximilianstraße oder in den *Austernkeller*. Die seiner Ansicht nach beste Küche aber fand er – wie soll es anders sein – in Paris. Mittags bei *Chez André* auf der Rue Marbœuf. In diesem Bistro gebe es die besten Austern der Stadt, sagte er. Als Dessert die Tarte Chocolade oder Millefeulle. Anschließend führte ihn sein Weg in das berühmte *Café Fouquet's* auf den Champs-Elysées, wo er abgesehen von den Kriegsjahren seit 1924 Stammgast war. Nachmittags hielt er regelmäßig Siesta, bevor es am Abend in eine der berühmten Brasserien der Stadt ging. Besonders liebte er das *La Coupole* im Stadtteil Montparnasse, dessen berühmte heiße Tage er in den Dreißigerjahren noch miterlebt hatte.

André Kostolany hat sich seit 1917 ununterbrochen mit Geld und Börse beschäftigt und war dennoch kein Materialist. Nicht das Geld, das er bei Spekulationen einstrich, sondern mit seiner Überlegung Recht bekommen zu haben, bereitete ihm das Vergnügen. Er bezeichnete sich selbstbewusst als Spekulant. Für ihn war Spekulation eine intellektuelle Herausforderung. Er hatte zu Geld einen gesunden Abstand, seiner Ansicht nach die Grundvoraussetzung für einen erfolgreichen Spekulanten. Kosto war weder geizig noch schmiss oder protzte er mit dem Geld herum. Geld war für ihn Mittel zum Zweck. Es bot ihm Hilfe in jener Notsituation, als er vor den Nazis aus Paris flüchten musste, die beste medizinische Versorgung, was er besonders in seinen letzten Monaten zu schätzten wusste, und die Möglichkeit, ein angenehmes Leben zu führen. Reizte den Musiknarren Kostolany eine Oper oder ein Konzert besonders, flog er auch für nur einen Abend nach Mailand in die Scala. Konnte man ohne große Mühe etwas sparen, war er auch dabei. So tauschte er regelmäßig die First-Class-Tickets, die ihm manche Vortragsveranstalter schickten (als es die First-Class noch auf allen Flügen gab), in zwei Economy-Tickets um und zweigte so einen Privatflug ab. Er sei so schlank, dass er die breiten Sitze ohnehin nicht ausfüllen könne, pflegte er dann zu sagen.

Vor allem aber genoss der Weltbürger Kostolany die finanzielle Unabhängigkeit, die ihm das Geld gab. Sie war für ihn nach der Gesundheit das wichtigste Gut und der größte Luxus: die Unabhängigkeit, (fast) alles tun und alles sagen zu können, was man will, und nichts tun und sagen zu müssen, was man nicht will. Vor allem der Kolumnist Kostolany liebte seine Unabhängigkeit – im Kampf gegen die Schwindelfonds der IOS in den 70er-Jahren, gegen die Goldlobby in den 80er-Jahren und die Bundesbank und den Neuen Markt in den 90er-Jahren. Welchen Kampf er auch immer führte, er war stets »Überzeugungstäter«. Die von manchen seiner Kritiker geäußerte Vermutung, er baue sich Feindbilder auf, um seine Popularität zu erhöhen, war abwegig. Wer ihn wie ich persönlich gut kannte, weiß, dass er auch im Dialog mit gleicher Vehemenz für seine Überzeugung stritt wie in seinen Kolumnen und Vorträgen. Auf die Frage einer

Journalistin, ob er noch einmal zwanzig Jahre alt sein wolle, entgegnete er: »Zwanzig? Machen sie Witze? Achtzig Jahre möchte ich sein, dann hätte ich noch zehn Jahre, um gegen die Bundesbank zu kämpfen.«

Lange vor Oskar Lafontaine bekannte Kostolany: »Mein Herz schlägt links«, doch der Satz ging bei ihm weiter: »Doch mein Kopf ist rechts und meine Brieftasche schon längst in Amerika.« Seine jahrzehntelange Börsenerfahrung hatte ihn gelehrt, dass in der Wirtschaft Praxis und Theorie weit auseinander liegen.

Die Kunst über Geld nachzudenken ist das letztes Vermächtnis André Kostolanys. Vom Beginn des Jahres 1999 bis zu seinem Tod bildete die Arbeit an diesem Buch das Zentrum seines Schaffens. An seine Pariser Wohnung gefesselt, konzentrierte er alle Kräfte auf dieses Projekt. Nur das Vorwort, das jeder Autor kurioserweise zum Schluss schreibt, blieb er dem Leser schuldig.

Besonders die neue, durch den Börsengang der Deutschen Telekom geschaffene Börsianer-Generation lag ihm am Herzen. Ausdrücklich begrüßte er die zunehmende Akzeptanz der Aktienanlage in Deutschland, doch besorgte ihn zugleich die sich ausbreitende Spielwut. Mit dem vorliegenden Buch wollte Kostolany für sein Verständnis von Anlage und Spekulation werben, das sich für ihn nicht in Daytrading, Echtzeit, Realtime oder Stop-loss erschöpfte.

In der Einführung seines Buches *Bilanz der Zukunft* gestand er , dass er seit einigen Jahren nicht mehr zur Börse gehe, weil er Angst habe, der Allmächtige könne ihn dort entdecken und denken: »Was, der alte Kosto ist immer noch da? Er soll heraufkommen, ich kann ihn hier auch gut brauchen. Seine alten Kollegen warten schon auf ihn, und sein Platz am Stammtisch ist noch frei.« Wenn ihn der Herr aber irgendwann zu sich hole, dann würde es ihn mit Glück erfüllen, wenn er seine Freunde, Schüler und Leser sagen höre: »Der Kosto hat doch Recht gehabt!«

Lieber André, ich hoffe, du hast bereits Platz genommen

und wirfst dieser Tage einen Blick auf die Börsen. Dann wirst du sehen, dass sie deinem Optimismus, den Schwarzsehern zum Trotz, weiter Recht geben.

Bremen, im Dezember 1999
Stefan Riße

Stefan Riße war ein enger Freund und häufiger Begleiter André Kostolanys. Er ist freier Finanzjournalist und schreibt eine Kolumne für das Printmagazin *Die Telebörse.*

Die Faszination des Geldes

Geld und Moral

Von Aristoteles über Franz von Assisi (dem Apostel der Armut) und Marx bis Johannes Paul II. haben die Denker eine Frage immer wieder leidenschaftlich erörtert: Ist der Drang nach Geld moralisch vertretbar und gerechtfertigt? Einig wurden sie sich freilich nie, doch waren alle gleichermaßen vom Geld und seiner Wirkung fasziniert. Die einen fühlten sich abgestoßen, die anderen angezogen. Sophokles sieht im Geld die Verkörperung des Bösen, während Emile Zola in seinem von mir so geliebten Roman *Das Geld* die Frage stellt: »Warum sollte das Geld an allen Unsauberkeiten, die es verursacht, schuld sein?« Ein objektives Urteil ist und bleibt unmöglich. Es hängt von der philosophischen Einstellung und auch der materiellen Situation jedes Einzelnen ab. Denn die Motivation, den Drang nach Geld für unmoralisch zu erklären, erwächst bei vielen aus Neid und nicht aus dem Wunsch nach Gerechtigkeit.

Doch unabhängig von der Beantwortung der Frage ist eines wohl unbestritten: Der Drang nach Geld ist die Triebfeder des wirtschaftlichen Fortschritts. Die Chance, Geld zu verdienen, setzt die Kreativität, den Fleiß und die Risikobereitschaft jedes Einzelnen frei. Der Philosoph mag fragen, ob uns das Geld oder das, was wir damit erwerben können, denn wirklich glücklicher macht. Sind wir aufgrund von Computern, Fernsehern, Autos etc. glücklicher als die Menschen vor 500 Jahren, die all dies nicht hatten? Vielleicht nicht, weil man nicht vermissen kann, was man nicht kennt. Eines aber ist sicher: Ohne den wirtschaftlichen Fortschritt, der auch verantwortlich für den Fortschritt in der Medizin ist, säße ich heute nicht hier und würde mit 93 Jahren an meinem dreizehnten Buch schreiben, ein Umstand der mich außerordentlich glücklich macht.

Ich will nicht behaupten, das kapitalistische Wirtschaftssystem, das auf dem Drang nach Geld aufgebaut ist, sei gerecht. Nein, es ist ein Betrug, aber geben wir zu – ein verdammt guter Betrug. Der Unterschied zwischen Kapitalismus und Sozialismus ist einfach erklärt: ein großer Kuchen, der ungerecht, oder ein kleiner Kuchen, der gerecht geteilt wird; mit dem Ergebnis, dass die gerechten Stücke des kleinen Kuchens viel winziger sind als die kleinsten Stücke des großen Kuchens. Jeder kann für sich entscheiden, welches System besser ist. Die Welt hat sich bis auf weiteres für den großen Kuchen entschieden. Wahrscheinlich, weil das kapitalistische Wirtschaftssystem dem menschlichen Naturell viel näher ist. Denn auch der Sozialismus hat den Drang nach Geld nicht beseitigen können. Ich erinnere mich noch, als ich 1946 nach dem Krieg nach Budapest fuhr. In Amerika herrschte ein aufgeheizter übersteigerter Kapitalismus. Auf Partys ging es nur um ein Thema: Geld. Nicht was jemand war, sondern nur was man verdiente und besaß war von Bedeutung. Und dann erlebte ich den krassen Gegensatz in Budapest. Dort sprach man nur über das, was die Leute machten und mit welchem Erfolg sie es taten. Der eine komponierte erfolgreich, der andere hatte einen Bestseller geschrieben. Der Nächste war anerkannter Wissenschaftler etc. Dieses Klima gefiel mir deutlich besser, doch ein Freund klärte mich auf: »Niemand spricht über Geld, doch alle denken daran.« Da aber wenig Hoffnung bestand, in den begehrten Besitz zu kommen, sprach man lieber nicht darüber.

Geld – der Wertmaßstab der freien Welt

Es besteht natürlich ein Unterschied zwischen dem Drang, Geld zu besitzen, und dem, Geld zu verdienen. Der Besitz von Geld bereitet die verschiedensten Freuden. Es gibt die, die bereits das Geld an sich glücklich macht. Ich kannte einen Mann, dessen Lieblingszeitvertreib es war, auf seinen Bankauszügen die Zahlen zu addieren. Dann gibt es auch diejenigen, die zwar vieles Schönes und Teures erwerben könnten, es aber nicht tun, weil ihnen der Gedanke genügt, es tun zu können. Sie spüren die Radioaktivität des Geldes – und das macht sie schon glücklich. Ich hatte einen Freund, der, wenn er das Wort Geld aussprach, seine Brieftasche durch den Stoff des Jacketts streichelte, mit dem Gefühl, dass alle Genüsse des Lebens im Scheckbuch kondensiert seien. Ein anderer erzählte mir, dass er jedesmal, wenn er Kasse machte und sie sehr positiv war, seine Libido spürte.

Glücklicherweise gibt es aber auch Leute, die nicht nur schätzen, dass sie mit ihrem Geld etwas kaufen können, sondern es auch tun. Sie wollen das Leben genießen. Sie begnügen sich nicht mit dem Studium einer Speisekarte, sondern wollen essen. Gäbe es diese Spezies nicht, müsste man sie erfinden, denn sonst würden wir in einer permanenten Deflation leben. Einer ihrer Vertreter war der Poet Josef Kiss, ein wahrer Intellektueller und für mich der ungarische Heinrich Heine. Folgende Anekdote wurde über ihn erzählt:

Auf dem Weg in die Bank, wo Kiss üblicherweise seine Unterstützung erhielt, sah er im Schaufenster eines luxuriösen Lebensmittelgeschäfts eine wunderbare Ananas.

»Was kostet sie«, fragte er zögernd.

»Hundert Forint, Herr Poet.«

Das kann ich mir nicht leisten, denkt Kiss und geht in die Bank.

Auf dem Rückweg kommt er wieder an dem Geschäft vorbei und dieses Mal erliegt er der Verlockung und kauft die Ananas. Auch der Geheimrat Leo Lanczy, Generaldirektor des Bankhauses, hatte am Vormittag die Ananas im Schaufenster gesehen. Nachmittags geht er hin und möchte sie kaufen.

»Wir haben sie nicht mehr, der Herr Kiss war da und hat sie gekauft.«

»Ach so«, meint der Generaldirektor und geht davon.

Bei der nächsten Gelegenheit, als Kiss wieder einmal in der Bank seine Unterstützung abholt, kommt der Geheimrat und mosert ihn an: »Sagen Sie, Herr Poet, Sie schnorren bei uns hundert Forint und dann gehen Sie hin und kaufen sich gleich eine Ananas dafür?«

»Aber Herr Generaldirektor«, antwortete Kiss, »habe ich keine hundert Forint, kann ich keine Ananas kaufen. Habe ich hundert Forint, darf ich keine Ananas kaufen. Wann soll ich mir denn dann eine Ananas kaufen?«

Diese Frage stelle ich auch den deutschen Politikern, die den Amerikaner vorwerfen, Champagner statt Coca-Cola zu trinken.

Für viele bedeutet Geld auch Macht und Statussymbol: Es bringt ihnen Freunde, Heuchler, Neider, Komplimente und zieht Schmarotzer an. Sie sind vom Geld fasziniert, weil sie wissen, dass es viele andere fasziniert. Geld kann aber auch eine Entschädigung für Miseren sein, zum Beispiel physische Behinderung, Hässlichkeit und so weiter. Oder es tröstet einen, der gesellschaftliche Ambitionen hat, seiner bescheidenen Herkunft wegen aber daran gehindert ist. Geld kann ihm die Ahnen ersetzen. Elsa Maxwell machte in den heroischen Jahren des amerikanischen Aufschwungs dadurch eine glänzende Karriere, dass sie die neuen amerikanischen Millionäre irischer Abstammung, die von den superfeinen »Mayflower«-Amerikanern nicht akzeptiert wurden, mit verarmten englischen Aristokraten zusammenbrachte. Diese neuen Millionäre fühlten sich plötzlich durch ihren Umgang mit den Earls und Dukes dem steifen amerikanischen Geldadel ebenbürtig, und die Millionen der Neureichen faszinierten gleichzeitig den Adel, der kein Geld mehr hatte.

Für andere bedeutet Geld medizinische Versorgung, Gesundheit und ein längeres Leben. Mit fortschreitendem Alter weiß ich diesen Vorteil des Geldes zunehmend mehr zu schätzen. Vor allem aber verschafft Geld Unabhängigkeit, für mich neben der Gesundheit das größte Privileg.

Wer kein Geld besitzt, muss welches verdienen. Die meisten Menschen tun es, um ihr tägliches Auskommen zu haben, andere, um in den Besitz von Geld zu kommen oder diesen zu vergrößern. Schopenhauer sagte: »Geld ist wie Meerwasser, je mehr man davon trinkt, desto durstiger wird man.«

Für viele aber macht nicht der Besitz, sondern das Verdienen des Geldes den eigentlichen Reiz aus. Wenn mir eine Spekulation glückt, dann freue ich mich in erster Linie nicht über das Geld, das ich dabei einstreiche, sondern über die Tatsache, mit meiner Idee gegen die Meinung der anderen Recht bekommen zu haben. Auch der Roulettespieler genießt das Gewinnen. Aber schon sein zweitgrößter Genuss ist das Verlieren, denn sein Vergnügen ist der Nervenkitzel, nicht das Geld.

Für Intellektuelle und Künstler bedeutet Geld verdienen neben den praktischen Vorteilen die Anerkennung ihrer Leistung. Es gibt Maler, Schriftsteller und Musiker, die reich zur Welt kamen. Dennoch werden sie versuchen, für ihre Bilder, Bücher oder Kompositionen den maximalen Betrag zu erzielen. Auch ich habe diese Erfahrung gemacht. Wenn meine Bücher sich gut verkaufen, freue ich mich weniger über das zehnprozentige Autorenhonorar sondern über den zehnfachen Preis, den die Leser dafür zu opfern bereit waren.

Einer meiner alten Freunde kaufte über Strohmänner Bilder seiner Frau, damit sie als Malerin die offizielle Anerkennung bekam, die ihr seiner Meinung nach zustand. Und selbst die reichste schöne Frau wird für Modellfotos die höchstmöglichen Honorare fordern, zeigt es doch, wie begehrenswert sie tatsächlich ist. Ich werde nie vergessen, wie die große Max-Reinhardt-Schauspielerin Lili Darvas, ich habe sie persönlich gut gekannt, zu mir sagte: »So, mein lieber André, jetzt werde ich mich aufreizend anziehen und auf dem Boulevard spazieren gehen, um zu sehen, wie viel man mir bietet. Denn umsonst ist jede Frau schön!«

Ich halte es im Gegensatz zu den meisten auch nicht für verwerflich, wenn sich eine Frau in einen Mann wegen seines Geldes verliebt. Das Geld ist Ausdruck seines Erfolges und von diesem ist sie fasziniert.

Wie viel Geld braucht man, um Millionär zu sein?

Eine paradoxe Frage, werden viele meinen. Es hängt davon ab, wie man »Millionär« definiert. »Er ist ein schwerer Millionär«, sagten einst die Wiener, wenn jemand hunderttausend Gulden besaß. Für sie war der Millionär nicht der, der mindestens eine Million besitzt, sondern der reiche Mann, dem Respekt gebührt.

Auch heute bedeutet, in nackten Zahlen gerechnet, ein Millionär in Deutschland etwas vollkommen anderes als ein Millionär in Italien. Während in Italien der einfache Millionär ein armer Mann ist, gilt er in Deutschland als reich. Der amerikanische Millionär ist nochmals fast doppelt so reich wie sein deutscher Kollege, und nach der kompletten Umstellung auf den Euro werden in Europa die meisten Millionäre wieder verschwunden sein. Trotzdem wird man sie auch weiterhin so bezeichnen, weil der Begriff heute genau wie im Wien von damals für den Krösus steht, der sich so ziemlich alles leisten kann.

Nach meiner Definition ist der Millionär derjenige, der dank seines Kapitals von niemandem abhängig ist, um seine Ansprüche zu befriedigen. Er braucht nicht zu arbeiten und sich weder vor dem Chef noch dem Kunden zu beugen. Er genießt den Luxus, gegenüber jedem, der ihm nicht passt, Goethes *Götz* zitieren zu können. Der Mensch, der so lebt ist der wahrhaftige Millionär. Der eine braucht dazu 500 000, ein anderer fünf Millionen Dollar. Es hängt von den persönlichen Ansprüchen und Verpflichtungen ab. Derjenige, der die Musik zu seiner Leidenschaft gemacht hat, wird weniger Geld benötigen als der Sammler wertvoller Oldtimer. Ist man allein stehend oder hat man eine große Familie zu versorgen? Wie anspruchsvoll ist die Ehefrau? Liebt sie schlichte Kleider oder Pelze und Juwelen? Oder hat sie sich vielleicht in ihr Bankkonto verliebt, dann wird ihr Mann nach meiner Definition nie Millionär sein. Pelze, Autos und Schmuck haben ihre Grenzen und irgendwann tritt eine Sättigung ein. Nicht aber beim Konto, es ist eine Art Fass der Danaiden.

Das richtige Verhältnis zum Geld

Geld geht zu dem, der es leidenschaftlich begehrt. Er muss vom Geld hypnotisiert sein wie die Schlange von ihrem Beschwörer. Doch er muss auch einen gewissen Abstand haben. In einem Satz: Man muss das Geld heiß lieben und kalt behandeln. Und man darf dem Geld nicht nachlaufen, sondern muss ihm entgegengehen, wie Onassis es sagte. Das gilt besonders an der Börse, wo man den steigenden Kursen nicht hinterherlaufen darf, sondern den fallenden Kursen entgegengehen muss.

Die Leidenschaft zum Geld kann aber auch zu krankhaftem Geiz oder zu krankhafter Verschwendungssucht führen. Der eine ist süchtig, immer mehr Geld auszugeben, und der andere ist süchtig, immer mehr zu besitzen. Besonders der Geiz treibt manchmal verrückte Blüten. Der mehrfache Milliardär Paul Getty, damals der reichste Mann Amerikas, war dafür bekannt, seine Gäste zum Telefonieren in die Telefonzelle zu schicken.

An meinem Caféhaustisch ging einmal die Debatte, wer wohl der geizigste Mann in ganz Budapest sei. Baron Herzog, der König der Tabakhändler auf dem Balkan, oder Luwig Ernst, Kunstsammler und Museumsbesitzer, beide natürlich steinreiche, mehrfache Millionäre. Es wurden sogar Wetten abgeschlossen und irgendwie warteten wir alle auf eine günstige Gelegenheit, um diese Frage ein für alle Mal endgültig zu klären. Dann kam die Gelegenheit: die Sammlung für das Rote Kreuz. Einer der Sammler begegnete zufällig beiden zusammen. Er reichte zuerst Baron Herzog die Büchse, der umständlich aus seiner Geldbörse die kleinste existierende Münze hervorkramte und sie mit lässiger Bewegung in den Behälter warf. Dann kam der große Augenblick der Entscheidung: Wie viel mehr oder weniger würde Ludwig Ernst geben? Er überlegte nur eine halbe Sekunde und sagte dann wie selbstverständlich: »Wir sind zusammen. Es war für uns beide!«

Noch zynischer war ein reicher Börsenmakler namens Marcel Fischer, der Vater eines meiner Schulkollegen. Eines Tages hört er in seinem kleinen Büro, wie sein Prokurist aufgeregt herumschreit:

»Nein, nein, wir haben kein Geld, wir haben kein Geld. Machen Sie, dass sie fortkommen.«

Fischer stürzt aus seinem Büro und fragt: »Was schreien Sie denn so, Herr Prokurist?«

»Der Schnorrer Grün war da und wollte uns um eine Spende angehen.«

»Und was haben Sie mit ihm gemacht?« »Hinausgeworfen und gesagt, dass wir kein Geld haben.«

»Dann laufen Sie ihm schnell nach und bringen Sie ihn wieder her«, sagte Millionär Fischer.

Grün, der noch im Treppenhaus ist, als der Prokurist ihn zurückruft, ist sehr erfreut, dass der Chef ihn sehen will. Vielleicht fällt ja doch noch etwas ab.

Grün kommt ins Büro, Fischer öffnet den Geldschrank und sagt: »Sehen Sie die vollgestopften Schubladen, Herr Grün? Was hat mein Prokurist gesagt? Wir hätten kein Geld? Ganz falsch. Wir haben Geld, sehr viel sogar, aber ich gebe Ihnen nichts!«

Schön ist auch die Geschichte von Herrn Blau, der seinen Freunden im Kaffeehaus vorstöhnt: »Meine Frau will immer wieder Geld von mir.«

Um dem Gejammer ein Ende zu bereiten, fragt einer seiner Kumpel: »Was macht sie denn mit dem vielen Geld?«

»Ich weiß nicht«, mein Blau, »ich gebe ihr ja keins.«

Die Figuren in diesen Geschichten waren der Zahl nach zwar alle Millionäre, doch bin ich der festen Überzeugung, dass man durch übersteigerten Geiz nicht zum Millionär werden kann, weder materiell noch intellektuell. Wer zu sehr an seinem Geld klebt, kann es nicht investieren, weil er jedes Risiko scheut, es zu verlieren. Das ist doch das Problem der Deutschen, die ihre heilige Mark anbeten und deshalb Milliarden auf dem Sparbuch liegen haben. Und die Bundesbank hat mit ihrer viel zu geizigen Geldpolitik ein zweites deutsches Wirtschaftswunder bisher verhindert.

Millionär zu sein bedeutet unabhängig zu sein. Der totale Geizhals wird jedoch nie unabhängig sein, weil er unter dem Diktat seiner Sparsucht steht. Er kann sich das teure Auto weder kaufen noch sich daran erfreuen, es jederzeit kaufen zu können. Allein der Gedanke, Geld auszugeben, ist für ihn bereits verboten.

Und der Verschwendungssüchtige? Er lebt das Leben in vollen Zügen, kauft und konsumiert alles, was er will, doch auch er ist nicht unabhängig. Weil er sämtliches Geld ausgibt, ist er ständig gezwungen, neues zu beschaffen. So ist er abhängig von seinem Chef oder den Kunden, die seine Geldquelle sind.

Die richtige Einstellung zum Geld liegt irgendwo zwischen den beiden Extremen. Doch sie allein macht noch keinen Millionär.

Millionär in kurzer Zeit

Nach meiner Erfahrung gibt es drei Möglichkeiten, schnell reich zu werden:

1. durch eine reiche Heirat;
2. durch eine glückliche Geschäftsidee;
3. durch Spekulation.

Natürlich kann man auch durch eine Erbschaft oder einen Lottogewinn schnell zum Millionär werden, doch lässt sich dies im Gegensatz zu den vorher genannten drei Methoden nicht steuern.

Unzählige Frauen und auch unzählige Männer wurden durch ihre Eheschließung zu Millionären, ich könnte Hunderte von Beispielen aufzählen.

Mit dem Reichtum durch eine glückliche Geschäftsidee wird gegenwärtig wohl kein Name mehr assoziiert als der von Bill Gates. Mit einer Idee und dem richtigen Gespür hat er es geschafft, in drei Jahrzehnten zum reichsten Mann Amerikas zu werden. Oder denken wir an Sam Walton von Wal Mart oder den Gründer von McDonald's. Mein Landsmann, der geniale Ingenieur Ernö Rubik, wurde mit der Erfindung des Zauberwürfels vor rund zwanzig Jahren zum ersten Millionär des Ostblocks. Die Idee allein reicht jedoch nicht aus, der Erfindergeist muss auch mit dem nötigen Geschäftssinn verquickt sein. Der Apotheker, der die Rezeptur für Coca-Cola entwickelte, erlöste beispielsweise nur ein paar Dollar für die Grundlage der heute weltweit bekanntesten Marke.

Viel mehr kann ich über den Reichtum durch eine kluge Geschäftsidee aber kaum sagen, denn mein Feld war immer die dritte und letzte Möglichkeit, Millionär in kurzer Zeit zu werden – die Spekulation.

Eine Kunst, und keine Wissenschaft

Ich spekulierte schon in allen Werten, Währungen und Rohstoffen, Kassa und Termin, an der Wall Street, in Paris, Frankfurt, Zürich, Tokio, London, Buenos Aires, Johannesburg oder Schanghai. Ich spekulierte in Aktien, Staatsanleihen, inklusive denen der kommunistischen Länder, in Wandelanleihen, Währungen – egal ob sie stabil waren oder floateten –, in dem Leder meiner Schuhsohlen, in Sojabohnen und allen Getreidesorten, in Wolle und Baumwolle, in dem Gummi meiner Autoreifen, in Eiern und Frühstücksspeck, in Kaffee und Kakao, den ich so sehr liebe, in Whisky, in der Seide meiner Fliege, in allen Metallen, ob sie nun edel oder unedel waren.

Doch ich war kein Preistreiber, da ich nicht nur darauf spekuliert habe, dass die Preise steigen, sondern ebenso darauf, dass sie fallen. Kurz gesagt, ich spekulierte in allem, je nachdem, wie sich der Wind drehte oder die Wirtschaft und die politische Lage es verlangten, in Hochkonjunktur und Depression, Inflation und Deflation, Auf- und Abwertungen, und ich habe sie alle überlebt. Seit 1924 gab es keine Nacht, in der ich nicht ein Börsenengagement gehabt hätte.

Spekulant, das bin und bleibe ich

Viele Journalisten nennen mich einen Börsenguru, doch dieses Prädikat habe ich nie akzeptiert. Ein Guru ist unfehlbar, und das bin ich bestimmt nicht. Ich bin nur ein sehr alter, erfahrener Börsenprofi. Was morgen sein wird, weiß auch ich nicht, doch ich weiß, was gestern war und heute ist. Und das ist schon eine ganze Menge, denn viele meiner Kollegen wissen doch nicht einmal das. Und meine achtzigjährige Börsenerfahrung hat mich vor allem eines gelehrt: Spekulation ist eine Kunst und keine Wissenschaft. Genau wie in der Malerei muss man auch an der Börse für Surrealismus Verständnis haben. Manchmal stehen die Beine oben und der Kopf unten. Und wie bei den Impressionisten sind die Konturen nie ganz klar zu erkennen. Wie der berühmte amerikanische Finanzier, Staatsmann und persönliche Finanzberater von vier amerikanischen Präsidenten, Bernard Baruch, bezeichne ich mich selbstbewusst als »Spekulant.« Ich verstehe die Bezeichnung im noblen Sinne des Wortes. Für mich ist der Spekulant der intellektuelle, mit Überlegung handelnde Börsianer, der die Entwicklung der Wirtschaft, der Politik und der Gesellschaft richtig prognostiziert und davon zu profitieren versucht.

Und wie wird man zum Spekulanten? Etwa so wie ein Mädchen zum ältesten Beruf der Welt kommt. Sie beginnt aus Neugier, dann macht sie es zum Spaß und am Schluss nur noch fürs Geld. Spekulant zu sein ist ein herrlicher Beruf, vor allem, wenn man sich wie ich noch immer in der zweiten Phase befindet. Zugegeben, er gehört ganz sicher nicht zu den bürgerlichen Berufen und schon gar nicht verspricht er sicheren Erfolg, doch er bedeutet jeden Tag aufs Neue eine intellektuelle Herausforderung und ständige geistige Gymnastik, die ich in meinem Alter umso mehr brauche.

Leider gibt es von dieser Spezies immer weniger Exemplare. Die meisten Börsenteilnehmer zocken wild und ohne jede Überlegung hin und her. Sie haben aus vielen Börsen längst ein Spielkasino gemacht. In einem meiner vorherigen Bücher bekannte ich:

Finanzminister sein: Kann ich nicht.

Bankier sein: Will ich nicht.

Spekulant und Börsianer, das bin ich!

Am Posten des amerikanischen Finanzministers war ich jedoch näher dran, als ich damals dachte. Anfang der Vierzigerjahre lebte ich in New York. Ich war als wohlhabender junger Börsianer vor den deutschen Truppen aus Paris geflohen. Doch nachdem ich mir das Land angesehen hatte, langweilte ich mich. Immer nur lesen, Musik hören und ins Theater zu gehen füllte mich nicht aus. So beschloss ich, eine Arbeitsstelle zu suchen. Auch ohne Gehalt, da ich gut von den Zinsen meines Kapitals leben konnte.

Ich hielt es für die beste Idee, in die Firma Goldmann, Sachs & Co. hineinzukommen. Sie ist heute 130 Jahre alt und die reichste Firma an der Wall Street. Sehr freundlich empfing mich damals Walter Sachs, ein entzückender älterer Herr. Er machte mich gleich mit dem Personalchef bekannt. Ich trug beiden mein Anliegen vor. Ich sei aus Europa vor Hitler geflohen, ausgestattet mit relativ viel Kapital, besonders für einen jungen Mann. Ich bräuchte keine materielle Hilfe, wollte aber gern bei einer so vornehmen Firma wie Goldmann, Sachs & Co. mit dem internationalen

Finanzmarkt in Verbindung treten. Mit dieser Bemerkung besiegelte ich mein Schicksal. Einige Tage später traf die Antwort ein: NEIN! Sie könnten mit jungen Leuten, die selbst schon viel Geld besäßen, nichts anfangen. Nur solche jungen Menschen würden eingestellt, die um jeden Preis hochkommen wollten. Wäre ich ein armer, hilfloser Flüchtling gewesen, hätten sie mich wahrscheinlich genommen. So nahmen sie einige Zeit später einen anderen jungen Mann, der später bei Goldmann, Sachs & Co. Partner wurde. Sein Name war Robert Rubin, und heute ist er erfolgreicher Finanzminister der USA, der erste seit Jahrzehnten, der Budgetüberschüsse verteilen darf.

Die Geschichte erinnert mich an den reichen Grün. Als armer Mann bewarb er sich auf eine Anzeige hin um eine Stellung als Tempeldiener in Wien. Doch musste auch ein Tempeldiener zu jener Zeit schreiben und lesen können. Da Grün jedoch Analphabet war, bekam er den Posten nicht. In seinem Kummer benutzte er das kleine Trostgeld, das er für seine Reise bekommen hatte, um nach Amerika auszuwandern. In Chicago machte er Geschäfte. Mit den ersten kleinen Ersparnissen schuf er dann ein Unternehmen, das mit der Zeit immer größer und größer wurde. Ein Großkonzern kaufte ihm sein Unternehmen ab, und bei der Vertragsunterschrift kam die große Überraschung: Grün konnte nicht unterschreiben. »Mein Gott«, sagte der Anwalt des Käufers, »was wäre aus Ihnen geworden, wenn Sie lesen und schreiben könnten?«

»Sehr einfach«, antwortete Grün, »ein Tempeldiener!«

Ich konnte lesen und schreiben und blieb dennoch ein Spekulant. Doch bereut habe ich es nie.

Mein Börsenzoo

Spekulation – so alt wie die Menschheit!

Spekulation gab es schon lange bevor es die Börse gab. Die von manchen Sozialisten gehegte These, erst das kapitalistische Wirtschaftssystem habe den Menschen zum Spekulanten gemacht, ist vollkommen falsch. Sie wird bereits in der Bibel widerlegt.

Die erste geschichtlich übermittelte Spekulation war die von Joseph von Ägypten, der sich halsbrecherischen Spekulationen hingab.

Der ebenso begabte wie einsichtige Finanzberater des Pharao zog aus dessen Traum von den sieben fetten und sieben mageren Jahren die richtigen Konsequenzen. Während der fetten Jahre speicherte er große Getreidevorräte, um sie dann während der folgenden mageren Jahre zu hohen Preisen wieder auf den Markt zu bringen. Allerdings weiß man bis heute nicht, ob er schon vor viertausend Jahren der Vater der Planwirtschaft wurde, der Überschüsse einlagerte, um das spätere Erntedefizit zu decken, oder ob er nur schlicht und einfach – honi soit qui mal y pense – der erste Spekulant der Geschichte war, der Ware aufkaufte, um sie später teuer zu verkaufen.

Im alten Athen spekulierte man mit Münzen. Die Geldleute wurden Trapezoi genannt, das heißt Trapezkünstler, weil sie hinter einem kleinen trapezförmigen Tischchen saßen und darauf ihre Geldstücke zur Schau stellten. Genau wie heute. Man könnte in diesem Namen auch ein Symbol sehen. Sind nicht die Akrobaten des Geldwesens wahrhafte Trapezkünstler? Die gewagten Geschäfte eines dieser antiken Finanzakrobaten hatten eine Reihe von finanziellen

Katastrophen und Preisstürzen ausgelöst. Sein Name Phormion ist zwar nicht unsterblich geworden, aber er gab dem größten Redner des Altertums, dem Rechtsanwalt Demosthenes, Anlass zur ersten leidenschaftlichen Verteidigungsrede für die Spekulation– sicherlich ohne die berühmten Kieselsteine im Mund.

Auch im alten Rom, dem Finanzzentrum des Mittelmeerraums, blühte die Spekulation. Man spektulierte groß in Getreide und Waren. Die leidenschaftliche Politik Catos, der die Zerstörung Karthagos betrieb, hat den Spekulanten seiner Zeit viel Kummer bereitet. Karthago war die Kornkammer der damaligen Welt, und als die Soldaten des Generals Scipio in die zerstörte Stadt einzogen, plünderten sie die Lagerhäuser und Silos. Rom fielen Tausende von Tonnen Getreide in die Hände, zusätzlich zu seiner eigenen Ernte. Die Preise kamen zunächst ins Gleiten und stürzten schließlich senkrecht in die Tiefe. Viele Spekulanten verloren dabei ihr Vermögen. Man sprach schon von Zahlungsschwierigkeiten einiger Stammgäste des Forum Romanum. (Ein Vergleich mit den Jahren 1981/82 liegt auf der Hand. Die amerikanische Hochzinspolitik verursachte einen Riesenkrach in allen Rohstoffen, und Hunderte von Firmen wären zahlungsunfähig geworden, hätten die Regierung und andere Mammutunternehmen sie nicht unterstützt.) Auf dem Forum versammelten sich die reichen Bürger in der Nähe des Janustempels, um ihre Geschäftstransaktionen zu besprechen. Und hier holte sich Dr. Cicero, der prominenteste Anwalt seiner Zeit, die Tipps für seine verschiedenen Spekulationen in Grundstücken, Münzen und Waren.

Nach einigen Finanzabenteuern ist es ihm gelungen, ein ansehnliches Vermögen zusammenzubringen. Durch seinen Ruhm und seine Persönlichkeit hat er der Spekulation in Rom Auftrieb verliehen. Er sagte schon damals, das Geld sei der Nerv der Republik, und war überzeugt davon, dass die Spekulation der Motor der Vermögensbildung sei. Und er handelte auch danach. Täglich traf er auf dem Forum Roms Hochfinanz und durchreisende Kaufleute. Er spekulierte mit Grundstücken sowie Bauprojekten und mit Beteiligungen an Steuerpächtern, eine damals sehr beliebte Investition. Als Senator kam er leicht an Insider-Informationen über die römische Stadtplanung, was ihm bei seinen Spekulationen äußerst hilfreich war.

Doch zur Familie der Spekulanten gehörten noch viele andere berühmte Persönlichkeiten der Geschichte. Auch Sir Isaac Newton, der unsterbliche Entdecker der Gravitationsgesetze, hat sich in der Börsenspekulation versucht. Allerdings mit Misserfolg, sodass er schließlich sogar verboten hat, das Wort Börse vor ihm auszusprechen. Voltaire plauderte mit seiner Freundin stundenlang über Wertpapiere und Geld. Er spekulierte auch in Getreide und Grundstücken. Berühmt wurde er dann als spekulativer Devisenschieber: Während des Erbfolgekrieges wurde in Sachsen eine Bank gegründet, die den Krieg mit Notenemissionen finanzieren sollte. Nach dem Krieg verloren diese Noten 40 Prozent ihres Wertes. Friedrich der Große forderte aber eine hundertprozentige Einlösung in Silbertalern aller in preußischem Besitz befindlichen Noten. Voltaire ließ diese Noten in Dresden aufkaufen, sie in Koffern nach Preußen schmuggeln (heute fahren deutsche Sparer mit Koffern nach Luxemburg oder in die Schweiz) und von dort aus durch Strohmänner von Dresden Silbertaler fordern.

Beaumarchais, Casanova, Balzac waren leidenschaftliche Börsenspieler. Balzac brauchte sehr viel Geld für seinen Lebensstil. Darum schrieb er Romane, Kurzgeschichten, Essays, kurzum, alles, was Geld brachte. Und so wurde er auch Spekulant und war häufiger Gast bei Baron Rothschild, um Tipps zu erlauschen. Der Philosoph Spinoza und der Wirtschaftswissenschaftler David Ricardo waren neben ihren wissenschaftlichen Tätigkeiten begeisterte Spekulanten.

Und wie könnte ich Lord Keynes, den größten Nationalökonomen unseres Jahrhunderts, in dieser Reihe übergehen, unter dessen Porträt die britische Regierung folgenden Text setzen ließ: »John Maynard Lord Keynes, dem es gelungen ist, sich ohne Arbeit ein Vermögen zu schaffen. Er hatte 1932 auf dem Tiefpunkt der großen Wirtschaftsdepression, die dem legendären Krach von 1929 folgte, groß in amerikanische Aktien investiert. Durch den dann kommenden Aufschwung wurde er zu einem sehr vermögenden Mann. Er gehört zu den ganz wenigen Volkswirten, die an der Börse Geld gemacht haben.

Solange es den Menschen gibt, gibt es auch Spekulation und Spekulanten, das gilt für die Vergangenheit genauso wie für die Zukunft. Wenn ich in einem Satz die Geschichte der Spekulation zusammenfassen wollte, müsste ich sagen, der »Homo ludens« wurde geboren, er hat gespielt, gewonnen oder verloren, und er wird nie sterben.

Darum bin ich auch der Überzeugung, dass nach jeder Börsendepression, in der die Menschen ein wahrer Ekel vor Aktien und der Börse befällt, wieder Zeiten folgen, wo alle Wunden der Vergangenheit vergessen sind und die Menschen sich wieder von der Börse anlocken lassen wie die Motten vom Licht. Und wenn sie es nicht aus eigenem Antrieb tun sollten, dann sorgt schon die hoch entwickelte Börsenindustrie dafür, und an erster Stelle der Köder Geld.

Ich vergleiche den Spekulanten mit einem Alkoholiker, der nach einem schweren Rausch am nächsten Tag in seinem Katzenjammer beschließt, nie wieder ein Glas in die Hand zu nehmen. Aber am späten Nachmittag trinkt er doch wieder einen Cocktail und dann noch einen und noch einen, und um Mitternacht ist er wieder genauso betrunken wie am Abend zuvor.

Spekulieren oder nicht spekulieren?

Soll man sich zwischen den Berühmtheiten einreihen und auch zu einem Spekulanten werden?

Es hängt im Wesentlichen von zwei Dingen ab: den materiellen Verhältnissen und dem Charakter. Zur ersten Voraussetzung habe ich einen Leitspruch geprägt:

Wer viel Geld hat, der kann spekulieren,
wer wenig hat, darf nicht spekulieren,
und wer überhaupt kein Geld hat,
der muss spekulieren.

Der letzte Satz ist natürlich nicht ganz korrekt. Eine gewisse Summe braucht man immer, um eine Spekulation anzufangen. Viel jedoch muss es nicht sein. Vor der Popularisierung der Aktienanlage war in Deutschland die Ansicht weit verbreitet, die Börse sei nur ein Tummelplatz für Reiche. Das ist vollkommen falsch. Wer die richtige Idee hat, der kann auch mit einem relativ kleinen Betrag beträchtliche Gewinne machen. Mit *überhaupt kein Geld* meine ich also einen Betrag, der so gering ist, dass sich damit ohnehin kein Eigenheim finanzieren oder eine Altersvorsorge aufbauen lässt.

Wer aber tatsächlich gar kein Geld hat, der muss zunächst ein wenig arbeiten, im bürgerlichen Sinne des Wortes. Ich war nach missglückten Börsenabenteuern einige Male so pleite und sogar verschuldet, dass ich gezwungen war, wieder als Makler und Berater Provisionen zu verdienen, um mich aus meiner misslichen Lage zu befreien.

Viel Geld hat nach meiner Theorie derjenige, der bereits für sich und – sofern vorhanden – seine Familie vorgesorgt hat. Damit meine ich die Ausbildung der Kinder, eine Rente und nach Möglichkeit ein Eigenheim. Wer sich in dieser glücklichen Lage befindet, kann sich dem intellektuellen Abenteuer der Spekulation stellen und versuchen, sein Vermögen noch weiter zu vermehren. Er darf nur nicht börsensüchtig werden. Kein Vermögen ist so groß, dass es sich nicht an der Börse verlieren ließe. Erinnert sei an Nick Leeson, der es in nur wenigen Tagen geschafft hat, die renommierte Barings-Bank zu ruinieren, oder an André Citröen, der seine Autofirma am Spieltisch in Monte Carlo verlor.

Ein Familienvater aber, dessen Einkommen und Vermögen gerade für den Kauf eines Eigenheims und die Ausbildung der Kinder reicht, darf nicht spekulieren. Er kann sein Geld anlegen, auch in erstklassigen Aktien, wenn er sein

Kapital für längere Zeit nicht braucht, doch spekulieren ist tabu.

Die zweite materielle Voraussetzung, die der Spekulant mitbringen muss, ist die zeitlich unbegrenzte Verfügbarkeit seines Kapitals. Man kann nicht zur Börse gehen und sich sagen, in den kommenden drei Jahren werden ich mit meinem Geld spekulieren, und anschließend ein Haus kaufen, ein Geschäft gründen etc. An der Börse kommen die Dinge nie so, wie man denkt. Hat man die richtige Idee, wird sie sich eines Tages auch auszahlen, doch wann weiß niemand. Auch darf man nicht glauben, durch Spekulation ließe sich ein regelmäßiges Einkommen verdienen. Man kann an der Börse gewinnen, sogar viel gewinnen, und reich werden, und man kann verlieren, viel verlieren, und Pleite gehen, doch Geld verdienen kann man an der Börse nicht.

Ohnehin sind nur die Deutschen so seriös, von »Geld verdienen« zu sprechen. Die Franzosen gewinnen das Geld (gagner l'argent), die Engländer ernten es (to earn money), die Amerikaner machen es (to make money) und wir Ungarn – wir suchen das Geld.

Wer die materiellen Voraussetzungen mitbringt, muss nun noch die charakterlichen Eigenschaften eines Spekulanten haben. Eines ist klar, eine gewisse Risikobereitschaft gehört dazu, will man sich auf das Börsenparkett wagen. Sichere Börsengewinne gibt es nicht. Gäbe es sie, dann würde wohl niemand mehr um fünf Uhr aufstehen, um eine Stunde später mit der Frühschicht am Fließband zu beginnen.

Welche Eigenschaften der Spekulant sonst noch braucht, erfährt der Leser in diesem Buch. Zunächst aber muss ich erklären, wer nach meiner Definition den Titel Spekulant verdient. Denn längst nicht alle Börsenteilnehmer sind Spekulanten.

Makler: Nur der Umsatz zählt

Das gilt vor allem für die Börsenmakler, Market-Maker und Broker. Die Makler und Market-Maker sehen wir laut schreiend herumflitzen, wenn n-tv live vom Frankfurter oder New Yorker Börsenparkett berichtet. Leider hocken heute immer mehr von ihnen lautlos am Computer und irgendwann wird es das alte Börsenparkett mit seiner ureigenen Atmosphäre wohl gar nicht mehr geben. Die Broker sitzen in den Büros und stehen in Kontakt mit den Kunden, um diese zu beraten, ihre Aufträge an die Makler weiterzuleiten und vor allem, um sie zu immer neuen Umsätzen zu animieren.

Makler und Broker verdienen nicht an der Kursdifferenz, sondern an der Provision, die sie ihren Kunden für jede Transaktion berechnen. Wenn sich Broker unterhalten, reden sie als Erstes über den Umsatz und erst dann über die Tendenz. Man erzählte sich auch folgende Geschichte: Ein Kunde kam zu seinem Broker, um nach Rat zu fragen. Dieser riet ihm leidenschaftlich, weitere IBM-Aktien zu kaufen. Als er mit seiner Rede zu Ende war, bemerkte der Kunde, dass er eigentlich seine IBM-Aktien verkaufen wolle. »Ach so«, sagte der Broker, »verkaufen – ist auch nicht schlecht!«

Obwohl oder vielleicht gerade weil ich selbst in meinen jungen Jahren Broker war, schätze ich sie nicht besonders. Die meisten von ihnen sind Dummköpfe. Doch sie sind nötig, damit die Börse funktioniert. Sie bringen Käufer und Verkäufer zusammen und stellen anhand von Angebot und Nachfrage den Kurs fest. Man könnte das Verhältnis zu ihnen so beschreiben, wie die Amerikaner es über die Frauen sagen: »You can't live with them, and you can't live without them.«

Money-Manager: Herrscher über Milliarden

Die zweite Gruppe der Berufsbörsianer sind die Geldverwalter. Zu ihnen zählen die Fondsmanager der großen Investmentgesellschaften und die Vermögensverwalter. Sie bewegen Milliarden, doch genauso wie die Makler arbeiten sie nicht mit ihrem eigenen, sondern mit dem Geld ihrer Kunden. Sie und ein Heer von ihnen zuarbeitenden Analysten werden dafür bezahlt, die Erfolg versprechenden Aktien, Anleihen oder Rohstoffe herauszupicken. Insgesamt betrachtet, sind sie dabei überaus erfolglos, denn die wenigsten von ihnen schaffen es, dauerhaft besser abzuschneiden als der Index, an dem sie gemessen werden.

Finanziers: Die großen Macher

Doch auch nicht jeder Börsianer, der mit eigenen Mitteln operiert, ist schon ein Spekulant.

Da gibt es die ganz großen Finanziers, die Transaktionen mit Abermillionen und Milliarden durchführen. Der Finanzier steckt ständig bis über beide Ohren in den von ihm initiierten Geschäften, er sichert sich Mehrheiten, plant Fusionen und Übernahmen. Besitzt er Anteile an einer Gesellschaft, wirkt er aktiv auf das Management ein oder feuert es, wenn es ihm nicht passt. Vor lauter Aktivität führt er ein sehr unruhiges Leben. Wenn er Unternehmen gründet, wendet er sich an die Börse, um sich das notwendige Kapital zu verschaffen. Auch die Kontrolle über jene Gesellschaften, über die er herrschen will, erhält er durch die Börse. Sein Ziel bleibt immer eine bestimmte Transaktion, und seine Käufe oder Verkäufe verursachen große Bewegungen, die sich auf die ganze Börse auswirken.

Arbitrageure: Eine aussterbende Spezies

Arbitrage ist die Spekulation im Raum. Spekulation in der Zeit bedeutet, heute zu kaufen, um zu einem späteren Zeitpunkt teurer zu verkaufen, oder umgekehrt, heute zu verkaufen, um später billiger zurückzukaufen (Leerverkauf). Im Gegensatz dazu bedeutet Spekulation im Raum, zum gleichen Zeitpunkt an einem Ort zu kaufen und am anderen zu verkaufen. Dabei muss der Arbitrageur eine Kursdifferenz erzielen, die die Transaktionsgebühren übersteigt, damit er einen Gewinn macht. Sein Vorteil gegenüber dem klassischen Spekulanten: Er hat keinerlei Risiko. Denn er gibt den Auftrag erst an den Makler, wenn sich eine für ihn lohnende Kursdifferenz zwischen zwei Börsenplätzen ergibt. Er weiß im Voraus, wie hoch sein Gewinn sein wird. Dafür muss er sich mit sehr kleinen Gewinnen abgeben und ständig die Kurse beobachten. Die Spezies der Arbitrageure ist heute aber fast ausgestorben. Im Zeitalter der modernen Kommunikationsmittel stehen sämtliche Informationen und Daten zeitgleich in Tokio, London, Frankfurt, New York und durch das Internet mittlerweile auch in jedem Wohnzimmer zur Verfügung. Die Kursdifferenzen sind minimal und werden in Sekundenschnelle ausgeglichen. Allerhöchstens die Makler können noch kleine Differenzen von 0,1 Prozent ausnutzen, weil sie außer der Börsengebühr keine Kommissionen bezahlen. Der unabhängige Spekulant wird in der heutigen Zeit keinen Kursunterschied zwischen zwei Börsenplätzen finden, der auch nur die Hälfte seiner Spesen decken könnte.

Das war zu meiner aktiven Maklerzeit anders. Damals herrschte ein reger Arbitragehandel zwischen London und Paris. Hunderte von Wertpapieren wurden an beiden Märkten notiert, allen voran südafrikanische Goldminen und internationale Ölgesellschaften. Entscheidend für den Arbitrageerfolg war damals eine schnelle Telefonverbindung. Wer als Erster den Broker in London oder umgekehrt in Paris erreichte, konnte die Differenzen, die sich zwischen beiden Börsenplätzen ergaben, ausnutzen und ausgleichen. Manche Arbitrageure bestachen die Telefonistinnen in der Vermittlungsstelle, automatische Verbindungen gab es noch nicht. Sie schenkten Ihnen Schokolade, Bonbons oder Parfüm. Manche luden sie sogar zum Essen ein und verliebten sich in sie. So ergaben sich einige Ehen zwischen Spekulanten und Telefonistinnen. Ein Lied wurde damals geprägt. Der Refrain fällt mir noch ein: »Hallo, süße Klingelfee, sag mir, wie der Dollar steht.«

Die Kollegen, die sich auf dieses Geschäft spezialisiert hatten, waren noch wirkliche Arbitrageure. Völlig falsch war diese Bezeichnung für die Mitglieder des 1986 aufgeflogenen Insider-Rings um Ivan Boesky, der wohl das Vorbild für die Film-Figur Gordon Gekko aus *Wall Street* darstellte. Auch wenn sie mit den beschafften Insider-Informationen einen Informationsvorteil nutzten, waren sie doch Spekulanten in der Zeit und nicht im Raum.

Die heute populärste und bekannteste Arbitrage ist die zwischen der Wall Street und dem Chicago Board of Trade. Fast täglich liest man im Marktbericht der New Yorker Börse von Arbitrage gesteuerten Kauf- oder Verkaufsprogrammen. Das funktioniert so: Riesige Computer in den Handelsabteilungen der großen Brokerhäuser überwachen ständig die Kurse des Terminkontraktes auf den Standard-&-Poors-500-Index auf der einen Seite und den Notierung der 500 einzelnen im Index enthaltenen Aktien auf der anderen Seite. Ergibt sich eine lohnenswerte Kursdifferenz zwischen Terminkontrakt und den Kassakursen der Aktien, gibt der Computer automatisch die Order, Kontrakte kaufen, Aktien verkaufen oder vice versa. Die Index-Arbitrage verbindet den New Yorker Aktienmarkt mit dem Terminmarkt in Chicago wie zwei kommunizierende Röhren. Dieser Umstand war der Grund für die Heftigkeit der Kursausschläge am 19. Oktober 1987.

Börsenspieler: Die Hasardeure der Börse

Ein Gruppe, die bestimmt nie ausstirbt, sondern zu meinem Leidwesen immer größer wird, sind die so genannten Börsenspieler. Ich habe sie so getauft, weil sie nach meiner Definition die Bezeichnung Spekulant nicht verdienen, auch wenn sie im allgemeinen Sprachgebrauch und von den Journalisten so bezeichnet werden. Der Börsenspieler versucht, bereits kleinste Kursbewegungen zu nutzen. Er kauft ein Papier bei 101, um es bei 103 bereits wieder zu verkaufen. Dann kauft er das nächste Papier zu 90, um es bei 91,50 zu verkaufen etc.

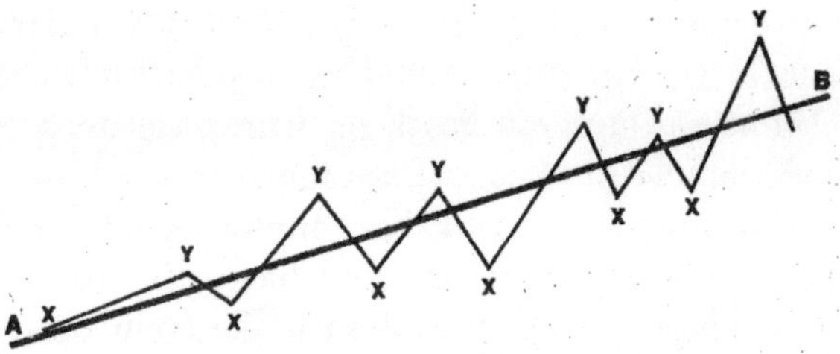

Nehmen wir an, diese Kurve stellt die Kursentwicklung innerhalb eines bestimmten Zeitraums dar. Der Börsianer, der auf kurze Zeit spielt, wird akrobatische Kunststücke vollführen, um jedes Mal zwischen X und Y einen Gewinn einzustreichen. Er kann kurzfristig Erfolg haben. Wenn er nur auf steigende Kurse spekuliert und der Aktienmarkt sich in einer allgemeinen Hausse befindet, ist die Chance entsprechend größer, steigende Kurse zu erwischen. Aber es kommt sehr selten vor, dass man die Schwankungen zwischen X und Y im richtigen Moment abpasst. A la longue wird der Spieler spätestens dann, wenn es mit den Kursen seitwärts oder abwärts geht, Pleite machen. Er ist ein Hasadeur und hat keinerlei Überlegung und Strategie. Er benimmt sich wie ein Roulettespieler, der von Tisch zu Tisch läuft. Ich weiß, dass mir jeder Börsenspieler hier widersprechen wird. Sie haben natürlich Charts und Computerprogramme, die ihnen sagen, wann sie kaufen und verkaufen müssen. Doch jeder Computer ist so schlau wie sein Programmierer. Ich habe in meinen fast 80 Jahren Börsenerfahrung jedenfalls keinen Börsenspieler kennen gelernt, der langfristig Erfolg gehabt hätte.

Die Banken und Broker haben alles daran gesetzt, aus ihren Kunden Börsenspieler zu machen. Unverfroren und ohne Scham werben ihre Discount-Brokerage-Ableger für das so genannte Daytrading. Über das Internet hat nun auch jeder Privatspekulant die Möglichkeit, in »Echtzeit« und »Intraday« zu handeln. Viele unerfahrene Privatanleger, die durch die Telekom-Emission für die Aktienanlage gewonnen wurden, werden nun zum Börsenspiel verleitet. Das halte ich für unverantwortlich und moralisch fragwürdig. Im *Handelsblatt* konnte ich lesen, dass es mittlerweile wie in den USA Händlerräume gibt, wo sich diese Daytrader einen Arbeitsplatz mieten können. Eine Friseurin, die dort zitiert wurde, hatte ihren Job aufgegeben, weil sie hier viel mehr verdienen könne als in ihrem Beruf. Wie der kleine Moritz sich das vorstellt, hätten die Wiener gesagt.

Diese naiven Anleger glauben, sie hätten nun die gleichen Chancen im schnellen Geschäft des ständigen Kaufens und Verkaufens wie die großen Institutionen, die aus den Börsen längst ein Spielkasino gemacht haben – nicht nur aus dem Aktienmarkt, sondern auch aus den Devisen-, Rohstoff- und Anleihemärkten. Mit monströsen Gehältern kaufen sie Absolventen von Havard, St. Gallen oder der London School of Economics ein, damit sie anschließend mit Hunderten Millionen Dollar in Anleihen, Aktien oder Devisen herumzocken. Speziell am Devisenmarkt herrscht ein perverses Spiel. Über eine Billion Dollar werden in 24 Stunden um den Globus bewegt. Maximal drei Prozent dieses Umsatzes dient der Abwicklung oder Absicherung von Im- und Exportgeschäften. Der Rest ist Spiel. Vor einigen Jahren war in der *International Herald Tribune* ein Interview mit zwei der erfolgreichsten Devisentrader aus New York abgedruckt.

Sie gaben unumwunden zu, dass sie nicht auf eine Stunde, sondern auf zwei Minuten spekulieren. Die Geldinstitute, bei denen sie beschäftigt waren, hielten diese Spielerei sogar für wünschenswert. 1986 hielt ich in Bremen einen Vortrag vor Devisenhändlern. Nach meinem Referat kam ich mit einer jungen Händlerin ins Gespräch, die mir bestätigte, dass sie im Laufe eines Tages viele Millionen Dollar hin und her schiebe. Ich fragte sie: »Wie groß sind die Differenzen, die Sie zu erzielen versuchen?« – »Ich spekuliere auf die vierte Stelle nach dem Komma«, war die Antwort. Das ist natürlich toll. Man setzt eine Million ein, um 100 Mark zu verdienen. Wenn man das mehrmals am Tag macht, kommen vielleicht ein paar Tausender zusammen. Die Händler und ihre Arbeitgeber denken wohl ähnlich wie jener Landstreicher im alten Ungarn, der sich wegen Mordes vor Gericht verantworten musste. »Schämst du dich nicht, einen Mann zu ermorden, für nur zwei Gulden?« Aus tiefster Überzeugung kam die Antwort: »Aber, gnädiger Herr Richter, zwei Gulden hier, zwei Gulden dort, es läppert sich zusammen.«

Als ich die Bremer Devisenhändlerin dann fragte, wie sie entscheide, ob sie kaufen oder verkaufen solle, gab sie mir die viel sagende Antwort: »Ich verfolge, was die anderen machen.« Und dafür muss man nun an den teuersten Universitäten der Welt büffeln? Um auf zwei Minuten so zu spekulieren, wie es der Rest der Horde auch tut? Den Direktor der Devisenabteilung einer deutschen Großbank fragte ich einmal, ob seine Händler überhaupt wüssten, was eine Währung ist. »Ich glaube nicht«, meinte er, »aber das ist auch nicht wichtig, sie müssen nur wissen, wie der Dollar in zehn Minuten steht.« Auf meine Frage, wie er denn verhindere, dass zwei Händler zur gleichen Zeit mit einer Million long und einer short gehen würden, erklärte er mir, dass es kein Problem darstelle. Wichtig sei nur, dass jeder der Händler am Ende seinen Schnitt mache. Ich kann es nicht beweisen, aber bin mir sicher, dass die meisten Schieflagen dieser Golden Boys diskret verschwiegen werden.

Am Ende muss ich jedoch auch eine Lanze für die Börsenspieler brechen. So sehr ich sie verabscheue, so sehr brauche ich sie auch. Sie sind lebensnotwendig für eine funktionierende Börse. Und wenn sie nicht existieren würden, so müsste man sie erfinden. Je mehr Spieler, desto größer und liquider der Markt, und desto besser werden Erschütterungen, sowohl bei Hausse- als auch bei Baissebewegungen, abgefangen und gedämpft. Bei jedem Kursrückgang von einer Fraktion melden sich neue Käufer und dadurch schützen sie den Markt vor einem brutalen Rückgang. Bei jeder Kurssteigerung von einer Fraktion melden sich neue Verkäufer und wirken dadurch auch bei Haussebewegungen bremsend. Sie sind wie die Zylinder in einem Motor. Je mehr es gibt, desto runder läuft der Motor. Nur durch die Börsenspieler ist es garantiert, dass man an jedem Börsentag seine Positionen auflösen kann, ohne dabei die Kurse bereits nach unten zu drücken. Die Millionen Spieler haben also ihre Berechtigung, denn gäbe es nur Anleger, die Aktien kaufen, um sie über Jahrzehnte zu halten, wäre der Markt völlig illiquide.

Anleger: Die Marathonläufer der Börse

Der Anleger ist das Gegenteil des Spielers. Er kauft Aktien und hält sie über Jahrzehnte als Altersvorsorge oder Aussteuer für die Kinder oder Enkel. Die Kurse schaut er sich nicht einmal an. Sie interessieren ihn nicht. Selbst stärkere Einbrüche sitzt er aus. Das Kapital, das er langfristig in Aktien angelegt wissen will, bleibt in Aktien investiert. Er unternimmt überhaupt keinen Versuch, in Schwächephasen den Aktienanteil seiner Anlagen zu reduzieren.

Der Anleger setzt auf eine breite Palette erstklassiger Aktien, verteilt über alle Branchen und über mehrere Länder. Er unternimmt keinen Versuch, spezielle Zukunftsbranchen zu erwischen und überzugewichten. Viele Anleger orientieren sich bei der Auswahl ihrer Papiere am Aktienindex ihres Landes oder mehrerer Länder. Aus diesem Grund sind die Index-Fonds immer beliebter geworden und haben in den letzten Jahren Milliarden Dollar angesammelt. Für den Anleger ist es die bequemste Methode, in eine breite Palette von Standardaktien, die so genannten Blue-Chips, zu investieren.

Die größten Anleger sind heute die amerikanischen und englischen Pensionskassen. Die Geldmengen, die sie verwalten, sind so immens, dass sie gezwungen sind, die Papiere lange zu halten, da sie ihre Positionen nicht auflösen könnten, ohne dabei die Kurse unter Druck zu setzen. Das ist das große Glück für die Pensionäre. Würden die Verwalter die Gelder umschichten können, wäre ihre Performance sicher nicht so gut.

Und in noch einem anderen Punkt ist der Anleger das genaue Gegenteil des Börsenspielers. Während der Spieler auf lange Sicht immer verliert, gehört der Anleger, egal wann er in die Börse einsteigt, langfristig zu den Gewinnern. Zumindest war dies in der Vergangenheit immer so, denn Aktien haben in ihrer Gesamtheit nach einem Krach immer wieder neue Rekordkurse erreicht.

Ich gebe zu, der Anleger kann mit einem kleinen Betrag nicht in kurzer Zeit zum Millionär werden. Langfristig aber kann er zu einem großen Vermögen kommen. Warren Buffet, der wohl berühmteste Anleger der Welt, wurde durch Anlage zum zweitreichsten Mann Amerikas. Trotzdem glauben die meisten Börsianer, das große Geld sei nur zu machen, wenn man ständig kauft und verkauft.

Ich selbst gehöre seit einigen Jahren auch ins Lager der Anleger. Zum Spekulieren fühle ich mich heute zu alt. Außerdem war ich ständig von einem Vortrag und Interview zum nächsten unterwegs und mit meiner Kolumne und meinen Büchern so beschäftigt, dass mir keine Zeit mehr blieb, mich ständig um meine Engagements zu kümmern. Ich besitze heute über 500 verschiedene Aktien, von denen ich seit Jahren keine einzige verkauft habe. Ich kaufe nur noch dazu.

Wenn ich ehrlich bin, würde ich jedem Leser raten, sich in das Lager der Anleger zu schlagen. Sie erzielen im Durchschnitt die beste Performance aller Börsenteilnehmer, denn auch von den Spekulanten gehört nur eine Minderheit zu den Gewinnern. Besäße mein Wort so viel Autorität, dass mir meine Leser blind gehorchen (dieser Illusion gebe ich mich allerdings nicht hin), könnte das Buch an dieser Stelle enden. Doch der »Homo ludens« in uns ist zu stark. Wer könnte den Reiz der Spekulation besser verstehen als ich. Siebzig Jahre lang war ich Vollblutspekulant an den Rohstoff-, Devisen- und Wertpapierbörsen der ganzen Welt. Die Lage richtig analysiert und entgegen der allgemeinen Meinung Recht behalten zu haben, bereitete mir dabei stets die größere Freude als der materielle Gewinn. Deshalb will ich erzählen, was den Vollblutspekulanten ausmacht, was ihn vom Finanzier, Anleger und Börsenspieler unterscheidet.

Spekulanten: Strategen auf lange Sicht

Man könnte sagen, der Spekulant befindet sich irgendwo zwischen dem Spieler und dem Anleger. Die Grenzen sind natürlich fließend. Doch im Gegensatz zum Anleger interessieren den Spekulanten alle Nachrichten, was aber nicht bedeutet, dass er wie der Spieler auf jede Nachricht reagiert. Wenn der Spekulant auf steigende Kurse spekuliert und diese wegen irgendeines Vorfalles vorübergehend fallen, sagen wir zum Beispiel, der Präsident der Vereinigten Staaten erleidet einen Herzanfall (Präsident Eisenhowers Herzanfall im Jahre 1955) oder in Südamerika wütet ein Erdbeben, dann wird er seine Spekulationskonstruktion nicht sofort über den Haufen werfen. Nur wenn die Nachricht so einschneidend ist, dass sie das Fundament seiner Prognose erschüttert und vorherige Annahmen wiederlegt, disponiert er um. Der Spekulant lässt die kleinen Kursausschläge zwischen X und Y (siehe Grafik Seite 39) außer Acht. Er folgt nur der Tendenz: der von A nach B laufenden Geraden. Der Spekulant auf weite Sicht verfolgt verschiedene Grundelemente: Geld- und Kreditpolitik, Zinssatz, wirtschaftliche Expansion, internationale Lage, Handelsbilanzen, Geschäftsberichte und so weiter und lässt sich von den sekundären Tagesnachrichten nicht beeinflussen. Er baut eine intellektuelle Konstruktion und Strategie auf, die er mit den täglichen Ereignissen abgleicht. Mit einem Wort, er hat Ideen, richtige oder falsche, aber Ideen. Das ist der entscheidende Unterschied zum Spieler.

Im Gegensatz zum Finanzier, der zweifellos auch seine Strategie verfolgt und Ideen hat, bleibt der Spekulant passiver Teilnehmer. Er verursacht keine Kursbewegungen, sondern versucht nur, von solchen zu profitieren. Er wechselt nicht das Management einer Gesellschaft aus, sondern schmeißt die Gesellschaft aus seinem Depot. Welch fürstlicher Beruf! Und er denkt wie Horaz: »Glücklich jener, der weit von den Geschäften lebt.« Ohne Kontakt mit dem Publikum, ohne sich bei »niedriger« Arbeit die Finger schmutzig zu machen, weitab von Handelswaren und staubigen Lagerhallen, von tagtäglichen Auseinandersetzungen mit Kaufleuten und Geschäftemachern überlegt der Spekulant in völliger Versunkenheit. Eingehüllt in den Rauch seiner Zigarre sitzt er bequem in seinem Schaukelstuhl und denkt nach, fern von der Welt und ihrem Lärm. Sein Handwerkszeug hat er in greifbarer Nähe, es ist denkbar bescheiden: ein Telefon, einen Fernseher, heute sicherlich auch einen Internetanschluss und ein paar Zeitungen. Aber auch dabei hat er sein Geheimnis: Er versteht, zwischen den Zeilen zu lesen.

Er hat keine Angestellten und keinen Chef, muss nicht hierhin und dorthin freundlich grüßen, keine nervösen Kunden ertragen wie der Bankier oder der Makler. Er muss niemandem etwas aufschwatzen, er ist ein Edelmann, der über sich und seine Zeit frei verfügen kann. Und es ist nicht verwunderlich, dass viele Leute neidisch sind.

Dennoch lebt er gefährlich und muss sich daran gewöhnen, wie ein Krokodil mit offenen Augen zu schlafen. Die Spekulation ist eine gefährliche Seefahrt zwischen Vermögen und Pleite. Man braucht ein seetüchtiges Boot und einen geschickten Steuermann. Was verstehe ich unter einem seetüchtigen Boot? – Geld und Geduld sowie Nerven. Und wer ist der geschickte Steuermann? – Derjenige, der die Erfahrung hat und souverän denkt. Balzac schrieb in seinem Traktat über das »Elegante Leben«, es gebe drei Arten von Menschen; Menschen, die arbeiten, Menschen, die denken, und Menschen, die nichts tun. Der richtige Spekulant ist derjenige, der denkt. Viele glauben allerdings, es sei jener, der nicht arbeitet.

Der Beruf eines Börsenspekulanten, sofern man überhaupt von Beruf sprechen kann, ähnelt zum einen dem eines Journalisten und zum anderen dem eines Arztes. So wie der Journalist lebt der Spekulant von Nachrichten, indem er sie verfolgt und sammelt. Der Journalist beschreibt und kommentiert sie, der Spekulant analysiert sie und muss dann das tun, was die zentrale Aufgabe eines Arztes ist: die Diagnose stellen. Die Diagnose ist das Wichtigste, ohne sie kann der Arzt keine Therapie anordnen. So wie ein Mediziner zunächst durch diverse Untersuchungen den Patienten durchleutet, muss der Börsianer die Lage der Weltwirtschaft, der Finanzen der Zins- und Fiskalpolitik etc. durchleuchten, sich dann ein Gesamtbild machen und die Diagnose stellen. Danach weiß er, wie er seine Engagements auszurichten hat. Laufen die Dinge dann anders als diagnostiziert oder, in den Worten des Mediziners gesprochen, schlägt die Therapie nicht an, muss er eine neue Diagnose stellen.

Von den Dreien darf sich nur der Journalist immer wieder irren, und dennoch wird er Journalist bleiben. Wenn der Arzt sich zu oft irrt, wird er irgendwann keine Patienten mehr haben und der Spekulant wird schlicht Pleite machen. Dennoch habe ich die größte Achtung vor den Journalisten. Ich finde ihren Beruf so faszinierend, dass ich ihn in meinen späten Jahren selbst ergriffen habe. Es besteht jedoch kein Zweifel, dass das Risiko eines Journalisten dem Risiko eines Börsianers nicht gleichkommt, da das Schicksal des Letzteren eher mit dem eines Seiltänzers zu vergleichen ist. Eines aber haben beide Berufe gemeinsam: Sie wissen zwar nur »parvum omnibus ex toto nihil«, verlangen jedoch Scharfblick, eine gute Allgemeinbildung, Lebenserfahrung und die unumgängliche Leidenschaft für den Beruf. Zum Spekulanten, Arzt oder Journalisten wird man geboren, ebenso wie man als Philosoph – und sei es auch als Philosoph im Westentaschenformat – geboren wird.

In einer Sache aber unterscheidet sich der Beruf des Spekulanten von dem des Journalisten und vor allem des Mediziners. Er läßt sich auf keiner Schule erlernen. Sein Handwerkszeug ist Erfahrung, Erfahrung, und nochmals Erfahrung. Ich würde meine achtzigjährige Erfahrung nicht gegen mein Körpergewicht in Gold eintauschen, was bei mir ohnehin nicht mehr besonders viel wäre.

Dabei habe ich die größte Erfahrung mit verlustreichen Geschäften gewonnen. Deshalb sage ich auch, ein Börsenspekulant, der in seinem Leben nicht wenigstens zweimal pleite war, ist dieser Bezeichnung nicht würdig. Die Börsen sind wie ein dunkler Raum, aber gewiss wird sich jener, der sich seit Jahrzehnten in diesem Zimmer aufhält, besser zurechtfinden als einer, der erst vor kurzem eingetreten ist.

Verlust und Gewinn sind ein unzertrennliches Paar und begleiten einen Börsianer sein Leben lang. Ein erfolgreicher Spekulant gewinnt in 100 Fällen 51 Mal und in 49 Fällen verliert er. Von der Differenz muss er leben. Die Relation ist vielleicht ein wenig übertrieben, charakterisiert aber gut, was ich meine. Doch jeder Börsenverlust ist gleichzeitig ein Gewinn an Erfahrung. Und diese ist in der Zukunft meistens mehr wert als das, was man gerade verloren hat. Profitieren kann man von den Misserfolgen aber nur, wenn man sie genau analysiert. Und zur Analyse eignen sich die Gewinn bringenden Spekulationen weniger als die verlustreichen. Das liegt in der Natur der Sache. Gewinnt man an der Börse, fühlt man sich bestätigt und schwebt über den Wolken. Das Gefühl, man müsse noch dazulernen, verspürt man nicht. Erst ein schmerzlicher Verlust holt einen auf den Boden der Tatsachen zurück. Und dann muss man diagnostizieren, wo der Fehler lag.

Dies ist der einzige Weg, ein erfolgreicher Spekulant zu werden, volkswirtschaftliche Studien ganz sicher nicht. Ich gehe noch weiter. Wer Volkswirtschaft studiert hat und zur Börse gehen will, muss alles sofort und radikal vergessen, was er in den Jahren zuvor gebüffelt hat. Es ist eine Belastung. Volkswirte scheitern schon an der Vorhersage der Wirtschaftsentwicklung, wie sollen sie da Börsenprognosen stellen? Das sagte ich stets in jedem meiner unzähligen Vorträge, die ich den vergangenen 25 Jahren an Universitäten gehalten habe. Das Audimax war natürlich zu 80 Prozent mit Betriebs- und Volkswirtschaftsstudenten gefüllt. Die Studenten nahmen es mit Humor, nur so mancher Professor schaute bitter. Ich fuhr dann fort: »Ich weiß, dass mich die Professoren für einen Scharlatan halten. Doch besser, ich bin ein guter Scharlatan als ein schlechter Professor.«

Volkswirte rechnen nur und denken nicht. Ihre Statistiken sind nicht nur falsch, sie merken zudem nicht, was dahinter steckt. Sie wissen alles, was man aus Büchern lernen kann, doch die Zusammenhänge entgehen ihnen. Ihre Theorien hatten schon zu meiner Zeit keine Gültigkeit, geschweige denn heute. Unterhalte ich mich mit einem Börsenkollegen, merke ich nach zwei Sätzen, dass er Volkswirtschaft studiert hat. Seine Argumente und Analysen sind in ein Korsett eingezwängt, aus dem er nicht herauskann.

Ich bin nicht der Einzige, der diese Ansicht vertritt. Die zweitgrößte Maklerfirma an der Pariser Börse schiebt die Bewerber mit einem Wirtschaftsdiplom sofort zur Seite. Die Begründung: Sie leben mit Scheuklappen, können nicht global denken und sind zudem noch Besserwisser. In den meisten Banken und Brokerfirmen ist diese Erkenntnis noch nicht gereift. Über die durchschnittliche Performance dürfen sie sich deshalb nicht wundern. Den Volkswirten, die schon als Fondsmanager, Händler oder Analyst eine Anstellung gefunden haben, rate ich es so zu halten wie mein väterlicher Freund Albert Hahn, Professor der Volkswirtschaft. Er hinterließ 40 Millionen Dollar und beschrieb seinen Spekulationserfolg kurz, aber ehrlich: »Ich gebe doch nichts auf meine eigenen Dummheiten, die ich als Professor verkünde!«

Spekulieren, aber womit?

Eine Frage von Chance und Risiko

Spricht man von Börse oder Spekulation, denkt jeder zuallererst an Aktienbörse und Aktienspekulation. Die Aktie steht für die Spekulation und die Börse und umgekehrt. Auch ich spreche und schreibe immer wieder von der Börse oder der Spekulation und meine ganz selbstverständlich die Spekulation mit Aktien. Doch in meiner achtzigjährigen »Börsianerkarriere« spekulierte ich längst nicht nur mit Aktien. Große Profite machte ich mit Anleihen, doch auch am Devisen- und Rohstoffmarkt war ich aktiv. Auch in Sachwerten sammelte ich Erfahrungen.

Der Kosmopolit unter den Spekulanten analysiert und beobachtet nicht nur seinen heimischen Aktienmarkt, sondern das Geschehen rund um den Globus, die Weltpolitik, die großen Geldströme, die Innen- und Außenpolitik der großen Industrieländer, die Beschlüsse der Weltbank und des IWF, die Schuldenverhandlungen des Pariser Clubs, neue technologische Entwicklungen, den Palästinenserkonflikt, ja, sogar das Wetter in Brasilien und in China.

Immer wenn sich irgendwo eine Chance bietet, eine Diskrepanz zwischen dem Preis einer Ware, Währung, Anleihe oder Aktie und ihrem fairen Wert entsteht, engagiert sich der Spekulant und wartet darauf, dass der Markt die Differenz irgendwann ausgleicht. Die ganz großen Chancen bieten sich nicht jeden Tag, sodass es sich lohnt, nicht nur die Aktie als Spekulationsobjekt ins Kalkül zu ziehen. Ich zum Beispiel erzielte meine spektakulärsten Erfolge mit Anleihen.

Anleihen: Ein bedeutenderes Spekulationsobjekt als man denkt

Bei Anleihen, die ja auch festverzinsliche Wertpapiere genannt werden, assoziieren die meisten Sparer eine sichere Anlage. Das sind sie natürlich auch. Wer Anleihen eines sicheren Schuldners, nehmen wir zum Beispiel Staatsanleihen, kauft und bis zum Ende der Laufzeit wartet, geht überhaupt kein Risiko ein, Geld zu verlieren. Die Papiere werden am Ende immer zu ihrem Nominalwert zurückgezahlt, und der beim Kauf kalkulierte Zins ist dem Besitzer sicher. Zwischendurch, während der Laufzeit, kann jedoch viel passieren. Viele Anleihen laufen ja zehn und manche sogar 30 Jahre. Während dieser Zeit schwankt der Zins für langfristige Anleihen manchmal erheblich. Insbesondere die 70er- und 80er-Jahre erlebten große Bewegungen am Geldmarkt. In den 70er-Jahren fielen manche Papiere um 40 Prozent und in den 80ern stiegen sie auf das Doppelte. Da Anleihen oder Bonds, wie sie in Amerika auch genannt werden, handelbar sind, passen sie ihren Kurs an die aktuelle Zinssituation an. Fallen die Zinsen am Geldmarkt zum Beispiel von zehn auf sieben Prozent, wird eine Anleihe mit einem Kupon von zehn Prozent so weit steigen, dass sie – wie die anderen neu emittierten Papiere – für den Käufer sieben Prozent abwirft.

Auf diese Zinsveränderung spekulieren Spieler, Großspekulanten, Hedge-Fonds, Banken und Versicherungen mit Milliardenbeträgen. 1994 spekulierte sogar ein US-District namens Orange County und ging prompt Pleite.

Spekuliert oder gespielt wird am Terminmarkt mit so geringen Einsätzen, dass die Spieler bereits einen Schnitt machen, wenn sich am Zinssatz nur die zweite Stelle hinter dem Komma bewegt. Anleihen im Wert von 100 000 Dollar können mit nur 2000 Dollar Deckung gehandelt werden.

Wer auf die Veränderung der langfristigen Zinsen spekulieren will, dem sei empfohlen, dies lieber mit Aktien zu tun. Auf größere Veränderungen am Anleihemarkt reagiert die

Börse spätestens nach zwölf Monaten und die Kursgewinne fallen hier viel deutlicher aus als zuvor bei den Anleihen.

Aber es gibt noch eine andere Art der Anleihenspekulation, die ich gemeint habe, als ich von meinen größten Erfolgen sprach. Hierbei handelt es sich nicht um Schuldverschreibungen (eine andere Bezeichnung für Anleihen) sicherer Schuldner, sondern um Papiere, die eventuell unbezahlt bleiben und den Schuldendienst bereits ausgesetzt haben. Meine jüngste Spekulation, auf die ich sehr stolz bin, war eine Spekulation mit Anleihen dieser Art. Manche Papiere dabei waren älter als ich selbst.

Es begann 1989. Nachdem Gorbatschow und Reagan sich zu mehreren Gipfeln getroffen hatten und die Entspannung zwischen den beiden Weltmächten deutlich wurde, hatte ich die Vision, Gorbi würde eines Tages bei den Westmächten eine Milliarden schwere Dollaranleihe platzieren wollen. Ich war mir sicher, dass dieser Kredit gewährt würde, doch nur unter der Bedingung, dass Russland seine alten Schulden aus der Zarenzeit zumindest ordnete. Und ich war mir sicher, die Russen würde à la longue auch zahlen können. Russland ist ein an Rohstoffen reiches Land. Es besitzt meines Wissens etwa 50 Prozent der Weltreserven an Kohle, 35 Prozent an Erdgas, bis zu zehn Milliarden Tonnen Erdöl und ist einer der weltgrößten Produzenten von Eisen und Aluminium. Die Russen fördern jährlich 150 Tonnen Gold und haben ein Lager von sieben Millionen Karat Diamanten. Außerdem war die Zahlungsmoral erstklassig, die Sowjets hatten alle Schulden stets pünktlich bezahlt. Seinerzeit (und heute erst recht) allerdings mangelte es an Liquidität.

Ich rief einen mir bekannten Händler dieser so genannten Non-Valeurs an, und bat ihn, mir alte zaristische Anleihen zu kaufen, aus der Zeit zwischen 1822 und 1910. Diese waren zwar noch mit geringem Umsatz an der Börse notiert, aber auf 0,25 bis ein Prozent des Nominalwertes abgerutscht, nachdem Lenin 1917 verkündet hatte, dass die neue Sowjetregierung nicht für die Schulden des Zaren aufkomme. Wahrscheinlich sind viele Anleihen sogar bereits mit dem Altpapier auf dem Müll gelandet.

Der erste Erfolg stellte sich bereits 1991 ein. Bei einem Treffen mit François Mitterrand in Paris erkannte Gorbatschow, damals noch Generalsekretär, die Schulden offiziell an. Danach begann ein rasanter Handel in den alten Zarenanleihen. In der Euphorie kletterten sie auf zwölf Prozent bzw. 60 Francs für eine Anleihe von 500 Francs Nominalwert. Ich rechnete trotzdem nicht mit einer Rückzahlung »cash on the table«. Darauf habe ich auch nie spekuliert. Aber ich dachte, warum sollten sie nicht zu einem stark reduzierten Kurs in neue Anleihen oder Aktien privatisierter Unternehmen umgetauscht werden. Es vergingen einige Jahre, die Sowjetunion zerfiel, Gorbatschow wurde vom Sturm der Geschichte weggefegt.

1996 verwirklichte sich meine Vision. »Alles trifft im Leben ein, sogar das, was man sich wünscht«, sagte einmal der französische Philosoph Bernhard le Bovier de Fontenelle.

Russland wollte am Eurobondmarkt eine zwei Milliarden Dollar schwere Anleihe emittieren. Zuvor müsse Russland aber eine Regelung für die alten Zarenanleihen finden, forderte die französische Regierung. Die Anleihen waren vor rund hundert Jahren in Frankreich verkauft worden, und ihre Majorität befindet sich immer noch in den Händen französischer Sparer, die sie von ihren Eltern oder Großeltern geerbt hatten. Jahrelang waren die Franzosen mit dieser Forderung erfolglos geblieben. Doch jetzt besaßen sie ein Druckmittel, das wirkte. Am 27. November 1996 unterschrieb der russische Ministerpräsident in Paris einen Vertrag, der eine Entschädigung von zwei Milliarden Francs vorsah, was etwa 300 Francs für jede Anleihe von 500 Goldfrancs bedeutete. Den französischen Sparern war das nicht genug. Sie hatten errechnet, dass mit Zinsen und in Goldfrancs gerechnet jede Anleihe 20 000 Francs wert sei. Für mich, der zu fünf Francs gekauft hat, bedeutet es einen Gewinn von fast 6000 Prozent. Zurückgezahlt wird in vier

Raten. Zwei haben die Russen schon bezahlt. Jedesmal feiere ich mit Kaviar und einem Schluck Wodka. Ich schrieb einmal, dass im alten Rußland nicht selten kleine Tänzerinnen zu Großherzoginnen aufstiegen. Diese Karriere haben jetzt auch die zaristischen Anleihen gemacht.

Einige werden sich jetzt vielleicht fragen, wie ich diese Vision haben konnte. Ich möchte mit einer Anekdote antworten. Als ich als junger Mann Auto fahren lernte, sagte mir mein Fahrlehrer: »Sie werden nie wirklich Auto fahren lernen!« – »Warum?«, fragte ich entsetzt. »Weil Sie immer auf die Motorhaube schauen. Heben Sie den Kopf und schauen Sie 300 Meter in die Ferne.« Danach war ich ein anderer Mensch am Steuer. An der Börse muss man es genauso machen.

Wenn man mich in den letzten Jahren fragte, ob ich in den so genannten Emerging Markets spekuliere, antwortete ich immer: »Ja, in alten zaristischen Anleihen.« Die meisten Anleger und Fondsmanager hielten es für senile Spinnerei, wie ich an ihren Gesichtern ablesen konnte. Nur der Emerging-Market-Experte von Tempelton, Mark Möbius, den ich auf einem Kongress in Frankfurt traf, war interessiert. Er rief mich einige Wochen später im Büro an, um sich zu erkundigen, wo er die Papiere kaufen könne. Ob er tatsächlich etwas gemacht hat, weiß ich nicht. Ansonsten möchte ich sogar wetten, dass kein Volkswirt und professioneller Geldmanager diese Fantasie hatte.

Ich gebe zu, für mich war es leichter, an diese Vision zu glauben, denn ich hatte schon einmal großen Erfolg mit entwerteten Staatsanleihen. Es handelte sich dabei um deutsche Young-Anleihen, die ich nach dem Krieg gekauft hatte. Deutschland war ein Scherbenhaufen und konnte nicht bezahlen. Doch ich setzte auf die deutschen Tugenden und Konrad Adenauer. Ich war fest davon überzeugt, dass Deutschland irgendwann seine Schulden begleichen würde. Adenauer war ein großer Staatsmann, noch größer als ich gehofft hatte, denn er bezahlte die auf Franc lautende Young-Anleihe so zurück, als wären es Dollar oder britische

Pfund. Der Franc hatte sich im Krieg total entwertet. Adenauer hatte die Vision der deutsch-französischen Freundschaft und sagte: »Ich kann nicht den Engländern gute Pfunde, den Amerikanern gute Dollar, aber den Franzosen schlechte Francs bezahlen!« Für mich bedeutete dieser Satz 140-faches Geld.

Devisen: Früher interessanter als heute

Im Frühjahr 1924 reisten meine Eltern für einen kurzen Urlaub nach Paris. Wir lebten in Budapest. Wie immer, wenn mein Vater in Paris war, versäumte er es nicht, seinen alten Freund Monsieur Alexandre zu besuchen. Er war Makler an der Pariser Warenbörse. Monsieur Alexandre erkundigte sich bei meinem Vater auch nach den Kindern. Als die Sprache auf mich kam und mein Vater ihm sagte, sein Jüngster, der André, studiere Philosophie und Kunstgeschichte, fragte Alexandre fast entsetzt: »Was? Wozu? Will er etwa Poet werden? Schicke ihn zu mir nach Paris, da wird er mehr lernen! Und noch einen Tipp gebe ich dir«, fuhr er fort, »spekuliere auf den Fall des französichen Franc.« Der erste Tipp war fantastisch, der zweite weniger gut.

Die Idee, gegen den Franc zu spekulieren, hatte Alexandre nicht selbst geboren. Die Drahtzieher dieser Spekulation waren ein gewisser Dr. Fritz Mannheimer und ein gewisser Camillo Castiglioni. Mannheimer gehörte zu den Glücksrittern der Inflation, die an der totalen Entwertung der Reichsmark nach dem Krieg 1918 ein Vermögen verdient hatten. Er kam aus Stuttgart und war Sohn eines bescheidenen Kaufmanns. Noch vor 1914 hatte er in Paris das Bankgeschäft bei einer Firma für den Exporthandel nach Russland gelernt. Bei Kriegsausbruch ging er nach Deutschland zurück und kam mit der Reichsbank in Verbindung. Gleich nach dem Krieg schickte ihn das Institut nach Amsterdam, zum damals wichtigsten Finanzmarkt der neutralen Länder, um dort als Kenner des internationalen Bankgeschäftes auf dem Devisenmarkt für die Reichsmark tätig zu sein. Sein Auftrag in den Jahren der Markentwertung lautete, mit geschickten Devisentransaktionen für die Verteidigung der Reichsmark zu sorgen. Er arbeitete sich zum großen Händler in Amsterdam hoch und war so erfolgreich, dass er für sich ein Vermögen schaffen konnte, während die Reichsmark fast auf Null fiel. Es war natürlich nicht die Schuld von Dr. Mannheimer, dass die Reichsmark zusammenbrach, dafür gab es Dutzende andere Gründe – aber er profitierte davon.

Mir wurden manche Anekdoten über ihn erzählt, die meisten von dem Chefportier des Hotels Doelen in Amsterdam (der so distinguiert war, dass er wie ein preußischer Offizier Monokel trug).

Ein paar Jahre später gründete Mannheimer mit den verdienten Millionen die holländische Filiale der Berliner Firma Mendelssohn und Co. (Nachkommen des Philosophen und Lessing-Freundes Moses Mendelssohn) und wurde unter anderem Bankier der Regierung von Frankreich und Belgien. Als ungekrönter König des damals so wichtigen Finanzplatzes Amsterdam imponierte er mir jungem Anfänger ganz besonders. Zu der Zeit konnte ich ja sein trauriges Ende noch nicht voraussehen: Er starb einige Wochen vor Ausbruch des Zweiten Weltkrieges, und zwei Tage später musste seine Bank Konkurs anmelden – es war die größte Pleite jener Zeit.

Sein Komplize bei der Spekulation gegen den Franc, Camillo Castiglioni, war Sohn eines Rabbiners aus Triest und der bekannteste Nutznießer der Inflation in Österreich. Er fing vor 1914 als Handelsreisender der Semperit-Reifenfabrik an. Nach dem Krieg erkannte er die großen Möglichkeiten der Geldentwertung und verstand es, sie voll auszunutzen. Er kaufte in Österreich Sachwerte auf Kredit, egal zu welchem Preis und egal aus welcher Branche, und zahlte seine Schulden später mit wertlosem Geld zurück.

Eine Zeit lang war er die Legende von Wien. Jeder kannte ihn. Ich erinnere mich noch genau, es muss so um 1922 gewesen sein, als wir wie so oft zur Sommerfrische am Semmering bei Wien weilten. Damals steckten die Leute jedes Mal die Köpfe zusammen und raunten ehrfürchtig: »Das ist doch der Castiglioni«, wenn dieser die Halle oder den Speisesaal des Südbahn-Hotels betrat. Er genoss das Leben und lebte geradezu wie ein Fürst in seinem Stadtpalais in der eleganten Prinz-Eugen-Straße, gleich um die Ecke vom Palais der Rothschilds; außerdem war er ein Kunstmäzen. Er hatte eine prachtvolle Bildersammlung und finanzierte unter anderem den Beginn der Salzburger Festspiele. Als Max Reinhardt das alte Josefstädter Theater, noch heute eines der vornehmsten deutschsprachigen Theater, wieder eröffnete und auf die Bühne trat, verbeugte er sich nicht nur vor dem Publikum, sondern auch in Richtung der Castiglioni-Loge – so, wie man es in den alten Zeiten vor regierenden Fürsten getan hatte.

Trotz aller Erfolge endete die Karriere Castiglionis, wie so oft bei Spekulanten, mit einer dramatischen unglücklichen Spekulation, die Hunderte von Mitspekulanten und Devisenspielern in den Abgrund zog. Den Anstoß zu seinem Untergang gab die gemeinsam mit seinem Freund Dr. Mannheimer unternommene und missglückte Spekulation auf den Sturz des französischen Franc.

Diese verlorene Franc-Schlacht bleibt eine ganz besonders interessante Geschichte der Devisenspekulation. In Frankreich wird sie als »Marne-Schlacht« oder als »Marne-Wunder« bezeichnet. (Die berühmte echte »Marne-Schlacht« hat gleich am Anfang des Ersten Weltkrieges 1914 stattgefunden. Dabei hatte der Generalstab alle Pariser Taxen mobilisiert, um die Soldaten an die Front am Marnefluss zu transportieren. Der erfolgreiche Ausgang dieser Schlacht war vielleicht für den Ablauf des Krieges entscheidend gewesen.)

Ein Mitarbeiter Castiglionis, Dr. Nelken, erzählte mir vor vielen Jahren, wie der Plan zu dieser Spekulation entstand. Im Februar 1924 war Dr. Mannheimer zu Gast bei Castiglioni in Wien. Zwischen zwei Gängen wandte sich Castiglioni mit folgenden Worten an Mannheimer: »Machen wir ein Geschäft mit dem französischen Franc! Es ist eine todsichere Sache. Was der deutschen Mark und der Krone passiert ist, wird sich bestimmt in Frankreich wiederholen. Frankreich hat zwar gesiegt, aber den Krieg verloren, es ist ausgeblutet. Das Land besitzt zwar Gold, aber die Wirtschaft liegt am Boden. Der Franc wird sich nicht halten können. Fangen wir an, auf gemeinsame Rechnung 100 Millionen Franc leer zu verkaufen! Ich kann noch weitere 100 Millionen pumpen und die Rückzahlungsfähigkeit auf Jahre hinausschieben.«

Dr. Mannheimer hatte zwar zunächst Bedenken, akzeptierte aber schließlich per Handschlag. Dem Duo Castiglioni-Mannheimer schlossen sich noch weitere Bankiers und Spekulanten aus Amsterdam, der Schweiz, aus Wien, und von vielen anderen Finanzplätzen an. Es wurde ein Syndikat gebildet, das auf den Sturz des französischen Franc spekulierte und ihn herausforderte.

Man verkaufte aggressiv auf drei oder sechs Monate Lieferung Millionen von Franc in Basel, Amsterdam, Genua, Madrid, New York und London, pumpte so viele Francs wie möglich und kaufte damit Dollar und Pfund sowie ausländische Aktien (Goldminen, internationale Ölwerte und so weiter) an der Pariser Börse auf Termin. Gleichzeitig ließ man durch die Weltpresse Alarmnachrichten über Frankreichs Finanzen verbreiten. Darauf erwarb auch das französische Publikum aus Angst um seine Ersparnisse ausländische Wertpapiere und förderte damit den Kapitalexport aus Frankreich – was wiederum den Franc-Kurs drückte. All das wirkte wie eine Kettenreaktion. Der Franc fiel, das verbreitete Pessimismus, und der Pessimismus wiederum bewirkte weitere Franc-Verkäufe. Von 30 Schweizer Rappen für einen französischen Franc sank der Kurs in Basel innerhalb weniger Monate bis unter 20 Rappen. Die Alarmnachrichten über den Franc verbreiteten sich schnell. Besonders in Wien merkte man auf, da die Wiener Bankiers – große Institute wie kleine »Spielbuden« – persönlich und in Zirkularen zum Franc-Spiel animierten. Das ganze Wiener

Publikum hängte sich ins Schlepptau des bewunderten Castiglioni. Geschäftsleute, Industrielle, jeder, der nur ein wenig von der Spekulationslust angehaucht war, wollte mitmischen. Es war ja auch sonst nichts zum Spielen vorhanden. Die Aktienbörse von Wien war schon seit Monaten auf Talfahrt; für den »Homo ludens« blieb nur die Franc-Baisse als heißer Tipp, und jeder wollte daran teilhaben. Es war die reinste Spekulationsorgie. Sogar Frankfurt, Prag und Budapest wurden angesteckt. Wirtschaftskrise hin, Wirtschaftskrise her, für so ein todsicheres Spiel hatte jeder noch ein paar Pfennig im Sparstrumpf. In diesen Städten hatten die Spieler alle den früheren Sturz ihrer eigenen Währungen vor Augen.

Die Vehikel für dieses Spiel waren von verschiedener Art. Wie gesagt, es ging darum, Francs auf Terminlieferung zu verkaufen. An der Wiener Börse entwickelte sich sogar – obwohl auf dem Papier verboten – ein regelrechter Devisenhandel für französische Francs; man handelte mit Hunderten von Millionen. Man kaufte auch Waren aus Frankreich auf Kredit, ganz egal welche: Wein, Champagner in rauhen Mengen, die für Jahre reichten, Spitzen-Luxusautos, für die man noch gar keinen Kunden hatte. Freunde von mir kauften eine ganze Porzellanfabrik, obwohl sie von Porzellan so viel verstanden wie ich von der chinesischen Schrift. Das alles war egal. Hauptsache man kaufte alles auf Pump.

Ganz groß war auch die Spekulation an der Pariser Warenterminbörse. Rohgummi, Raps, Weizen, vor allem aber Zucker auf lange Termine. Es war ja sicher, dass mit dem Franc-Sturz alle diese Waren steigen würden (auch mein Vater kaufte auf den Rat seines Freundes Monsieur Alexandre Zucker auf Termin).

Im Grunde waren diese Käufe keine Warengeschäfte, das war reine Devisenspekulation, genau wie in den Siebzigerjahren die Spekulation gegen den Dollar an den amerikanischen Warenbörsen). Die Zinsen waren zwar hoch und kletterten noch höher, aber das war den Leuten bei der Aussicht auf üppige Kursgewinne egal. Die Banque de France sowie die französichen Politiker und Experten verfolgten mit Entsetzen diesen Unfug um ihre nationale Währung. Der Dollar stieg in Paris immer höher, von fünf Francs pro Dollar, dem Vorkriegskurs, auf 15 und 20, und erreichte im März 1926 schließlich die Wahnsinnshöhe von 28 Franc. Da beschloss die französische Regierung endlich, das Bankhaus Lazard Frères (noch heute die größte Privatbank in Paris) zu beauftragen, auf dem Devisenmarkt zur Stützung des Franc einzugreifen. Die Firma nahm den Auftrag an und kaufte auf allen Märkten die angebotenen Francs auf. Als dann noch die Nachricht durchsickerte, dass die New Yorker Bank J.P. Morgan & Co. der Banque de France einen Kredit von 100 Millionen Dollar (heute wären dies rund zwei Milliarden Dollar) für Interventionen zur Verfügung gestellt hatte, platzte der Ballon. Unter den Franc-Spekulanten brach Panik aus. Der Markt drehte sich binnen einer halben Stunde, und die ganze Welt wollte auf einmal nur Francs kaufen. Aus Basel, Amsterdam, Genua, Wien und so weiter kamen die Kaufaufträge, es ging um Millionenbeträge; bei den Firmen gab es nicht genügend Telefone und Angestellte, um alle Orders anzunehmen. Es war ein Sturm in die entgegengesetzte Richtung. Der Dollar fiel in Paris von zirka 28 Francs in wenigen Tagen bis zum 8. März 1924 auf 15 Francs zurück. Die französische Währung war gerettet. Das war also das berühmte »Marne-Wunder«, die siegreiche Schlacht Frankreichs auf den Finanzmärkten.

Für die anderen, die Wiener etwa, war es der so genannte »Frankenkrach« – obwohl ja nicht der Franc krachte, sondern sie selbst! Ganz Wien und Prag waren pleite, und sogar die besser gepolsterten Amsterdamer Bankiers erlitten entsetzliche Verluste; einige von Ihnen kamen in ernsthafte Schwierigkeiten. Denn die Franc-Schulden – egal ob in Devisengeschäften, ob für Wein, Spitzen, Luxusautos oder Porzellanfabriken – mussten nun zum doppelten Preis zurückgezahlt werden. Hunderte von Firmen, unter ihnen viele Importeure, Bankiers, Makler, mussten ihre Bilanz deponieren, da auch ihre Kunden zu Tausenden ihre Spargelder verloren hatten und die Spekulationsdifferenzen nicht bezahlen konnten.

Der größte Verlierer unter allen war natürlich Camillo Castiglioni. Mit dieser Niederlage begann die Talfahrt seiner Karriere. Sein Ruhm geriet langsam in Vergessenheit; in Wien war er bald kein Gesprächsthema mehr. Nach dem Zweiten Weltkrieg tauchte er in Italien auf, ohne je wieder eine wichtige Rolle zu spielen.

Mein Vater musste auch Federn lassen, doch so hart wie Mannheimer oder Castiglioni traf es ihn nicht. Der erste Tipp, mich nach Paris zu schicken, machte den Verlust des zweiten später mehr als wett. Dank der dort erhaltenen Ausbildung und allem, was dem folgte, konnte ich meinen Eltern in der Schweiz einen angenehmen Ruhestand finanzieren, nachdem diese ihr gesamtes Vermögen nach dem Zweiten Weltkrieg verloren hatten. Ich habe diese Geschichte erzählt, um zu zeigen, wie pittoresk der Devisenmarkt früher war.

Auch ich spekulierte unzählige Male in Devisen. Als es noch Devisenzwangswirtschaft, Devisenverordnungen und Sperrwährungen gab, waren die Möglichkeiten auf den Devisenmärkten zahlreicher und interessanter. War man geschickt und fantasiereich, konnte man Arbitragen zwischen den einzelnen Währungen machen.

Heute ist der Devisenmarkt das Spielfeld der Big Player, ich betone »Spiel«-Feld, denn aus dem Devisenmarkt haben die Banken, Versicherungen und Hedge-Fonds ein Spielkasino gemacht. Außerdem gibt es immer weniger Währungen. Durch die Einführung des Euro sind Franc-D-Mark-Spekulationen (die es so oft in der Vergangenheit gab) passé – vorausgesetzt der Euro hält.

Dem kleinen Spekulanten stehen im Prinzip nur noch eine Hand voll Währungen zur Verfügung, die er auf Termin handeln kann. Um Exotenwährungen in entsprechenden Mengen zu erwerben, muss man spezielle Verbindungen in die betreffenden Länder haben. Vielleicht gibt es heutzutage noch interessante Möglichkeiten in Afrika oder vielleicht auch in den kleinen Staaten Osteuropas, doch da bin ich kein Experte.

Wer sich auf die Spekulation mit den großen Währungen einlässt, kämpft mit Hunderttausenden von großen und kleinen Spielern und Spekulanten. Die relevanten Nachrichten kennt jeder auf der Welt zur gleichen Zeit. Fällt irgendeine Statistik besser aus als die Erwartungen, rennen alle in die eine, fällt sie schlechter aus, in die entgegengesetzte Richtung. Diskrepanzen zwischen den Kursen und dem fairen Wert einer Währung zu entdecken wird immer schwieriger, und wenn es gelingt, nützt es auch nicht viel. Der Devisenmarkt wird von dem kurzfristigen Spiel so beherrscht und verzerrt, dass es Jahre dauern kann, bis eine Währung ihren fairen Kurs findet. Ich bin zum Beispiel der Ansicht, dass der Dollar seit 15 Jahren unterbewertet ist.

Außerdem muss sich jeder Spekulant klarmachen, dass bei der Devisenspekulation jeder Hausseposition eine Baisseposition gegenübersteht. Es muss immer einer verlieren, was der andere gewinnt. Das ist bei Aktien vollkommen anders. Wenn die Börse à la longue steigt, wie in den letzten Jahrzehnten, dann gewinnen alle Aktienbesitzer, die ihr Risiko gestreut haben. Nur die Baissespekulanten verlieren, doch ihre Anzahl ist gegenüber allen Aktienbesitzern verschwindend gering.

Rohstoffe: Spekulant gegen Spekulant

Auch in der Rohstoffspekulation steht einer Long(Kauf)-Position immer eine Short(Verkaufs)-Position gegenüber. Der eine Spekulant wettet auf steigende und der andere auf fallende Preise. Es ist ein enorm risikoreiches Geschäft. Man spekuliert in der Regel auf Termin. Das bedeutet, man muss nur eine relativ kleine Summe einschießen, um ein Riesenquantum Kupfer, Weizen oder Ähnliches zu kaufen, denn in diesem Fall ist die eingezahlte Summe nicht der Kaufpreis, sondern nur eine Sicherheit für das in der Zukunft fällige

Geschäft. Genauso ist es bei Terminkontrakten auf Aktienindizes, Devisen und Anleihen. Weil der Verkäufer erst später liefern und der Käufer erst später beziehen muss, nennt man die Terminkontrakte auch Futures. Das Risiko dieser Geschäfte kann aufgrund des geringen Kapitaleinsatzes gar nicht genug überschätzt werden. Läuft der Kurs der Ware auch nur einige Prozente gegen die gewünschte Richtung, muss der Halter der Position sofort weitere Beträge zuzahlen, damit die Sicherheit in der ursprünglichen Höhe erhalten bleibt. Für den Fall, dass er dies nicht tut, wird seine Position sofort zwangsliquidiert, was eventuell den gesamten Verlust seiner bereits gezahlten Gelder nach sich zieht.

Ich habe mich in meiner achtzigjährigen Börsenkarriere intensiv mit der Spekulation in Rohstoffen befasst. Vielleicht weil ich auf diesem Spielfeld noch eine Rechnung aus meiner frühen Kindheit zu begleichen hatte. Ich war gerade in dem Alter, in dem man mit Murmeln spielt. Im täglichen Leben des damaligen Ungarn erstrahlte die Getreidebörse in einem ganz besonderen Glanz: Das Land war Großproduzent von Brotgetreide, Mais und Hafer. Es war der lebhafteste Markt von ganz Europa. Man machte hier gewaltige Umsätze, Telegramme aus Übersee, Verkaufs- und Kauforders ergossen sich über die Stadt und gaben ihr einen ungewöhnlichen Auftrieb. Die Riesengeschäfte boten auch Gelegenheit zu Spekulationen kleineren Umfangs, an denen sich jedermann beteiligen konnte, und das war etwas, was der fröhlichen Mentalität des Ungarn sehr lag.

Das Getreide war also »in aller Munde« und genauso alles, was seinen Kurs beeinflussen konnte. Das Hauptelement bei diesem Spiel war das Wetter, die Farbe des Himmels, die zu starke Sonne, die die Ernte gefährdete, oder der Regen, der sie verbessern würde. Der Kurs stieg oder fiel wie der Wetterfrosch auf den Sprossen seiner Leiter, je nach den Wetterberichten. Auf den in der Stadt so zahlreichen Caféhaus-Terrassen und an den Straßenecken hielt man, besonders in jenem überaus trockenen Sommer, eifrig nach Wolken Ausschau. Denn wenn kein Regen fiele, wäre die

Halfererte in Gefahr gewesen. Sogar die hohen Militärs machten sich Sorgen, weil damals dem Hafer die Rolle zukam, die das Benzin in einer modernen Armee spielt. Zu den meteorologischen Kümmernissen des Augenblicks gesellte sich eine neue Sorge: das Fußballspiel, das die ungarische Elf gegen die österreichische Nationalmannschaft austragen sollte. Es ging um die sportliche Ehre, die jedermann als ein schwerwiegendes persönliches Anliegen betrachtete. Dem so lang erwarteten sportlichen Ereignis gelang es sogar, die lähmende Schwüle dieses heißen Sommers vergessen zu machen.

Ich war doppelt erregt. Es war mein erstes wirkliches Fußballspiel, und darüber hinaus sollte ich zu diesem neuen Vergnügen von meinem Lieblingsonkel mitgenommen werden. Am Morgen des Wettspiels sprang ich Hals über Kopf aus dem Bett, um den Himmel zu begutachten. Aber ach, der Horizont war ganz zugezogen, eine Menge grauer Wolken zog herauf, getrieben von einem Regen bringenden Wind; die Luft war schwer, man hörte schon fast den Donner grollen. Ich wurde von Unruhe ergriffen, ebenso wie mein Vetter, der auch zum Sportfest mitkommen sollte.

Den ganzen Vormittag über verschlimmerte sich die Lage immer mehr, und im selben Maß wuchs unsere Enttäuschung. Dennoch trafen wir zur festgesetzten Stunde bei unserem Onkel ein und waren überzeugt, dass er ebenso betrübt sein würde wie wir. Welche Überraschung! Seine Augen strahlten, er lächelte glücklich und zufrieden und rieb sich die Hände, als sei ihm gerade ein guter Coup gelungen. Gewöhnlich war er nie hässlich zu Kindern, nicht einmal im Scherz. »Meine lieben Jungen, welch ein Tag, seht nur, es regnet in Strömen, das Fußballspiel ist abgesagt.«

Meinem Vetter und mir verschlug es die Sprache. Kein Fußballspiel! Und er wagte es, von einem schönen Tag zu sprechen. So viel Gemeinheit war uns unverständlich. Und mit noch größerer Grausamkeit fuhr er fort: »Das ist wirklich fabelhaft, dieser Regen ist prächtig!« Es war nicht zu glauben. Dann rief er: »Ihr versteht aber auch gar nichts.

Der Regen ist ein Glück! Morgen wird der Hafer an der Börse fallen. Ich habe seit Wochen darauf gewartet.«

Der Onkel hatte Recht, am nächsten Tag gab es einen Kurssturz in Hafer, die Ernte war gerettet. Diejenigen, die auf Baisse spekuliert hatten, konnten den erwarteten Gewinn einstreichen, und die Militärs waren beruhigt – alles auf Kosten unseres Fußballspiels. Dieses ins Wasser gefallene Vergnügen hatte die Börse auf dem Gewissen, aber am gleichen Tag schwor ich mir, zu gegebener Zeit Rache dafür zu nehmen …

Ich habe später in so ziemlich allen Rohstoffen herumgepanscht, die auf Termin gehandelt werden und wurden. Zeitweise besaß ich sogar einen Sitz an der legendären Getreidebörse von Chicago. Per Saldo habe ich nichts verloren und nichts gewonnen.

Die Rohstoffspekulation ist nur etwas für erfahrene Spekulanten, die das Risiko kennen und Verluste verkraften können. Rohstoffe sind vor allem für diejenigen geeignet, die aus professionellen Gründen damit zu tun haben, da sie diese später für ihre eigenen Betriebe verwenden können. Ein Müller legt etwa einen Teil seines Vermögens in Getreide an, ein Schokoladefabrikant kauft Kakao oder Zucker, ein Textilindustrieller lagert Wolle oder Baumwolle ein, ein Goldschmied deckt sich mit Gold und Silber ein und so fort. Ich würde keinem privaten Spekulanten empfehlen, sein Glück ausschließlich an den Rohstoffbörsen zu suchen. Manchmal aber kann es die eine oder andere Konstellation geben, die zu einer Spekulation einlädt.

Niemals sollte man sich jedoch auf die Telefonverkäufer der »Warenterminspelunken« einlassen, die einem mit größtem Verkaufsgeschick sichere Gewinne versprechen. Sicher ist hier nur eines: der Totalverlust!

Sachwerte: Sammler oder Spekulant?

Ende der Siebziger-, Anfang der Achtzigerjahre, zur Zeit der Inflationspsychose, waren Sachwerte als Anlage sehr gefragt. Kleine und große Leute wollten ihr Erspartes vor der Geldentwertung in Sicherheit bringen. Sie kauften Bilder, alte Möbel, Porzellan, Briefmarken, Münzen, Diamanten und natürlich Gold. Ich kannte sogar jemanden, der sein Geld in alten Kaffeemühlen anlegte.

Die Preise der Sachwerte explodierten in dieser Zeit förmlich. Spekulanten, die diese Entwicklung richtig voraussahen, konnten ein Vermögen verdienen. Die Anleger wurden jedoch nicht glücklich. Sie kauften natürlich zu den bereits hohen Preisen und haben seit fast 20 Jahren nur Geld verloren. Die Entwicklung des Goldpreises offenbart das ganze Desaster. Von in der Spitze von 850 US-Dollar für die Feinunze ist Gold auf heute unter 300 Dollar gefallen. Und Besserung ist nicht in Sicht. Ich betrachte dies mit großer Genugtuung, denn ich war immer ein Gegner der Goldanbeter.

Sachwerte werfen keine Rendite ab. Deshalb eignen sie sich als Anlagewerte nicht, es sei denn, man befindet sich in einer Hyperinflation. Das Gleiche gilt auch für die Anlage in Rohstoffen. Selbst bei Aktien mit ihren insbesondere heute nur geringen Dividenden erzielt der Anleger bei Wiederanlage der Erträge durch den Zinseszinseffekt automatisch einen Wertzuwachs. Für Anleihen gilt dies ohnehin. Während bei der Aktie die Aktiengesellschaft und bei der Anleihe der Emittent (ein Staat oder ein Unternehmen) mit dem Geld arbeiten, liegt es in Sachwerten brach. Deshalb kann man in Sachwerten allenfalls spekulieren. Man muss die große Aufwärtsbewegung erkennen, rechtzeitig einsteigen, davon profitieren und anschließend wieder aussteigen. Nur so kann man mit Sachwerten Geld machen. Doch es ist leider fast unmöglich, Preisbewegungen so genau vorauszusagen. Das Hauptproblem ist immer das Timing. An der Börse kommt immer alles anders und erst später so, wie man denkt.

Nur wer sich genau in seinem Bereich der Sachwerte auskennt und sehr viel Erfahrung hat, kann theoretisch Geld machen. Ich sage theoretisch, weil bei den von mir genannten Sachwerten wie Bildern, altem Porzellan, alten Möbeln, Diamanten, Briefmarken und Münzen nur die Sammler die wahren Kenner sind. Sie lieben ihre Materie, sie stehen mit ihr auf und gehen mit ihr zu Bett. Doch der Sammler kann kein Spekulant sein, weil er sich von seinen Stücken nicht trennen kann. Er erzielt zwar buchmäßig große Gewinne, doch kann er nie davon profitieren. Der Spekulant, der billig zu kaufen und teuer wieder zu verkaufen versucht, wird die Materie hingegen nie gut genug kennen, um langfristig Erfolg zu haben.

Immobilien: Nur was für große Spekulanten

Die einzige Sachwertanlage, die eine Rendite abwirft, ist die Immobilie. Der Besitzer kassiert oder spart die Miete, wenn er in seiner eigenen Immobilie wohnt. Ich besitze selbst zwei Wohnungen in Paris, ein Haus an der Côte d'Azur und eine Wohnung in Budapest. Nur die zweite Wohnung in Paris, auf der Seine-Insel Île Saint-Louis ist vermietet, die anderen drei Immobilien bewohne ich selbst. Aus dieser Erfahrung kann ich jeder Familie nur empfehlen, die Wohnung oder das Haus, das sie zu bewohnen gedenken, zu kaufen. Das sollte die erste Geldanlage sein. So ist man unabhängig von Vermietern und Mietpreiserhöhungen.

Spekulation mit Immobilien ist aber etwas vollkommen anderes. Erfahrungen habe ich in diesem Metier keine. Ich war immer ein Spekulant der »Mobilien«, also der mobilen Werte wie Wertpapieren, Devisen und Rohstoffen. Die Immobilie ist im Gegensatz zu den vorher genannten hingegen nicht mobil, wie ihr Name bereits impliziert. Sie ist nicht an jedem Ort der Welt zu verkaufen und zu nutzen. Während eine IBM-Aktie auf der ganzen Welt den gleichen Preis hat, gibt es keinen einheitlichen Preis für eine 60 Quadratmeter große Wohnung. Von Ort zu Ort und abhängig von der Lage sind die Preise unterschiedlich. Eine Wohnung gleicher Größe und Ausstattung kostet in New York City zwei Millionen US-Dollar und in Buxtehude 200 000 Mark.

Doch von einer Sache bin ich überzeugt: Auch wenn der Immobilienmarkt ein ganz anderer ist, funtioniert er nach den gleichen Gesetzen wie alle anderen Spekulationsmärkte. Es gibt Booms und Kräche und Übertreibungen in beide Richtungen.

Wer mit Immobilien spekulieren will, muss schon eine größere Summe mitbringen und außerdem eine gute Bonität haben, da Immobilienkäufe in der Regel zu einem Teil fremd finanziert werden.

Es gibt zwar auch Immobilienfonds, doch eignen sie sich meines Erachtens nicht zum Spekulieren. Die offenen Fonds sind Anlagefonds, die ihre Investments sehr breit streuen. Das Risiko soll gering und der Wertzuwachs kontinuierlich sein. Die geschlossenen Immobilienfonds dienen der Steuerersparnis und laufen meistens zehn Jahre und länger.

Wer mit Immobilienspekulation richtig Geld machen will, muss voraussehen, in welcher Stadt, Region oder welchem Land der Immobilienmarkt vor einem großen Aufschwung steht. Nur so kann er überdurchschnittliche Gewinne erzielen.

Die bei den immobiliengläubigen Deutschen weit verbreitete Ansicht, Immobilien würden im Preis ständig steigen, ist Unsinn. Sie können ebenso fallen. Der Besitzer nimmt es nur nicht wahr wie bei seinen Aktien, da der Preis für seine Wohnung, sein Haus oder sein Bürogebäude nicht jeden Tag in der Zeitung steht oder bei n-tv über den Ticker läuft.

Natürlich haben sich die Immobilienpreise langfristig nach oben entwickelt. Doch im Bundesdurchschnitt sind sie nicht schneller gestiegen als die Inflationrate, sodass ihre Besitzer nur nominal, real jedoch keinen Gewinn gemacht haben.

Was mir am Immobilienmarkt gefällt: Es gibt keine

Zocker. Die Kosten für die Transaktionen sind zu hoch, als dass man an einem Tag kaufen und am nächsten wieder verkaufen könnte. Dafür ist der Immobilienmarkt längst nicht so liquide wie die Wertpapier-, Devisen- und Rohstoffmärkte. Manchmal dauert es Monate, bis man für ein Objekt einen Käufer findet, der einen marktgerechten Preis zu zahlen bereit ist.

Fazit: Der Spekulant, der finanziell potent genug ist und sich auf dem Immobilienmarkt auskennt, kann auf diesem Terrain sein Glück versuchen. Viele wurden – wie Donald Trump – mit Immobilien reich. Andere gingen – wie Jürgen Schneider – Pleite und endeten am Schluss im Gefängnis. So wie bei jeder anderen Spekulation liegen Vermögen und Pleite dicht beieinander. Mehr aber weiß ich über den Immobilienmarkt nicht, denn mein Reich waren immer die Aktien.

Aktien: Das Spekulationsobjekt an sich

Das größte Spielfeld für den Spekulanten bietet ohne Frage der Aktienmarkt. Weltweit gibt es mehr als 100 000 börsennotierte Aktiengesellschaften, verstreut auf fast alle Länder dieser Welt. Man kann auf den Aufschwung oder Niedergang einer Branche, den Sieg eines Konkurrenten über den anderen, Gesetzesänderungen im Staat XY, Wahlen, gesellschaftliche Trends, die zukünftige Mode und natürlich auf die neuen technischen Entwicklungen spekulieren. Eine Gesellschaft sucht ihr Glück unter Tage, die andere im All.

Immer wieder kann man unterbewertete Gesellschaften finden. Der bereits erwähnte Milliardär Warren Buffet hat damit sein Vermögen gemacht. Oder man findet überbewertete Gesellschaften und spekuliert auf ihren Niedergang. Man kann ein Vermögen mit den so genannten »Turnarounds« machen, wie ich einst mit Chrysler (Ich kaufte sie in der Krise mit drei US-Dollar. Die Stocksplits herausgerechnet stehen sie heute etwa bei 150 US-Dollar). Und es gibt »Highflyer« wie Microsoft oder Dell, mit denen man ebenso reich werden konnte.

Der Vorteil der Aktie gegenüber allen anderen zuvor beschriebenen Spekulationsobjekten liegt in ihrer langfristigen Aufwärtsentwicklung. Natürlich gilt dies nicht für jede Gesellschaft, manche gehen auch zugrunde, doch in ihrer Gesamtheit sind sie langfristig immer nach oben gegangen und schnitten besser als jede andere Anlageform ab. Der Spekulant, der sein Vermögen ein wenig streut und auch große, solide Gesellschaften kauft, hat mit der Aktie die besten Chancen. Entwickeln sich die Dinge nicht so, wie er es erwartet hat, muss er nur Geduld haben und warten, bis die Kurse wieder steigen. So wurde schon so mancher Spekulant zum Anleger. Man hört oft Börsenleute protzen, sie hätten gut spekuliert, wenn sie eine Aktie zu 100 gekauft und zu 110 verkauft haben. Wenn aber dieselbe Aktie von 100 auf 60 stürzt und sie diese nicht mit Verlust abstoßen wollen, dann behaupten sie, sie hätten eine Anlage getätigt, und der vorübergehende Kurs interessiere sie nicht. Das ist natürlich eine Selbsttäuschung. Aber menschliche Schwächen haben wir ja alle, besonders wir Spekulanten.

Wie schon gesagt, bin ich heute Aktienanleger, doch ich habe mit Aktien Tausende von Spekulationsabenteuern erlebt und überlebt. Von einigen werde ich in diesem Buch noch berichten.

Die Börsen – Nervensystem der Marktwirtschaft?

Die Geburtsstunde

Wie wäre es, wenn ich von der Börse, dieser verwunschenen Welt, erzählen würde? La bourse, la borsa, la bolsa, die Börse, Serka … Von Paris bis Mailand und Buenos Aires, von Frankfurt bis St. Petersburg ist dieses Wort weiblich, das ist zweifellos mehr als ein bloßer Zufall! Und was ist eigentlich die Börse? Diese »böse« Börse, die für die einen das Vermögen, für die anderen den Ruin bedeutet?

Böse Zungen behaupten, der Teufel habe die Börse erschaffen, um den Menschen zu zeigen, dass auch sie, Gott ähnlich, aus dem Nichts etwas schaffen können. Falsch! Nicht der Teufel hat die Börse erfunden. Sie ist spontan entstanden, unter einem Baum, so wie die Wall Street, an der Straßenecke oder in einem Caféhaus, um anschließend in ein Palais einzuziehen.

Die erste Aktienbörse im heutigen Sinne entstand in Amsterdam. Es war im 17. Jahrhundert, zu Beginn der großen Kolonialzeit. Die Spekulation stürzte sich auf die Aktien der Indischen Kompanie. Dieses erste organisierte Kolonialunternehmen war im Jahre 1602 gegründet worden. Seine Väter waren einige holländische Kapitalisten, die sich zu Herren des Überseehandels aufschwingen wollten. Bevor sie ihre Schiffe und ihr Vermögen den unbekannten Ozeanen anvertrauten, hatten sie den Berichten der Seefahrer aufmerksam gelauscht. Sie rüsteten ihre Segelschiffe so aus, dass sie in den Stürmen der südlichen Meere bestehen konnten. Um das notwendige Kapital aufzubringen, hatte jeder sein Scherflein beigetragen: 64 Tonnen Gold waren durch Subskription aufgebracht worden. Sie hatten sich auch das Handelsmonopol gesichert und besaßen auf den zahlreichen Inseln Ostindiens eine fast absolute Souveränität. Die Flotte der Kompanie kehrte voll beladen mit kostbaren Gütern an die Amsterdamer Kais zurück: mit Gewürzen, Stoffen oder Porzellan, um die man sich in den Nachbarländern förmlich riss.

Die allmächtige Kompanie blühte auf und wurde ein Staat im Staate. Bei den Streitigkeiten mit den Radschas und den Maharadschas verstand sie es geschickt, höhere Preis zu bieten und die Portugiesen zu vertreiben. In Amsterdam saßen die siebzehn Herren der Kompanie in ihrem prächtigen Palast um einen runden, mit schwerem Brokat bedeckten Tisch und erließen Gesetze wie vormals die Herrscher. Nachdem sie jahrelang Reserven angelegt hatten und das Imperium der Kompanie fest verankert war, von den Gewürzinseln bis zum asiatischen Kontinent, von Batavia bis Kalkutta, von Java bis Madras, ließen sie die erste Gewinnverteilung zu. Die Gewinne stiegen, die Dividenden ebenfalls und auch der Aktienkurs: Man verteilte bares Geld, Obligationen oder in manchen Jahren, nach Belieben der Kompanie und entsprechend den finanziellen Gegebenheiten, auch Pfeffer oder Zimt.

England war beunruhigt über die souveräne Seemacht der Indischen Kompanie und über den Reichtum, der Holland zu einem gefährlichen Rivalen machte. Es versuchte, dieses Monopol zu brechen und den freien Wettbewerb wieder herzustellen, indem man eine englische »East India Company« gründete, der es jedoch nicht gelang, die holländische Gesellschaft zu entthronen. Es begann ein erbitterter Kampf der westlichen Großmächte, auf dem Lande, zur See und an der Börse. Wenn die holländische Indische Kompanie und die englische Indische Kompanie heute noch existierten, würden sie wahrscheinlich versuchen, sich gegenseitig zu übernehmen.

Die Spekulanten warteten auf Nachrichten von den Schiffen, während sie sich bei einer Partie Schach über den Hafenklatsch unterhielten und ihre Schokolade oder ihren Kaffee in den Wirtschaften am Kai oder in den Börsenklubs schlürften. Heute sitzen sie in den Tradingräumen oder vor ihren Internet-Rechnern und warten gespannt auf die letzten Nachrichten, Statistiken und Analystenschätzungen. Nur warten sie heute nicht mehr wochen- oder monatelang auf gute oder schlechte Nachrichten. Die kommen wie aus einem Maschinengewehr, hundert pro Minute.

Je nach den Frachtkosten stiegen oder fielen die Aktien der einen oder anderen Kompanie. Die eintreffenden Schiffsladungen wurden immer wertvoller und ließen noch bessere erwarten. Die Spekulanten wurden von Tag zu Tag aufgeregter. Im Jahre 1688 kam es dann für die holländische Indische Kompanie zu einer Katastrophe, die auch für uns von besonderem Interesse ist, weil es der erste wirkliche »Aktien-Krach« war. Die Kompanie erwartete eine sehr wichtige Ladung. Die Hoffnung darauf ließ die Aktien ein neues All-time-high erreichen. Die Spekulation hatte sich mit Kassa- und Termingeschäften »auf Leben und Tod« engagiert. Zunächst trafen allerhand alarmierende Nachrichten ein. Die Flotte musste infolge schwerer Havarien vom Kap der Guten Hoffnung nach Batavia zurückkehren. Einige Schiffe allerdings kamen in Holland an. Doch die Waren wurde nur zu einem Gegenwert von 35 Tonnen Gold verkauft, während man gehofft hatte, einen Gegenwert von 50 Tonnen zu erzielen. Das Geschäft war an sich nicht schlecht, aber die Spekulation war bis aufs Äußerste angespannt. Wenn ein Börsenwert Aussicht auf eine erhöhte Dividende hat, dann stürzen sich die Spekulanten auf diese Aktien. Wenn die Dividende zwar so hoch ist wie erwartet, kann der Kurs trotzdem aufgrund des »Fait accompli« fallen. Wenn die Dividenden jedoch nicht die erwartete Höhe erreichen, kann dies zum Funken im Pulverfass werden: Grenzenloses Misstrauen löst das grenzenlose Vertauen ab.

Aus diesem Grund haben die kanadischen Uranbergwerke in den Fünfzigerjahren das gleiche Schicksal erlitten. Trotz der Entwicklung der Atomwissenschaft stellten sich die erhoffen Profite nie ein und es bestand auch keine Aussicht, dass sich dies eines Tages ändern würde; die Spekulanten mussten ihre Illusionen teuer bezahlen. Die spektakulär hinaufgetriebenen Aktien der Uranbergwerke verloren bei dem Börsenkrach von 1957 ungefähr neun Zehntel ihres Wertes. Die Wunde war so tief, dass die kanadischen Börsen für lange Zeit ihre Dynamik einbüßten. Sie konnten trotz der Börsenhausse im Nachbarland, an der Wall Street, das verlorene Gelände nicht zurückgewinnen. Ähnliche Gründe brachten anderen Spekulanten an der Pariser Börse den Ruin: Man spiegelte ihnen ungeheure Gewinne bei der Erdölförderung in der Sahara vor. Die politischen Ereignisse in Algerien und die Nationalisierungen haben einen Strich durch ihre Hoffnungen gemacht.

Seit der Mitte des 17. Jahrhunderts ähnelte die Amsterdamer Börse in verblüffender Weise den modernen Börsen. Schon damals machte man Termin- und Optionsgeschäfte. Es gab Liquidationstage, Kompensationskurse, das Report- und Deportgeschäft, Haussekonsortien und Baissesyndikate. Amsterdam war der bedeutendste Markt für Staatsanleihen in Europa. Die Termingeschäfte, mit all ihren Feinheiten und Raffinessen, wurden an der Amsterdamer Börse geboren. Es gab Kursmakler und Verbindungsoffiziere zwischen den Maklern und der Kundschaft, die in den benachbarten Caféhäusern auf die Börsenergebnisse warteten. Gerüchte, falscher Alarm, alle Machenschaften, um die Kurse zu beeinflussen, existierten bereits und erlaubten den guten Strategen, aus Hausse und Baisse Nutzen zu ziehen.

Die Aktien der Indischen Kompanie, der Blickfang des Marktes, stiegen unablässig, umso mehr, als ein mächtiges Konsortium sie auf Hausse manipulierte. Die schlechte Nachricht über die Verzögerung der Rückkehr der Schiffe – es war eine an sich ungefährliche, eine simple schlechte Nachricht – kam bei dem allgemeinen Aufruhr zur unrechten Zeit. Unter den Opfern befand sich ein gewisser José de la Vega, Dichter, Philosoph und passionierter Spekulant. Er war der Sohn spanisch-jüdischer Flüchtlinge in Amsterdam (wie heute 100 000 Kinder von deutschen Flüchtlingen in

New York). Sein Buch »Die Verwirrung der Verwirrungen«[1], ist ein philosophisches Werk und eine Reportage zugleich. Es vermittelt ein getreues Bild der Amsterdamer Börse im 17. Jahrhundert. Ich habe es bereits mehrmals in deutscher Sprache gelesen – es wurde 1912 übersetzt –, und ich kann es jedem Börsianer empfehlen. José de la Vega hatte drei Mal durch Spekulation sein Vermögen gemacht und wieder verloren, und das beweist, dass er kompetent für sein Thema war.

Ich bin – wie gesagt – wirklich davon überzeugt, dass jemand, der sich nicht mindestens zweimal an der Börse ruiniert hat, keinen Anspruch auf den schönen Titel »Spekulant« erheben kann. Bei meinen zahllosen Abenteuern machte ich auch viele unglückliche Erfahrungen. Aber wie bei allen Börsianern sind auch meine Wunden schnell vernarbt. Kaum hat man einen Unfall hinter sich, so stürzt man sich schon mit neuen Plänen in die Schlacht.

José de la Vega beschreibt in seinem Buch den Mechanismus der Spekulation und der Börse schon genauso, wie er auch heute noch ist. Illusionen, Verdrießlichkeiten, Optimismus, Pessimismus, Überraschungen oder Überzeugungen, Hoffnungen und Ängste, Erwartungen und Enttäuschungen sowie Geld oder Schulden bewegen die Kurse heute wie damals nach oben oder unten. Daran ändern auch die Computer und das Internet nichts. Hinter der Spekulation steckt immer der Mensch mit seinen Tugenden und Schwächen. Zu allen Zeiten hört und liest man in den Börsenkommentaren der Journalisten oder Händler, die Börse sei undurchsichtiger als früher. Das ist vollkommen falsch. Die Börse war immer undurchsichtig, und wenn sie es nicht wäre, dann wäre die Börse keine Börse mehr. Bereits vor rund 300 Jahren beschrieb José de la Vega die Börse als »Verwirrungen der Verwirrungen«.

Leider gelang es mir nie, eine Erstausgabe dieses 1688 in spanischer Sprache unter dem Titel »Confusiones de la Con-

[1] Das Buch ist 1994 im Börsenbuch Verlag neu aufgelegt worden.

fusiones« erschienen Buches zu erwerben. Gern hätte ich meine Büchersammlung, der einige seltene Stücke angehören, durch dieses besondere Juwel gekrönt. Es ist das erste Buch über die Börse überhaupt. Seitdem ich es gelesen habe, suche ich ein Original der ersten Auflage in spanischer Sprache. Sogar die größte Wirtschaftsbibliothek in Boston, die Kress Library, hat es bis vor zwanzig Jahren nicht gehabt.

Vor einigen Jahren bot sich mir noch einmal die Chance. Ich las in der Zeitung in München, dass ein Exemplar bei Sotheby's in London zur Versteigerung käme. Meine Frau, die weiß, wie sehr ich dieses Buch suche, und die die ganze Kunstpresse aufmerksam studiert, rief mich zu gleicher Zeit an, um mir zu berichten, was ich bereits in der Zeitung gelesen hatte. Ich ging daraufhin in München zu Sotheby's, um mir im Katalog anzuschauen, ob es sich wirklich um das Original in spanischer Sprache handelte. Die Antwort, die ich fand, war positiv. Es war das gesuchte Exemplar. Im Katalog war der Preis mit 2000 bis 3000 Pfund taxiert. Ich fragte den Angestellten von Sotheby's, wie viel ich bieten müsste, um es bestimmt zu bekommen. Er sagte mir, dass 3000 Pfund bestimmt genügen würden. Ich wollte sicher sein und limitierte mein Gebot mit 5000 Pfund. »Todsicher bekommen Sie es«, sagte der Mann daraufhin.

Es kam der Tag der Versteigerung, und zu meiner großen Enttäuschung ging ich leer aus. Der erzielte Preis lag bei 18 000 Pfund. Nichts interessierte mich mehr, als zu wissen, wer bereit gewesen war, diesen Preis zu zahlen. Durch Tratscherei erfuhr ich, dass ein japanischer Käufer es erworben hatte. Und da fragte ich mich: Was will ein Japaner mit einem spanischen Buch über die Amsterdamer Börse? Hätte es in meiner Bibliothek nicht eine würdigere Heimat gefunden?

Nervensystem des Kapitalismus

Wenn der Teufel die Börsen auch nicht geschaffen hat, mitgemischt hat er dennoch, als er aus dem »Homo sapiens« den »Homo ludens« gemacht hat, der die Börse oft in einen Spielsaal verwandelt. Für viele ist die Börse deshalb auch Monte Carlo ohne Musik, ein Casino, wo man sich während eines Abends eine runde Summe erspielen kann, in einer anregenden, Nerven kitzelnden Atmosphäre. Für mich ist sie Monte Carlo mit viel Musik. Man muss nur die Antennen haben, um diese Musik aufzufangen und dann die Melodie zu erkennen.

Doch die Börse ist noch mehr, sie ist das Nervenzentrum, ja, sogar der Motor des kapitalistischen Wirtschaftssystems. Dieser Spielsaal, der er zweifellos für die Mehrheit der Börsianer ist, spielt eine große Rolle. Im Fall der Waren- und Devisenbörsen sorgt er für die Verteilung der Waren und eine faire, transparente Preisbildung. Er bietet Produzenten, Erzeugern sowie Im- und Exporteuren die Möglichkeit, sich gegen Preisrisiken abzusichern. Die Spieler und Spekulanten sorgen für den nötigen Umsatz. Leider ist der Umsatzanteil der Spieler oder Parasiten, wie ich sie auch nenne, heute so groß, dass allein ihre Aktionen die Kurse manchmal unberechtigt in die Höhe oder in die Tiefe treiben.

Der eigentliche Motor aber sind die Aktienbörsen. Ihre Grundlage ist die Aktiengesellschaft und die Börsenspekulation ihr Treibstoff. Ohne Spekulationen wären die großen revolutionären Industrien (Eisenbahn, Automobil, Öl, Elektronik, Computer und jetzt das Internet) nie zustande gekommen. Nur die Hoffnung auf einen spekulativen Kursgewinn und nicht auf einen Zinsertrag kann den großen und kleinen Sparern die zur Expansion nötigen Gelder aus der Tasche kitzeln. Diese Spargelder werden dann mittels der Börse durch die verschiedensten Investitionsmöglichkeiten in der Wirtschaft verteilt. Mit einem Wort, die Börse ist ein Instrument, Investitionen einzufrieren und jederzeit wieder aufzutauen, wenn der Anleger sein Kapital wieder benötigt.

Es würden sich nie so viele Anleger, Spekulanten – und schon gar nicht die Spieler – auf Aktien einlassen, könnten sie nicht sicher sein, dass sie ihre Investitionen jederzeit wieder zu Geld machen können. Und so erfüllt die Börsenspekulation eine wesentliche Funktion. Auch wenn er es wegen des Spekulationsgewinnes tut, so stellt der Börsenspekulant dennoch sein Kapital der Wirtschaft zur Verfügung. Diese braucht es dringend für Wachstum, Beschäftigung und Fortschritt.

Grundsätzlich hat ein Unternehmer zwei Möglichkeiten, sich die Mittel für Forschung, Expansion und Investition zu beschaffen. Er kann sich verschulden, entweder bei seiner Bank oder indem er Anleihen emittiert, oder er verkauft Anteile seines Unternehmens in Form von Aktien. Beide Varianten haben ihre Vor- und Nachteile. Gehen die Visionen des Unternehmers auf und er hat sich verschuldet, braucht er den Gewinn nicht mit anderen Aktionären zu teilen und sich nicht in seine unternehmerischen Entscheidungen hineinreden zu lassen. Er zahlt den Bankkredit und die, gemessen an seinem Gewinn, lächerlichen Zinsen zurück. Doch laufen seine Geschäfte nicht wie erwartet, lassen die Gewinne länger auf sich warten als geplant, kann er schnell in große Schwierigkeiten kommen. Verlangt die Bank die Kredite zurück oder für neue Kredite weitere Sicherheiten, die der Unternehmer aber nicht stellen kann, zerplatzt der Traum vom großen Unternehmertum wie eine Seifenblase, obwohl seine Idee vielleicht richtig war. Er wird sehr lange, vielleicht sein Leben lang, an seinen Schulden abzahlen.

Hat er hingegen Aktien emittiert, muss er keine Zinsen bezahlen und es besteht auch nicht die Verpflichtung, das Kapital an die Aktionäre zurückzuzahlen. Der Aktionär verlangt dafür eine Beteiligung am Gewinn in Form der Dividende. Prosperiert das Unternehmen, von dem er Aktien gekauft hat, können seine Gewinne riesig sein. Die Chance auf diese Gewinne und vor allem die Kurssteigerungen durch Höherbewertung an der Börse reizen ihn, das Risiko einzugehen anstatt magere Zinsen von der Bank zu bekommen.

Weil die großen Entwicklungen der Wirtschaftsgeschichte am Anfang immer risikoreiche Abenteuer waren und sind, wären sie durch Kredite niemals so schnell vorangekommen. Die Unternehmer wären nicht bereit gewesen, sich so hoch zu verschulden. Doch vor allem die Banken hätten niemals so große Mittel zur Verfügung gestellt, wie die Aktionäre in der Hoffnung auf den schnellen Reichtum. Man muss sich in diesen Tagen nur anschauen, welche Summen den jungen Internet-Unternehmen durch die Börse zufließen. Durch Kredite wäre das vollkommen undenkbar.

Zwar glaube ich nicht, dass die Aktionäre dieser Internet-Firmen am Ende alle Gewinner sein werden. In der momentanen Euphorie haben viele Kurse – wie die Ostindische Kompanie 1688 – die Bodenhaftung verloren. Außerdem werden viele Kurse hochmanipuliert. Doch das ist die Börse.

Treffpunkt der Börsenteilnehmer

Und die Börse ist noch mehr. Sie ist der Tummelplatz aller Börsenteilnehmer, der Makler, Händler, Market-Maker, Spieler, Anleger, kleinen und großen Spekulanten, Bankiers und Finanziers, Journalisten und der gelegentlichen Zaungäste. Natürlich kommen nicht alle selbst zur Börse. Die meisten schicken nur ihr Geld, gelegentlich ziehen sie es auch wieder ab. In ihren Engagements drücken sich ihre Ängste und Hoffnungen aus. Die Börse ist nicht nur Umschlagplatz für Wertpapiere, Devisen oder Waren, sie ist auch ein Umschlagplatz für Nachrichten, Meldungen und deren Dementis, für Gerüchte, heiße Tipps, Insider-Informationen, Tratsch und Klatsch.

Ich bin meistens zur Börse gegangen, weil ich nirgendwo so viele Dummköpfe pro Quadratmeter treffen konnte wie dort. Nicht weil ich Gefallen an Dummköpfen finde, sondern um anschließend das genaue Gegenteil dessen zu tun, was sie tun.

Leider sterben die Parkettbörsen, die Daumier in seinen Stahlstichen so wunderbar darstellte, langsam aus. Eine Börse nach der anderen wird zur Computerbörse. 1986 erwischte es bereits die Londoner Royal Stock Exchange, kürzlich auch die Pariser Börse, und in Frankfurt läuft der meiste Umsatz auch bereits über das Xetra-System. Es wird wohl nur eine Frage der Zeit sein, bis auch die Mutter aller Börsen, die Wall Street, aus lautlosen Bildschirmen besteht. Dahin ist dieser einmalige Flair, der Dunst der Gerüchteküche, den man in jedem Börsensaal riechen konnte. Ich habe noch Börsen gesehen, an denen die Kurse auf Schiefertafeln aufgeschrieben wurden. Aus Spaß bezeichne ich mich als letzten Mohikaner einer untergehenden Börsenwelt. Seit einigen Jahren habe ich aber keine Börse mehr von innen gesehen. Ich habe Angst, der Allmächtige könnte mich dort entdecken, wenn er wieder einmal auf die Erde schaut und einen Blick auf die Börse wirft. »Was«, würde er wahrscheinlich denken, »der alte Kosto ist noch immer da? Er soll heraufkommen, ich kann ihn hier auch gut brauchen. Seine alten Spezis warten schon auf ihn, und sein Platz am Stammtisch ist noch frei.«

Spiegel der Weltgeschichte

Wer eine Leidenschaft für die Börse entwickelt, der entdeckt in ihr auch ein Spiegelbild der Weltgeschichte. Ich gebe zu, es ist ein verzerrter Spiegel, dessen Bild nur der erfahrene Spekulant erkennen und ganz verstehen kann. Alles, was geschieht, Kriegsnachrichten aus dem Nahen Osten oder dem Kosovo, Feindschaften und Freundschaften zwischen Palästinensern und Israelis, Liebesbeziehung zwischen Präsidenten und Praktikantinnen in Amerika, Regierungswechsel und Rücktritt des Finanzministers in Deutschland, Weiterentwicklung der Telekommunikation und des Internets, Revolution in der Frauenmode, Forschungen über Lungenkrebs und so weiter. Die Summe all dieser Ereignisse und die Ängste und Hoffnungen die mit den Ereignissen verbunden sind, ist das Weltgeschehen, die Weltgeschichte, und sie spiegelt sich in der Börse wider. Wer in diesem Spiegel lesen kann, genießt ein großes Privileg. Zwar weiß auch er nicht, was morgen sein wird, doch er weiß und versteht, was heute ist und gestern war. Und das ist schon sehr viel, denn die meisten Börsianer wissen nicht einmal das.

Thermometer der Wirtschaft?

Viele Laien bezeichnen die Börse immer auch als Thermometer der Wirtschaft, was sie aber nicht ist. Sie zeigt weder die momentane Situation noch den kommenden Wirtschaftstrend an. Ich muss nicht weit in die Geschichte gehen, um es zu beweisen. Das beste Beispiel sind die vergangenen fünf Jahre. Während in Deutschland das Wirtschaftswachstum äußerst mäßig ist und die Arbeitslosigkeit auf hohem Niveau verharrt, hat sich die Börse verdreifacht, was Oskar Lafontaine in seinen Wahlkampfreden vor der letzten Bundestagswahl immer kritisierte. Er versteht eben nichts von der Börse, wie er auch von der Wirtschaft nichts versteht.

In Amerika hingegen boomt die Wirtschaft bei Vollbeschäftigung, und der Aktienmarkt boomt auch. Genauso gab es schon Situationen, in denen die Wirtschaft auf Hochtouren lief und die Börse stagnierte. Wirtschaft und Börse gehen nicht immer parallel, was nicht heißen soll, dass sie nichts miteinander zu tun hätten. Ich muss mein altes Beispiel zitieren, das ich vor vielen Jahren geprägt habe.

Ein Mann geht auf der Straße spazieren. Er hat seinen Hund dabei. Und wie Hunde sich verhalten, läuft er vor und kommt wieder zu seinem Herrchen zurück. Dann läuft er wieder vor, sieht, dass er zu weit gelaufen ist, und kommt wieder zurück. So geht es die ganze Zeit. Am Ende kommen sie beide am gleichen Ziel an. Doch während der Mann schön langsam einen Kilometer zurückgelegt hat, ist der Hund herumgerast und hat vier Kilometer zurückgelegt. Der Mann ist die Wirtschaft und der Hund ist die Börse. Wie richtig dieses Beispiel ist, zeigt die Entwicklung der amerikanischen Wirtschaft seit dem Ende der schweren Depression 1930–33. Die Wirtschaft ist kontinuierlich gewachsen, ein, zwei Mal vielleicht auch stehen geblieben oder einen Schritt zurückgegangen, während die Börse hundert Mal oben und wieder unten war.

Fazit: Auf sehr lange Sicht entwickeln sich Wirtschaft und Börse in die gleiche Richtung, doch zwischendurch können sie völlig gegensätzliche Richtungen nehmen.

Was die Kurse bewegt

Die Logik der Börse

Jeden Tag geben sich die Börsenkommentatoren die größte Mühe, die Kursbewegungen eines Tages zu erklären. Die möglichen Begründungen für Kursanstieg oder Verfall sind zahlreich.

Weil die Zinsen gestiegen sind, sind die Aktien gefallen; weil die Gewinne höher ausfielen als erwartet, konnte der Kurs der XY-Aktie zulegen, während die Aktie ABC fiel, weil trotz höher als erwartet ausgefallener Gewinne die Experten eine schwierige Zukunft für das Unternehmen sehen. Im Kommentar der nächsten Zeitung wird der Kursverfall der gleichen Aktie mit Gewinnmitnahmen begründet. An einem Tag ist der festere Dollar der Grund für den Kursanstieg, und am darauf folgenden Tag wird er im Kommentar der gleichen Zeitung für die Kursverluste verantwortlich gemacht. Diese Kommentare sind für den Spekulanten vollkommen überflüssig und unbrauchbar. Die darin zitierten Experten suchen nach logischen Begründungen. Aber die Börse hat ihre eigene spezielle Logik, die mit jener des Normalverbrauchers nur wenig zu tun hat. Sie ist kapriziös wie eine schöne Frau oder das Wetter. Sie versteht es, mit tausend Zauberkünsten zu schillern, um ihre Beute anzulocken, und in dem Augenblick, wo man es am wenigsten erwartet, zeigt sie einem die kalte Schulter. Mein Vorschlag: Man sollte die Launen kühl übergehen und vor allem keine logische Erklärung dafür suchen.

Die Kommentatoren könnten sich auf die folgenden drei Begründungen beschränken. Die Börse war schwächer, weil das Angebot größer als die Nachfrage war, oder die Börse war fester, weil die Nachfrage größer als das Angebot war, oder die Börse war unverändert, weil Angebot und Nachfrage ausgeglichen waren.

Denn auf kurz- bis mittelfristige Sicht ist es keineswegs sicher, dass die guten Aktien steigen und die schlechten fallen. Es kann auch genau umgekehrt sein. Ein Unternehmen kann noch so gute Gewinne erzielen und Dividenden zahlen, es kann noch so gute Zukunftsaussichten haben, steigen wird es an der Börse erst, wenn die Nachfrage größer als das Angebot ist. Das ist das einzige Postulat der Börsenlogik.

Das Postulat von Angebot und Nachfrage

Lebhaft erinnere ich mich noch heute an meinen allerersten Tag an der Pariser Börse. Ein alter Herr kam auf mich zu: »Junger Mann, ich habe Sie hier noch nicht gesehen. Wer sind Sie?« – »Jawohl«, antwortete ich, »ich bin heute zum ersten Mal an der Börse und bin Volontär bei der Firma X.« – »Da Ihr Chef mein Freund ist, werde ich Sie jetzt etwas überaus Wichtiges lehren. Sehen Sie sich um, hier hängt alles von einer einzigen Sache ab, ob es mehr Dummköpfe als Papiere oder mehr Papiere als Dummköpfe gibt.«

Diesen Leitspruch, der auch zu meinem Credo wurde, kann man so interpretieren: Die Tendenz hängt davon ab, ob es für die Verkäufer wichtiger und dringender ist, ihre Papiere loszuwerden, als für die Käufer, mit ihrem Geld Werte zu erwerben. Wenn die Wertpapierbesitzer unter einem psychologischen oder materiellen Druck gezwungen sind, ihre Papiere zu veräußern, die Geldbesitzer dagegen zwar kaufen wollen, jedoch nicht unter Kaufzwang stehen, fallen die Kurse. Suchen die Geldbesitzer hingegen dringend nach Aktien und die Aktienbesitzer sind aufgrund fehlenden materiellen oder psychologischen Drucks nicht gezwungen, ihre Papiere zu verkaufen, steigen die Kurse. Diese Lehre habe ich nie vergessen: Alles hängt von Angebot und Nachfrage ab. Und meine ganze Börsentheorie ist darauf aufgebaut.

Aus diesem Blickwinkel ist es vollkommen egal, ob die Gewinne der Unternehmen gut oder schlecht sind, ob Krieg oder Frieden herrscht, Rote oder Schwarze die Macht ergreifen. Natürlich haben auch diese Ereignisse einen Einfluss auf die Kurse. Doch ihr Einfluss ist nur mittelbar. Erst wenn die Geld- und Wertpapierbesitzer diesen Ereignissen Bedeutung beimessen und ihre Kauf- und Verkaufsentscheidungen daran orientieren, wirken sie sich auf die Kurse aus.

Dieses Faktum muss jeder Börsianer unbedingt verinnerlichen, weil er sonst nicht verstehen wird, warum die Kurse manchmal vordergründig vollkommen unlogische Bewegungen vollziehen.

Die Analyse der Tendenz besteht also darin, die verschiedenen Einflussfaktoren zu beurteilen und zu erkennen, die Angebot und Nachfrage in der Zukunft bestimmen.

Ich könnte nun noch erklären, wie ein Börsenkurs im Detail entsteht, wie der Kursmakler oder Market-Maker den Kurs feststellt, der Angebot und Nachfrage fair widerspiegelt. Doch diese Aufgabe möchte ich den vielen Ratgeberbüchern für Börsenanfänger oder den Videos der n-tv-Telebörse überlassen, in denen ich als Interviewpartner mitwirken durfte.

Die langfristigen Einflussfaktoren

Moll oder Dur?

Wie es in einer Oper oder einer Symphonie ein Thema gibt, das immer wiederkehrt und im Hintergrund immer mitklingt, so existiert auch für den Aktienmarkt eine Hintergrundmusik, die auf lange Sicht, und damit meine ich Jahrzehnte, den Trend bestimmt. Bevor der Spekulant versucht, innerhalb dieses Trends die Phasen der Auf- und-Abwärtsbewegungen zu erkennen und davon zu profitieren, muss er heraushören, ob diese Hintergrundmusik in Dur oder in Moll gespielt wird.

Diese Hintergrundmusik besteht aus zwei Komponenten: Krieg oder Friede und die langfristige wirtschaftliche Entwicklung.

Der Friede ist das Wichtigste

Immer wieder wurde ich gefragt, warum ich in den letzten Jahren so optimistisch gewesen bin. Viele haben meinen Tipp mit den Schlaftabletten gehört. So uneingeschränkt wie nie zuvor riet ich kleinen und großen Sparern, ihr Geld in Aktien anzulegen. Sie sollten zuvor jedoch Schlafmittel einnehmen und fest schlafen, damit sie die zwischenzeitlichen Börsenstürme nicht hören und sehen, die sie veranlassen könnten, in einer Panik vor der kommenden Hausse alles mit Verlust zu verkaufen.

Die Begründung für meinen Optimismus ist sehr kurz: Der Weltfriede, trotz Kosovo-, Golf- oder Kurdenkrieg, mögen sie menschlich auch noch so tragisch sein, ist so sicher, wie er es seit 1912 nicht mehr war. Bis vor zehn Jahren habe ich jeden Morgen ab sieben Uhr vor dem Radio gesessen, immer in der Angst, irgendwo könnte eine Spannung entstehen, die vielleicht der Anfang zu einem Dritten Weltkrieg wäre. Der Kalte Krieg zwischen den beiden Machtblöcken NATO und Warschauer Pakt hatte die Welt paralysiert. Das ist heute passé. Ich schalte das Radio frühestens um zehn an, und was ich höre, interessiert mich auch nicht sonderlich. Was kann man groß erfahren, außer dass Claudia Schiffer David Copperfield doch nicht heiratet. Das neue Zeitalter ist eine Pax Americana, denn die einzig verbleibende Großmacht sind, ob es den Leuten in Europa nun gefällt oder nicht, die USA. Der Friede ist dadurch auf lange Zeit gesichert. Das gibt den Aktienmärkten weltweit grünes Licht und ist ein Grund für die fantastische Entwicklung in den letzten Jahren.

Ich kenne aus meiner achtzigjährigen Börsenerfahrung auch das Gegenteil. Zwei Weltkriege und den Kalten Krieg erlebte und überlebte ich.

Solange es irgendwo nach Pulver riecht, sind die Kapitalanleger nicht bereit, uneingeschränkt in Aktien zu investieren. Jeder will auch Sachwerte wie Gold in seinem Tresor haben. Denn kommt es zu einem Krieg, kann das Geld total entwertet werden, wie Deutschland es zweimal nach verlorenen Kriegen, aber auch Frankreich als kriegsgeschädigtes Land erlebt haben. Oder man muss das Nötigste zusammenpacken und fliehen, so wie ich es 1941 tat, als die Deutschen vor den Mauern von Paris standen. In dieser Situation helfen einem Aktien nicht mehr. Die Papiere sind in dem Land, wo man Zuflucht findet, unverkäuflich, verkauft man sie im Herkunftsland, fängt man aufgrund von Devisenverordnungen im Zufluchtsland mit der ausländischen Währung nichts an. Oder die Fabriken der Gesellschaften, an denen man Aktien hält, könnten ganz einfach durch Bomben zerstört oder verstaatlicht werden, wie es mit der Schnapsfabrik meines Vaters passierte, als Ungarn nach dem Krieg kommunistisch wurde. Das Ergebnis ist dasselbe. Man verliert seine Investition. In dieser Situation hilft einem nur eine international gültige Währung, entweder eines Landes, das nicht in den Krieg involviert ist, oder eben Gold.

Je unsicherer die Situation ist, desto weniger werden sich die Anleger an Aktien herantrauen und vice versa. Vorläufig haben die Aktien den Kampf gewonnen, so viel steht fest. Und ich bleibe auch für die kommenden Jahrzehnte optimistisch.

Die wirtschaftliche Entwicklung auf lange Sicht

Zurückkommen möchte ich nochmals auf mein Beispiel mit dem Hund und dem Mann. Es sollte erläutern, dass Wirtschaft und Börse nicht parallel gehen. Doch so wie das Herrchen mit seinem Hund, so gehen auch Wirtschaft und Börse langfristig in die gleiche Richtung. Die Aktienkurse können nicht ständig steigen, wenn nicht auch die Wirtschaft und die Unternehmensgewinne wachsen. Eine Aktie von General Motors, IBM oder Microsoft wäre nicht das geworden, was sie heute ist, stünden nicht auch fundamentale Gründe dahinter. Ansonsten würde, um bei dem bildlichen Beispiel zu bleiben, der Hund so weit vorlaufen, dass er seinen Meister irgendwann nicht mehr sieht. Und wer Hunde kennt, weiß, dass der vierbeinige Freund spätestens dann zurückkommt.

Genau so geschieht es mit der Börse. Ein gutes Beispiel ist Japan. Über zwei Jahrzehnte waren die Kurse den wirtschaftlichen Fundamentaldaten und den Unternehmensgewinnen davongelaufen. Zwar waren auch Letztere kontinuierlich gestiegen, doch mit dem Tempo der Aktienkurse konnten sie nicht Schritt halten. 1990 bemerkte der Hund, dass er viel zu weit vorausgelaufen war, und zu einem Zeitpunkt, als niemand damit rechnete, kam die große Baisse. Noch heute steht der Nikkei-Index mehr als 50 Prozent unter seinen All-time-highs.

Die Börse kann sich also langfristig nicht von der Wirtschaft abkoppeln. Deshalb muss der Spekulant die wirtschaftliche Situation eines Landes und heute, im Zeitalter der Globalisierung, natürlich auch die Weltwirtschaft genau beobachten und analysieren. Doch Vorsicht, nicht die Entwicklung der Vergangenheit, sondern der Zukunft ist entscheidend. Ist die Wirtschaft frei von Hemmnissen, sodass sie wachsen kann, wird die Börse trotz aller Schwankungen à la longue nach oben gehen. Das Resultat sind deutlich häufiger steigende als fallende Kurse, was die Chancen des Spekulanten auf ausgeprägte Gewinne enorm erhöht. Aus diesem Grund haben in den letzten Jahren auch viele Börsenspieler Gewinne machen können. Wenn die Kurse fast ständig steigen, erwischt man auch mit kurzfristigen Transaktionen mehr Auf- als Abwärtsphasen. Protzen dürfen sie trotzdem nicht. Ganz sicher ist die Performance der meisten Zocker schlechter, als sie es gewesen wäre, hätten sie die zuerst gekauften Papiere über Jahre gehalten.

Ich bin davon überzeugt, dass die Wirtschaft grundsätzlich wachsen will, weil die Triebfeder des Wachstums der Drang des Menschen nach einem immer höheren Lebensstandard ist. Und sind die Reichen faul und satt, gibt es andere, die es auch nach oben schaffen wollen und für weiteres Wachstum sorgen. Das ist der Gang der Welt.

Doch manchmal gibt es Hemmnisse, die diesem Drang ein Korsett anlegen und verhindern, dass er sich entfalten kann.

Wenn der Spekulant einen derartigen Hemmschuh erkennt oder für die Zukunft befürchten muss, sollte er größere Aktienengagements überdenken. Allenfalls ist à la longue mit einer Seitwärtsentwicklung zu rechnen. Er müsste dann äußerst geschickt agieren und die zwischenzeitlichen Auf- und Abwärtsbewegungen genau abpassen, um noch einen Schnitt zu machen.

Ein mögliches Hemmnis für das Wirtschaftswachstum ist eine verfehlte Steuerpolitik, die jede Leistung bestraft. Wenn man wie einst in Schweden 90 Prozent seiner Einkünfte abgeben muss, hat irgendwann keiner mehr Lust, etwas zu unternehmen, zu investieren und 14 Stunden am Tag fast ausschließlich für den Staat zu arbeiten. Genauso können Vorschriften, Genehmigungsverfahren und Überregulierung die Wirtschaft hemmen. Doch meistens treten diese nur sektoral und branchenspezifisch auf. Jahrelang wurde die Gentechnologie in Deutschland verteufelt, weshalb fast alle diese Firmen heute in Amerika sitzen. Das größte Übel aber ist eine unzureichende Geldversorgung. Die Wirtschaft kann man mit einem Satz erklären. So wie der ungarische Zigeunermusiker es sagt: Ka Geld, ka Musik.

Wer diese Erkenntnis verinnerlicht, versteht von Wirtschaft mehr als jeder geschulte Volkswirt. Ohne Geld kann die Wirtschaft nicht wachsen.

Jahrzehntelang verhinderte ein auf Gold basierendes Währungssystem, der so genannte Goldstandard, eine ausreichende Geldversorgung. In dieser Zeit entwickelte sich die gesamte Weltwirtschaft nur schleppend. Sehr oft habe ich über dieses Goldstandardsystem geschrieben und vehement dagegen gekämpft. Weil die Aufhebung des Goldstandards neben dem Weltfrieden aber der zweite Grund für meinen Optimismus der letzten Jahre und auch der Zukunft ist, und weil es leider immer wieder Politiker und Volkswirte gibt, die, je mehr die Devisen schwanken, eine Rückkehr zum Goldstandardsystem fordern, will ich nochmals erklären, worum es sich dabei handelt und warum er so schädlich für die Welt war. Ich halte den Goldstandard für einen solchen Unfug, dass ich mit der Frage »Was halten Sie vom Goldstandardsystem?« Volkswirte und Fachleute auf ihr wirtschaftliches Verständnis teste.

Der Goldstandard soll ein Währungsmechanismus sein, der Angebot und Nachfrage in der Wirtschaft ausgleicht. Und zwar sowohl national als auch international. Die Zahlungsbilanzen sollen in Gold reguliert werden und so zu festen Paritäten der Devisen führen.

Genauer sieht das so aus: Der Wert jeder einzelnen Währung wird in Gold festgelegt. Zum Beispiel entspricht ein Dollar x Gramm Gold. Der Notenbank ist dann vorgeschrieben, wie viel Goldreserven sie auf die jeweils umlaufende Geldmenge zu halten hat. Zu dem festgelegten Preis ist sie verpflichtet, mit einer kleinen Spanne zwischen An- und Verkauf, ihre eigene Währung gegen Gold aufzukaufen oder umgekehrt Gold anzukaufen und die eigene Währung auszugeben. Wird nun eine Währung stärker im Ausland angeboten, weil die Handels- oder Zahlungsbilanz des jeweiligen Landes defizitär ist, dann ist die Notenbank dazu verpflichtet, dieses Überangebot ihrer Valuta gegen Gold vom Markt zu nehmen. Damit das bestehende Defizit zum Ausgleich kommt und die eigenen Goldreserven nicht abschmelzen, muss die Notenbank den Kapitalimport erhöhen. Dies tut sie durch Zinserhöhungen und Ausgabenreduzierung, Kreditkürzungen bzw. Steuererhöhungen. Mit einem Wort, sie betreibt eine radikale Deflationspolitik. Die Folgen für die Wirtschaft sind verheerend. Das Geld wird aus den Taschen der Verbraucher und Unternehmer gepumpt, die Nachfrage lässt nach, mit der Folge einer hohen Arbeitslosigkeit – alles nur um die Goldreserven zu halten.

Ist die Situation hingegen umgekehrt, und die Handelsbilanz des jeweiligen Landes wandelt sich in einen Überschuss, steigt die Nachfrage nach der Währung und die Goldreserven der Notenbank werden im Austausch gegen die Währung wieder aufgefüllt. Die Zinsen und Steuern können gesenkt werden, es fließt wieder Geld in die Wirtschaft, was dieser zum Wachstum verhilft und die Arbeitslosigkeit reduziert. Das ist der ganze Goldstandard, der die Staatsfinanzen in Ordnung bringen soll! So viel zur immer grauen Theorie.

In Wirklichkeit hat das Goldstandardsystem nie funktioniert und es wird nie funktionieren. Keine Regierung wäre jemals bereit, eine so radikale Deflationspolitik zu betreiben, wie es das System verlangen würde. Die sozialen Folgen wären derart negativ, dass die jeweilige Regierung bei der kommenden Wahl zu Recht unterliegen würde.

Darüber debattierte ich vor vielen Jahren auch mit Jacques Rueff (General de Gaulles Währungsexperte). Er war so vernarrt in den Goldstandard, dass man meistens mit dem Spitznamen »Monsieur Goldstandard« über ihn sprach. In einer Fernsehdebatte, die wir beide hatten, nannte er das Gold einen souveränen Monarchen, der über die Ordnung in der Weltwirtschaft wacht. »Aber wo hat der Monarch seine Armee«, fragte ich ihn provozierend, »die die Regierung zwingen kann, eine radikale Deflation durchzusetzen?«

1932 hatte Rueff in einem Vortrag an der Sorbonne das Goldstandardsystem glorifiziert. Am lächerlichsten war sein Beispiel, mit dem er den Erfolg in der Praxis beweisen wollte. Er führte die beispielhafte Deflationspolitik an, die in der Weimarer Republik von der Regierung Brüning/Luther durchgeführt wurde. Trotz einer schweren Wirtschaftskrise seien die Goldreserven erhöht worden, erklärte er mit ehrfürchtiger Bewunderung. Heute wissen wir, wie erfolgreich diese Politik war. Ein Jahr später ergriff Hitler die Macht.

Spinnt man diesen Gedanken weiter, kommt man auf heikle Ergebnisse. Vielleicht wären Hitler, das Dritte Reich, der Zweite Weltkrieg und der Holocaust nie geschehen, hätte es den Goldstandard damals nicht gegeben. Denn als zwischendurch die Wirtschaftskrise, in der Deutschland damals steckte, etwas gelindert war, gingen die Stimmen für die NSDAP sofort zurück. Ein Zusammenhang zwischen der wirtschaftlichen Lage und den Wahlergebnissen ist unbestreitbar. Revolution finden immer dann statt, wenn es den Menschen schlecht geht.

Noch mehr blamierte sich Rueff später in der Weltpresse. Er warnte in einer Artikelserie vor dem Zusammenbruch der Weltwirtschaft, kehre man nicht sofort zum klassischen Goldstandard zurück (d.h. der Dollar ist zu 100 Prozent durch Gold gedeckt). Seine Warnung wurde, wie wir wissen, nicht beherzigt, und dennoch steht die Weltwirtschaft heute besser da als je zuvor.

Im Übrigen braucht man kein Goldstandardsystem, um eine Inflation zu bekämpfen. Es hängt nicht davon ab, ob die Währungen durch Gold gedeckt sind oder frei floaten – entscheidend sind die Macht und das Vertrauen, das eine

Regierung in einem demokratischen Land genießt. Die Deflationspolitik Ronald Reagans kurz nach seiner Amtsübernahme beweist es. Zunächst erhöhte er die Zinsen radikal und verschärfte die Wirtschaftskrise, die ihm Carter hinterlassen hatte, noch weiter, bevor er nach erfolgreicher Inflationsbekämpfung die Wirtschaft mit billigem Geld ankurbeln konnte.

Und auch umgekehrt hat der Goldstandard nie funktioniert. So hätten zum Beispiel Länder, deren Währungen unter ständigem Aufwertungsdruck standen wie die Bundesrepublik und die Schweiz, nicht am Geldmarkt intervenieren dürfen, um die Nachfrage nach ihren Währungen zu befriedigen. Die Folge wären erhöhte Goldimporte und eine aufgeblähte Geldmenge gewesen – ein Zustand, den die Bundesbank noch nie geschätzt hat. Stattdessen werteten sie ihre Währungen auf und zahlten zeitweise Negativzinsen auf Bankdepots.

Welches System aber verdient seinen Namen, wenn sich die Teilnehmer nicht an die Regeln halten. Wenn ständig auf- und abgewertet wird, kann man die Währungen gleich floaten lassen.

Das Ganze erinnert mich an die Worte des klugen und erfahrenen Grün, wie er im Kaffeehaus seinen Freunden meldet, er habe eine Schiffsladung Weizen sehr günstig kaufen können. »Hast Du den Kontrakt auch juristisch genau festgelegt?«, fragen die Kollegen. »Wozu?«, antwortet Grün. »Wenn der Weizen steigt, liefert man ja nicht. Und fällt er, übernehme ich ihn nicht.«

Der Goldstandard hat seit dem Zweiten Weltkrieg nicht funktioniert. Und mit der Lösung der großen Probleme unserer Zeit wäre er völlig überfordert. Der Grund für das Scheitern liegt in der Annahme einer völlig falschen Tatsache. Die Befürworter des Systems glauben, die Qualität einer Währung hinge von den Goldreserven ab, die ihr Behüter, also die Notenbank, im Keller hat. Und das ist völliger Unsinn. Die Wirtschaftskraft eines Landes an erster und das Management der Staatsfinanzen nur an zweiter Stelle machen die Stärken oder Schwächen einer Währung aus. So wie ein gesunder kräftiger Körper durch eine Erkältung nicht zu erschüttern ist und ein kränklicher Mensch durch eine noch so gute ärztliche Betreuung nicht zu einem rundum gesunden Menschen wird. Gold fließt in ein Land, in dem die Menschen fleißig sind und die Tugenden gewinnen. Siegt jedoch das Laster, reichen alle Goldreserven dieser Welt nicht aus, die Währung zu retten.

Die Deutsche Bundesbank, deren Kritiker ich in den letzten Jahren war, aber keineswegs immer gewesen bin, hat mit Null-Golddeckung angefangen, und trotzdem hat die Mark innerhalb weniger Jahre den Status erlangt, eine der stabilsten Währungen der Welt zu sein.

Die Regierung de Gaulle hatte bis 1968 in der Banque de France gigantische Goldreserven angehäuft, die innerhalb von 14 Tagen, während der damaligen politischen Krise, wie Butter in der Sonne schmolzen.

Die genialste Definition gab einmal Fürst von Bismarck, obwohl oder gerade vielleicht weil er kein Wirtschaftsexperte war: »Die Goldreserve ist wie eine Decke über zweien, die jeder auf sich zu ziehen versucht.«

Den Goldstandard heute einzuführen wäre noch unmöglicher als je zuvor. Die Devisenströme sind so gigantisch geworden, dass das System machtloser wäre als je zuvor. Im 19. Jahrhundert hat er einigermaßen funktioniert. Doch ist die Wirtschaftsordnung vom vorigen Jahrhundert mit unserer heutigen zu vergleichen? Ich denke da an ein Beispiel aus der Musik. Solange ein Kind Klavier spielen lernt, hat es ein Metronom vor sich, um mit dem Tick-Tack den Takt im Spiel zu halten. Für die Aufführung eines großen Orchesterwerkes (z. B. Gustav Mahlers achte »Symphonie der Tausend«) braucht man jedoch einen genialen Dirigenten, ein Metronom reicht da nicht aus.

Unser heutiges Wirtschaftssystem braucht gute Notenbanker, die Dirigenten der Finanzmärkte, und nicht das Goldstandardsystem. Alan Greenspan, der Chef der US-Notenbank Federal Reserve, ist ein sehr guter Dirigent. Er gibt der Wirtschaft Geld, wenn sie es braucht, und reduziert die Geldmenge, wenn zu viel Geld im Umlauf ist. So wie es in der Bibel heißt: »Der Herr hat es gegeben, der Herr hat es genommen.«

Die Deutsche Bundesbank aber hat bis zu ihrer Ablösung durch die Europäische Zentralbank ohne den Zwang eines Währungssystems eine deflationistische Geldpolitik betrieben, die ein zweites deutsches Wirtschaftswunder nach der Wiedervereinigung verhindert hat. Stabilität, Stabilität und nochmals Stabilität war ihr Motto und Null-Inflation ihr Ziel. Seit Jahren ist der US-Dollar gegenüber der Mark unterbewertet. So wurden die Rohstoffimporte immer billiger, was die Bundesbank beabsichtigte. In einem Land, das 40 Prozent seiner Produkte exportiert und einen permanenten Handelsüberschuss aufweist, vernichtet eine solche Politik aber Hunderttausende von Arbeitsplätzen. Unter dem steigenden Wettbewerbsdruck sind die Unternehmen gezwungen, ständig zu rationalisieren, oder sie verlegen ihre Produktion gleich ins Ausland, wie es viele deutschen Firmen bereits gemacht haben.

Stabilität wurde zum Selbstzweck, doch sie ist kein erstrebenswertes Lebensziel. Das Lebensziel kann nur Friede und Wohlstand sein. Nur so sind politische Extremisten und Rattenfänger von links und rechts zu verhindern. Politische Stabilität und nicht Geldwertstabilität muss das oberste Ziel sein. So wie Helmut Schmidt ganz richtig sagte: »Lieber fünf Prozent Inflation als fünf Prozent Arbeitslosigkeit!« Eine kleine Inflation schadet der Wirtschaft überhaupt nicht. Kaiser Franz-Joseph besuchte einmal die ungarische Provinz und fragte einen Bürgermeister: »Na, wie war heuer die Ernte?« Der gute Mann antwortete: »Nicht schlecht, Majestät, aber ohne ein bisserl Wucher könnten wir nicht leben.« So ist es auch mit ein bisserl Inflation: Ohne sie kann die Wirtschaft nicht wachsen.

Außerdem ist absolute Stabilität eine Illusion. Die Preise für Energie, Rohstoffe, Lebensmittel, sogar der Arbeitsmarkt sind einem ständigen Wandel unterworfen. Die Preisentwicklung vieler Waren hängt von der Natur ab: Einmal erfriert die Orangenernte, dann wird die Kaffeeernte von einer Hitzewelle verbrannt etc. Die Preise sämtlicher Waren und Güter steigen und fallen in einer freien Wirtschaft permanent. Sie werden von den Ereignissen und der psychologischen Reaktion des Publikums beeinflusst. Wie kann man in diesem Umfeld eine absolute Stabilität erreichen?

Die Folgen dieser Politik waren katastrophal. Seit fast zehn Jahren liegt die Arbeitslosenrate bei rund zehn Prozent. Das Geldmengenwachstum war zu gering, um die Wirtschaft anzukurbeln. Es wurde weder konsumiert noch investiert, weil die Sparer und Investoren dazu erzogen wurden, ihre heilige Mark anzubeten. Seit Jahren wurde die Geldpolitik der Bundesbank in Frankreich und auch anderen Ländern Europas mit Argwohn betrachtet. Durch die Ankerfunktion der Mark im Europäischen Währungssystem EWS waren sie jedoch gezwungen, jeden Zinsschritt der Bundesbank nachzuvollziehen. Mit der Einführung des Euro verfolgten die Franzosen vor allem einen Zweck: die Entmachtung der Bundesbank. Der Streit um den Posten des EZB-Präsidenten vor einem Jahr hat dies noch deutlicher gemacht. Jacques Chirac hatte mit aller Macht versucht, seinen französichen Kandidaten Jean-Claude Trichet durchzuboxen. Am Ende scheiterte er an den Stabilitätsfalken in der Europäischen Union, die sich auch mit dem Maastricht-Vertrag und seinen Stabilitätskriterien durchsetzten. Dieser Vertrag ist eine Bremse für die Konjunktur, weil er die Staaten zwingt, eine deflationistische Politik zu machen.

Es wird sich in den nächsten Jahren zeigen, ob die EZB eine kluge Geldpolitik wie die Federal Reserve in Amerika machen wird oder ob sie genauso stabilitätsversessen ist wie die Bundesbank. Ich wage keine Prognose, hoffe aber, dass die Franzosen und Italiener ihre Macht in die Waagschale werfen werden, um die Wirtschaft anzukurbeln. Vom Ausgang des internen Kampfes innerhalb der EZB wird auch die wirtschaftliche Entwicklung Europas abhängen. Setzen sich die Stabilitätsfalken durch, wird es kein großes Wirtschaftswachstum und keinen Abbau der Arbeitslosigkeit geben. Eine Rezession wird nur verhindert werden, wenn Amerika wie bisher als Lokomotive die Weltkonjunktur zieht. Unter den europäischen Konzernen dürften nur die weltweit agierenden große Chancen haben, kleinere, nur auf den heimischem Märkten operierende Unternehmen hingegen nicht. Findet die EZB hingegen zu einer Politik zurück, die nicht nur die Geldmenge, sondern auch die Wirtschaft im Auge hat, sehe ich eine Hochkonjunktur. Dann wären alle Hemmnisse aus dem Weg geräumt, und die Börsen werden trotz des bereits recht hohen Kursniveaus langfristig weiter steigen.

Die mittelfristigen Einflussfaktoren

Geld plus Psychologie gleich Tendenz

Würde die Börse nur von den im vorherigen Kapitel beschriebenen Faktoren beeinflusst, dann würde sie schön langsam mit der Wirtschaft nach oben gehen. Doch wir wissen, dass der Hund hin und her rast und die Börse innerhalb eines langen Wirtschaftsaufschwungs mehrmals stark steigt und wieder fällt.

Auch wenn sie nach einem Boom selten wieder auf das Niveau zurückgeht, das sie zu Beginn einer Hausse hatte, schwankt sie in dieser Zeit extrem hin und her. Diese Schwankungen werden durch die mittelfristigen Einflussfaktoren bestimmt, die sich aus zwei Komponenten zusammensetzten.

Der erste Faktor ist das *Geld*. Geld ist für die Börse wie der Sauerstoff zum Atmen oder das Benzin für einen Motor. Ohne Geld kann die Börse nicht steigen, auch wenn die Zukunft noch so gut aussieht, Friede herrscht und die Konjunktur gut läuft. Niemand kann Aktien kaufen, wenn er kein Geld dafür übrig hat. Man könnte auch sagen, das Geld ist das Lebenselexier des Aktienmarktes.

Aber mit Geld allein kann der Markt sich auch nicht bewegen. Die zweite Komponente ist die *Psychologie*. Ist die Psychologie des Anlagepublikums durchweg negativ, sodass niemand Aktien kaufen will, kann die Börse auch nicht steigen. Wenn beide Faktoren, Geld und Psychologie, positiv sind, dann steigen die Kurse. Sind beide negativ, fallen sie. Ist ein Faktor positiv, der andere negativ, neutralisieren sich die Tendenzen, das heißt, es entwickelt sich eine farblose, uninteressante Börse ohne große Schwankungen. Daraus ergibt sich meine Gleichung, die zugleich mein Glaubenssatz wurde: *Geld + Psycholgie = Tendenz.*

Überwiegt ein Faktor geringfügig, wird sich dies durch leicht steigende oder leicht gleitende Kurse manifestieren, je nachdem, welcher Faktor der stärkere ist. Wenn dann einer der Faktoren umschlägt und beide entweder positiv oder negativ werden, dann kommt die große Hausse oder die große Baisse.

Fazit: Die Kurse steigen, wenn große und kleine Anleger kaufen wollen und auch können. Sie wollen kaufen, weil sie die Finanz- und Wirtschaftslage optimistisch beurteilen, und sie können kaufen, weil sie genügend flüssiges Geld in der Tasche oder Kasse haben. Das ist das ganze Geheimnis der Haussebewegung, selbst wenn alle fundamentalen Tatsachen dagegen sprechen sollten ebenso wie die Nachrichten über die Lage der Wirtschaft.

Derselbe Mechanismus wirkt sich natürlich auch umgekehrt aus. Das Publikum ist pessimistisch, beurteilt die Zukunft schwarz und ist knapp bei Kasse, weil es sein Geld in anderen Sektoren, zum Beispiel Immobilien, Sparbüchern oder Anleihen zu höheren Zinsen, anlegen konnte und weil andererseits auch Kredite schwerer zu beschaffen sind. Fehlen die Fantasie und das Geld, dann stürzen die Kurse unter dem Druck des Angebots in die Tiefe.

Meiner Ansicht nach sind für die mittelfristige Börsentendenz die Faktoren Fantasie und Geld viel ausschlaggebender als die fundamentalen Tatsachen, wobei der Faktor Geld der klar dominierende ist. Ist der Faktor Geld positiv, wird auch irgendwann der Faktor Psychologie positiv. Befindet sich sehr viel überschüssiges Geld im Finanzkreislauf, findet meiner Erfahrung nach ein Teil dieser Liquidität spätestens nach neun bis zwölf Monaten den Weg an die Börse, selbst wenn die große Mehrheit der Anleger negativ gegenüber Aktien eingestellt ist. In dieser Phase treffen diese ersten Käufe auf einen völlig leer gefegten Markt und die Kurse beginnen zu steigen. Die steigenden Kurse interessieren das Publikum wieder für Aktien und es gibt weitere Käufe, die wiederum neue Käufer anziehen und so weiter. Die Börsenkommentatoren und Analysten finden selbstverständlich irgendwelche fundamentalen Gründe für die Aufwärtsbewegung, da das Bild der Wirtschaft nie ganz schwarz oder ganz weiß ist. Und wenn die momentane wirtschaftliche Verfassung nichts hergibt, dann muss die zukünftig positive Entwicklung als Grund für die Aufwärtstendenz herhalten. Die positiven Kommentare lassen dann langsam die Stimmung des Publikums umkippen, und es entsteht ein stetiger Geldstrom an den Aktienmarkt, der die Kurse weiter steigen lässt.

Umgekehrt ist es natürlich genauso. Ist der Faktor Geld negativ, wird sich auch die psychologische Verfassung des Publikums nach neun bis zwölf Monaten zum Negativen wenden. Ohne frisches Geld kann die Börse nicht steigen, selbst wenn die Nachrichten von der Wirtschaftsfront noch so positiv sind. Bleiben die erhofften Kurssteigerungen aus, werden sich die ersten enttäuscht aus dem Aktienmarkt zurückziehen. Diese ersten Verkäufe drücken die Kurse nach unten und veranlassen weitere Verkäufe und so weiter. Jetzt finden die Analysten auch ein paar negative Nachrichten als Begründung für die fallenden Kurse – und schon kippt die Stimmung um.

Der Faktor Geld ist für die mittelfristige Börsentendenz also von übergeordneter Bedeutung. Der Spekulant muss deshalb die verschiedenen den Faktor Geld beeinflussenden Komponenten genau im Auge haben. Diese sind eng miteinander verzahnt und beeinflussen sich gegenseitig. Ich will dennoch versuchen, ihre Bedeutung und Wirkungsweise auf den Faktor Geld einzeln zu erklären.

Die Konjunktur: Unwichtig für die mittelfristige Börsentendenz

Dass die Börse kein Thermometer für die wirtschaftliche Situation ist, hatte ich bereits erklärt. Sehr oft verläuft die Kursentwicklung sogar entgegengesetzt zur konjunkturellen Entwicklung. In einer Wirtschaftseuphorie werden die Unternehmen alle zur Verfügung stehenden Gelder für direkte Investitionen verwenden, um die hohe Nachfrage befriedigen zu können. Aktienrückkäufe, wie wir sie in den letzen beiden Jahrzehnten vor allem in den Vereinigten Staaten gesehen haben, gibt es in dieser Phase nicht. Im Gegenteil, die Unternehmen benötigen sogar frisches Kapital für ihre Investitionen. Um sich dieses zu beschaffen, werden sie den Aktienmarkt anzapfen und Kapitalerhöhungen vornehmen. So wird die Zahl ihrer Aktien vermehrt und das Angebot damit größer. Manche Firmen werden auch aus ihrem Portfolio Aktien anderer Gesellschaften verkaufen. Die Folge davon ist, dass Riesenmengen neuer Aktien auf den Markt kommen.

Es ist an der Börse ähnlich wie auf dem Markt für gebrauchte Autos. Wenn die großen Autofirmen immer neue und attraktivere Modelle herausbringen, die Autoverkäufer besonders aktiv sind und ihren Kunden sogar Preiskonzessionen machen oder Sonderausstattungen gratis mitliefern, dann sinkt der Preis für Gebrauchtwagen. Wenn dagegen die Lieferzeit für neue Autos mehrere Wochen oder Monate beträgt, wenn außerdem die neuen Modelle wenig attraktiv erscheinen und auch von Preiskonzessionen keine Rede sein kann, dann wird der Markt der gebrauchten Autos aktiv, und die Preise gehen in die Höhe.

An der Börse notierte Aktien sind die Gebrauchtwagen des Kapitalmarktes. Wenn der Markt mit neuen interessanten Wertpapieren überschwemmt wird, ist ein Kurssturz der schon an der Börse notierten Aktien unvermeidlich. Wenn aber die neuen Anlageemissionen immer seltener werden, fließen die überflüssigen Gelder an die Börse, das heißt zum Markt der »gebrauchten Autos« zurück.

Letzteres geschieht in einer Rezession. Weil die Wirtschaft und die Nachfrage stagnieren, ist die Rentabilität von Neuinvestitionen nicht mehr gewährleistet. Die Unternehmen werden diese deshalb unterlassen oder verschieben. Anstatt per Kapitalerhöhung neue Aktien herauszugeben, können sie mit ihrem überschüssigen Kapital eigene Aktien zurückkaufen, um die Aktionäre bei der Stange zu halten. Wenn die Kapitalakkumulation den industriellen Investitionsbedarf übersteigt, wandert das überschüssige Geld automatisch zur Börse, um in schon notierten Wertpapieren angelegt zu werden.

Zur selben Zeit ruft die Wirtschaftskrise bei vielen die Angst hervor, sie könnten ihre Stellung oder ihre Einkünfte verlieren. Sie sparen daher eifriger. Der Verbrauch schrumpft und, die Sparguthaben wachsen. Ein Teil dieser Ersparnisse wird den Weg an die Börse finden, egal ob direkt, durch Investmentfonds, fondsgebundene Lebensversicherungen oder auf andere Weise, Das Ergebnis ist immer das gleiche: Die Nachfrage steigt. So kommt es vor, dass inmitten einer Rezession mit fallenden Dividenden und Unternehmensgewinnen die Aktienkurse haussieren.

Ein exemplarisches Beispiel für die gegenläufige Entwicklung von Konjunktur und Börse bietet die Entwicklung im Nachkriegsdeutschland. Die große Wiederaufbauperiode setzte mit der Währungsreform von 1948 ein. Damals stand der Börse noch wenig Kapital zur Verfügung, und die Aktien gelangten trotz einer langsamen Kurssteigerung über das Stadium einer Wiederherstellung ihres echten Wertes auf relativ niedrigem Niveau nicht hinaus – obwohl der psychologische Faktor durchaus positiv war.

Die industrielle Expansion nahm nach 1952 riesige Ausmaße an. Der Boom absorbierte alle verfügbaren Kapitalien, und für die Börse blieb nichts übrig. Jeden Morgen konnte ich in den Zeitungen das seltsame Paradoxon feststellen: Die Gesellschaften verzeichneten ausgezeichnete Erfolge, die Dividenden erhöhten sich, und die Kurse der Aktien gingen ununterbrochen zurück.

Die deutsche Bundesregierung hatte nämlich die nötigen Maßnahmen getroffen, um in der herrschenden Boomperiode der drohenden Inflation vorzubeugen. Die Kreditbeschränkungen zwangen die Unternehmen, neue Aktien und Obligationen zu emittieren. Die größten deutschen Unternehmen brachten Anleihen mit über achtprozentiger Verzinsung auf den Markt. Das war für die damalige Zeit ein außerordentlich hoher Zinssatz. Die Börse war überschwemmt mit Wertpapieren, aber es gab nicht genug Kapital, um sie zu kaufen – trotz des allgemeinen Optimismus.

Der Aktienmarkt schien aussichtslos. Als sich die Expansion verlangsamte und fast eine Stagnation eintrat, lockerte die Bundesbank die Kreditbestimmungen und öffnete den Geldhahn, der den Kapitalmarkt auf geeignete Weise fütterte. Mit diesem ersten »Sauerstoffstoß« wurde der Markt wieder kräftig und die Werte stiegen so schnell in die Höhe, wie es eine andere Börse kaum je erlebt hat. Das jahrelang künstlich unterdrückte Hausse-Potenzial – auf fundamentalen Gründen beruhend – verursachte eine wahre Explosion der Kurse, weil die Faktoren Geld und Psychologie zur gleichen Zeit positiv wurden. Dafür war nur Geld notwendig gewesen, wie ich schon festgestellt habe, der Sauerstoff der Börse. So war es schon immer, und so wird es immer bleiben, solange es Börsen gibt. »Geld, nochmals Geld und wiederum Geld!« Das berühmte Wort Marschall Trivulzios »denari, denari e poi denari« sollte als Motto über jedem Börsenportal eingraviert sein.

Inflation: Nur der Kampf gegen sie ist schädlich

Börsianer scheuen die Inflation wie der Teufel das Weihwasser. Mit Argusaugen beobachten sie jede Statistik, ob Konsumentenpreise, Erzeugerpreise, Stundenlöhne oder Lohnkostenindex. Bewegt sich eine Zahl nach oben, ist die Stimmung schlecht und die Kurse fallen. Viele behaupten deshalb, Inflation sei schlecht für die Börse. Doch das stimmt nur indirekt. Die Inflation selbst hat überhaupt keinen negativen Einfluss auf die Aktien. Im Gegenteil, Aktien sind im Grunde Sachwerte und müssten eigentlich wie andere Sachwerte auch von der Inflation angetrieben werden.

Negativ für die Börse sind allein die Maßnahmen, die die Notenbanken ergreifen, um die Inflation zu bekämpfen. Wie es im zuvor geschilderten Beispiel im Nachkriegsdeutschland passierte. Der Wirtschaftsboom war damals so groß, dass die Bundesbank diesen durch höhere Zinsen bremste, um keine Inflation entstehen zu lassen.

Man kann sich fragen, warum die Notenbanken die Inflation bekämpfen, wenn sie doch, wie ich im Kapitel zuvor gesagt habe, ein Stimulanz ist. Es ist wie mit Alkohol und Nikotin. Ein wenig von beidem ist Stimulanz, man darf aber kein Kettenraucher oder Alkoholiker werden. Oder, um in der bildhaften Sprache zu bleiben, die Inflation ist wie ein warmes Bad. Es ist angenehm, darin zu sitzen, doch man muss aufpassen, dass das Wasser nicht zu heiß wird.

Gerät die Inflation außer Kontrolle, führt sie in eine wirtschaftliche Krise. Das kann folgendermaßen passieren: Die Hochkonjunktur führt zu mehr Nachfrage, die durch die Produktion und die Dienstleister nicht mehr befriedigt werden kann. Dieses Ungleichgewicht zwischen Angebot und Nachfrage führt zu leichten Preissteigerungen. Gleichzeitig steigen durch die hohe industrielle Nachfrage und eine mögliche künstliche Verknappung die Preise wichtiger Rohstoffe an. Ich denke bei der künstlichen Verknappung natürlich an die OPEC, die in den 70er-Jahren aufgrund ihrer großen Angebotsmacht, die Preise diktieren konnte. Diese Preiserhöhungen schlagen mit etwas Zeitverzögerung auch auf die Verbraucherpreise durch. Die Lebenshaltungskosten der privaten Haushalte steigen. Daraufhin fordern die Gewerkschaften einen Ausgleich für den Geldwertverlust und entsprechend höhere Löhne. Die gestiegenen Löhne erhöhen wiederum die Produktionskosten und die Preise für Dienstleistungen. Die Verbraucherpreise steigen aufgrund dessen weiter, und die Gewerkschaften fordern eine erneute Anpassung der Löhne. Es entwickelt sich eine Lohn-Preis-Spirale, die in einer galoppierenden Inflation mündet.

Am Ende ist die Geldentwertung so hoch, dass die Realzinsen (Nominalzins minus Inflationsrate) negativ werden. Um sich gegen diese Vernichtung des Geldwertes zu schützen, flüchten die Sparer in Sachwerte – allen voran Gold, aber auch alte Bilder, Briefmarken, Antiquitäten etc. Dadurch wird dem Finanzkreislauf das Geld entzogen. Der Wirtschaft fehlen die Mittel für Investitionen, was zu Massenentlassungen und am Ende zu einer schweren Wirtschaftskrise führt. So war es zum Beispiel in Frankreich zur Zeit des Goldstandardsystems. Die Franzosen waren so auf das Gold fixiert, dass sie auch einen Großteil ihrer Ersparnisse darin anlegten. Diese Mittel fehlten der Wirtschaft und die Folge war eine Jahre andauernde wirtschaftliche Lethargie. Erst als in den 70er-Jahren der Goldstandard abgeschafft wurde, begann sich die französische Wirtschaft zu entwickeln.

Um das beschriebene Inflationsszenario zu verhindern, bekämpfen die Notenbanken bereits die Nachfrageinflation, was auch richtig ist, denn zu groß darf diese nicht werden.

Die Bundesbank aber führte einen Kampf wie Don Quixote gegen die Windmühlen. Inflation war und ist überhaupt nicht erkennbar. Immer wieder zitierten Bundesbanker die Erfahrungen mit den zwei verheerenden Inflationen in Deutschland. Der Vergleich ist lächerlich. Beide Inflationen fanden nach verlorenen Kriegen statt. Deutschland war ein Scherbenhaufen, was man mit der Reichmark kaufen konnte, war zerstört. Wie kann man diese Situation mit heute vergleichen? Und auch die Inflation in den 70ern war keine reine Nachfrageinflation. Auch sie wurde durch einen äußeren Impuls, nämlich die beiden Ölpreisschocks ausgelöst.

Der Spekulant muss die Inflation im Auge behalten, so viel ist klar. Er muss aber auch einschätzen können, wie die Notenbanken in den verschiedenen Ländern auf diese reagieren werden.

Deflation: Die größte Katastrophe für die Börse

Die Deflation existiert heute eigentlich nicht mehr. Waren zu Zeiten des Goldstandardsystems die Notenbanken zuweilen gezwungen, eine Deflation auszulösen, um die eigene Währung zu verteidigen, sind die Notenbanken heute souverän. In der Deflation nimmt der Wert des Geldes ständig zu und der sämtlicher Rohstoffe, Waren und Wertpapiere ab. Da die Geldmenge ständig verknappt wird, steht immer weniger Liquidität zur Verfügung. Die Konsumenten wollen nichts kaufen, weil es morgen billiger zu haben ist. Die Unternehmer investieren nicht, weil die Preise der von ihnen hergestellten Produkte oder die von ihnen erbrachten Dienstleistungen nicht nachgefragt werden und ständig im Preis sinken. Dass auch die Aktien in diesem Umfeld zusammenbrechen ist klar.

Es zählt nur noch eines: Bargeld. Das habe ich der Bundesbank ja immer vorgeworfen. Zwar hat die Bundesbank keine wirkliche Deflation produziert, doch weit war sie davon nicht entfernt. Sie hat das Geld auf ein solches Postament gestellt, dass die Deutschen ihre heilige Mark angebetet haben. Doch wer das Geld anbetet, der konsumiert und investiert nicht. So wurde ein zweites deutsches Wirtschaftswunder verhindert.

Notenbanken: Die Diktatoren der Zinsen

Alan Greenspan, der Chef der amerikanischen Notenbank, ist in den letzten Jahren zum wichtigsten Menschen der Weltfinanzmärkte geworden. Seit er bei einem Dow-Jones von 6000 Punkten von einer überschwänglichen Stimmung an der Wall Street sprach, wird jedes Wort, das er fallen lässt, mit größter Aufmerksamkeit beobachtet und analysiert. Man nennt ihn den Diktator der Zinsen, was er auch ist, doch seine Macht wird überschätzt. Denn er weiß selbst nicht, wie er die Zinsen in drei Monaten diktieren wird. Es hängt von so vielen Faktoren ab: den Lohnsteigerungen, den Rohstoffpreisen, dem Konsum, der Produktivitätssteigerung, mit einem Wort der wirtschaftlichen Entwicklung mit all ihren Komponenten. Diese kann Alan Greenspan genauso gut oder schlecht vorhersehen wie jeder andere. Und die Wall Street konnte er mit seinen Warnungen vor Kursübertreibungen auch nur für ein paar Tage bremsen.

Werden die Zinsen jedoch verändert, ist dies für die Börse von großer Bedeutung. Mithilfe der kurzfristigen Zinsen bestimmt die Notenbank, zu welchem Zinssatz sich die Banken refinanzieren können. Diesen Zinssatz zuzüglich ihrer Marge geben die Banken an ihre Kunden weiter. Zinsen sind der Preis für das Geld. Je höher die Zinsen, also der Preis für das Geld ist, desto geringer wird die Nachfrage nach Krediten, und je tiefer sie sind, desto höher wird die Nachfrage nach Krediten. Über diesen Weg steuert die Notenbank die Geldmenge.

Befindet sich die Wirtschaft in einer Rezession oder Stagnation wird die Notenbank die Zinsen senken. Die Kredite für die Unternehmen und Unternehmer werden damit günstiger. Die Geschäftsführer werden neue Investitionen planen, weil Investitionen bei niedrigen Zinsen rentabler sind. Verfügt ein Unternehmen dagegen über hohe Liquidität, die es bisher festverzinslich angelegt hatte, wird es diese umso eher investieren, je weniger die festverzinsliche Anlage bringt.

Genauso werden die Konsumenten eher bereit sein, Kredite aufzunehmen, um den Kauf eines Hauses, eines Autos oder anderer Konsumgüter zu finanzieren, wenn die Zinsen, die sie für das geliehene Geld bezahlen müssen, geringer sind. Auf diesem Weg wächst die Nachfrage nach Konsumgütern.

So funktioniert die Theorie. In der Realität kommt es aber fast immer vor, dass die Unternehmer aufgrund der Rezession keine Nachfrage erkennen können, die Investitionen zum Zweck höherer Produktionskapazitäten oder der Produktentwicklung nahelegen würden. Die Nachrichten aus der Wirtschaft sind sehr schlecht, was allgemeinen Pessimismus bei den Unternehmern und Geschäftsführern der großen Unternehmen verbreitet. Auch die Konsumenten haben in diesem Umfeld noch Angst vor dem Verlust des Arbeitsplatzes und halten sich mit Ausgaben und größerer Verschuldung zurück.

Statt in Direktinvestitionen oder in den Konsum, fließt das frische, von der Notenbank geschaffene Geld an den Aktienmarkt, und so geschieht es, dass die Börse steigt, ja sogar haussiert, obwohl die Nachrichten aus der Wirtschaft noch sehr schlecht sind und Unternehmensgewinne und Dividenden sinken. Dieser Prozess kann länger als ein Jahr andauern.

Erst im zweiten Zuge, wenn sich die Situation in der Wirtschaft allmählich bessert, beginnen auch die Investitionen, der Konsum und damit auch die Unternehmensgewinne zu steigen. Wächst die Wirtschaft in moderatem Tempo, sodass Inflation kein Thema ist, wird die Notenbank die Zinsen nicht gleich wieder erhöhen, sondern auf dem tiefen Niveau belassen, um das Wachstum nicht zu gefährden. In dieser Phase werden auch die Direktinvestitionen und der Konsum nicht sämtliches Kapital absorbieren, sodass weiterhin Liquidität für die Börse zur Verfügung steht, und die anziehenden Unternehmensgewinne von weiter steigenden Aktienkursen begleitet werden. Jetzt stimmen auch die fundamentalen Aussichten, was große Kursfantasie auslöst und zu einer stürmischen Hausse führen kann.

Dieses Gleichgewicht versucht die amerikanische Notenbank zu halten, seitdem es ihr Anfang der 80er-Jahre gelang, die durch die Ölpreiskrise ausgelöste Inflationspsychose abzuwürgen.

Unter gewissen Schwankungen ist ihr dies mit Bravour gelungen. Das ist der Grund für die einzigartige Hausse von unter 1000 auf in der Spitze über 11 000 Punkten im Dow-Jones-Index. Aus heutiger Sicht betrachte ich den Crash vom Oktober 1987 nur noch als kleinen Zwischenstopp in diesem Aufschwung. Die Federal Reserve hatte die Zinsen mehrmals erhöht, was gepaart mit einer heftigen Überspekulation zu diesem Zusammenbruch führte. Bereits nach dem Krach senkte sie die Zinsen wieder und es dauerte nicht lange, bis die Wall Street wieder neue Rekordkurse erreichte.

Solange die Notenbanken dieses Gleichgewicht halten können, werden die Aktien unter Schwankungen weiter nach oben gehen und langjährige scharfe Abwärtstrends ausbleiben. Vieles spricht dafür, da die Notenbanken heute souverän sind. Sie können in kleinsten Schritten sofort leicht bremsen, wenn die Wirtschaft nur die geringsten Anzeichen einer Euphorie zeigt. Genauso können sie die Zinsen sofort senken, wenn die Wirtschaft in eine Rezession abzugleiten droht. Gelingt ihnen diese Balance zwischen Rezession und Euphorie aber irgendwann nicht mehr, und die Wirtschaft wächst unkontrolliert schnell (diese Gefahr besteht zurzeit allenfalls in den USA), gepaart mit anziehenden Inflationsraten, werden die Folgen dramatisch sein.

In dieser Situation ist eine Notenbank zu scharfen Bremsmanövern gezwungen. Um eine unkontrollierte Inflation zu verhindern, muss sie die Zinsen stark anheben. Steigende Zinsen haben früher oder später eine dramatische Wirkung, nicht nur auf die Psychologie, sondern auch auf die Wirtschaft und die Börse. Auch hier trifft es als Erstes wieder den Aktienmarkt, diesmal jedoch in negativer Weise. Durch die gestiegenen Zinsen wird das Geldmengenwachstum stark reduziert, und der Liquiditätsstrom zur Börse versiegt. Anleger, die Aktien auf Kredit gekauft haben, müssen diese aufgrund der gestiegenen Kreditkosten verkaufen. Außerdem machen die festverzinslichen Anlagen mit ihrer höheren Verzinsung den Aktien Konkurrenz. Die Kurse beginnen zu fallen, meistens bereits zu einem Zeitpunkt, wo die Nachrichten aus der Geschäftswelt noch immer günstig sind. Deshalb messe ich bei meinen Börsenentscheidungen den Bilanzziffern der Gesellschaften keine große Bedeutung bei. Erstens werden Bilanzen manipuliert oder zumindest frisiert, so wie es den Direktionen passt. Selbst wenn die Zahlen richtig sind, gehören sie bei ihrer Veröffentlichung bereits der Vergangenheit an.

Die Wirtschaftskrise als Folge der Zinserhöhungen kommt erst später, wenn die Unternehmen ihre Investitionen stoppen oder zurückstellen, weil die Finanzierungskos-ten zu hoch sind. Aus dem gleichen Grund werden die Konsumenten weniger auf Kredit kaufen. Dementsprechend lässt die Nachfrage nach. In der Regel geht dann auch die Inflation zurück, sodass die Notenbank die Zinsen wieder senken kann. Befand sich die Inflation bereits in der Phase der Lohn-Preis-Spirale oder sogar in einer Inflationspsychose, kann es jedoch sehr lange dauern, bis die Geldentwertung wieder unter Kontrolle ist.

Wie schnell die Börse auf Zinserhöhungen oder -senkungen reagiert, hängt von der Einstellung des Publikums ab. Sind die Marktteilnehmer wie in den letzten Jahren sehr zinssensibel, werden sie bereits auf die kleinsten Andeutungen einer Inflationsbeschleunigung reagieren und Aktien verkaufen oder sich zumindest mit neuen Käufen zurückhalten. So wird eine mögliche Zinsanhebung durch die Notenbank bereits vorweggenommen und die Reaktion auf eine tatsächliche Zinsanhebung gering ausfallen.

Achten die Börsianer hingegen mehr auf die positiven Unternehmensgewinne und auf die allgemeinen Wirtschaftsdaten, kann es passieren, dass die Notenbank die Zinsen mehrmals anhebt und die Börse trotzdem weiter steigt. In diesem Fall ergibt sich eine Diskrepanz, die zugleich die große Chance für den Spekulanten bietet. Denn wie ich bereits schrieb, spätestens nach zwölf Monaten folgen die Kurse dem Faktor Geld. Es ist nach einer markanten Zinsanhebungen durch die Notenbank deshalb nur eine Frage der Zeit, bis die Kurse zurückgehen. Je euphorischer die Stimmung zuvor war, desto heftiger wird der Krach. Wer diese Diskrepanz erkennt, steigt rechtzeitig aus. Der Vollblutspekulant, der sich à la baisse engagiert, kann ein Vermögen machen.

Ein gutes Beispiel für ein solches Szenario lieferte die Wall

Street 1987. Die Federal Reserve hatte bereits seit Beginn des Jahres den Diskontsatz mehrfach angehoben. Die Kurse waren trotzdem von Rekord zu Rekord geeilt. Entsprechend dramatisch war der Absturz von über 2722 Punkten im August auf rund 1800 Punkte am 19. Oktober.

Umgekehrt bieten sich für den Spekulanten natürlich ebensolche Chancen. Senkt die Notenbank die Zinsen während einer Rezession, um die Konjunktur wieder anzukurbeln, kommt es häufig vor, dass auch die Aktien zunächst noch nicht oder nur wenig steigen. Zu schlecht sind die Nachrichten aus der Wirtschaft und von der Unternehmensfront. In dieser Situation muss man sich so verhalten wie der Herr Grün in einem alten Witz: Grün wird von seinem Freund zum Abendessen eingeladen. »Montag kann ich nicht«, sagt Grün, »am Montag spielt Shapiro.« – »Dann komm Mittwoch!« – »Da kann ich auch nicht. Da spielt Shapiro.« Der Freund wird langsam ärgerlich: »Dann komm am Donnerstag oder Freitag!« – »Da kann ich leider auch nicht«, verärgert Grün seinen Freund noch weiter, »da spielt auch Shapiro. Der Freund ist außer sich: »Sag mal, wer ist dieser Shapiro? Wo spielt er und was spielt er?« Grün gibt vielsagend zur Antwort: »Wo er spielt und was er spielt, weiß ich nicht. Aber wenn er spielt, bin ich mit seiner Frau.«

Also, wenn die Zinsen fallen, dann muss man in die Börse einsteigen, ohne großes Wenn und Aber. Diese Situationen gab es in den vergangenen Jahren immer wieder. Beispielsweise Ende 1991, Anfang 1992. Eine Situation aus den 70er-Jahren ist mir jedoch als besonders deutlich in Erinnerung geblieben. Als Präsident Johnson Anfang 1967 die US-Inflation durch Steuererhöhungen unter Kontrolle bringen wollte und ein diesbezügliches Gesetz dem Kongress vorlegte, konnte er die Zinssätze eine Zeit lang reduzieren, sie niedrig halten und die Geldmenge erhöhen. Hohe Steuern sind auch nicht der Wunschtraum der Börse, aber sehr viel weniger gefährlich als hohe Zinsen.

Die Geld-, Zins- und Kreditpolitik einer Regierung kann man sehr genau verfolgen. Sie macht ja auch kein Geheimnis daraus. Man konnte auch nicht aufrichtiger sein als Präsident Johnson, der Anfang 1967 erklärte: »I will do everything in my power to reduce interest rates.« Bei einer solchen Bemerkung des Präsidenten der Vereinigten Staaten musste ein Börsianer wie vom Trampolin hochgeschnellt in die Wall Street stürzen. Die Haussebewegung, die darauf folgte, war umso stürmischer, als auch die Steuererhöhung im Kongress zwei Jahre stecken geblieben war.

Anleihen: Die Konkurrenten der Aktie

Bisher habe ich nur von den kurzfristigen Zinsen gesprochen, die von den Notenbanken bestimmt werden. Eine ebenso wichtige Rolle für den Faktor Geld spielt der langfristige Zinsfuß. Dieser ergibt sich aus der Verzinsung der Anleihen am Kapitalmarkt, die auch Obligationen oder festverzinsliche Wertpapiere genannt werden. Je höher ihre (Real-)Verzinsung ist, desto mehr machen sie der Aktie Konkurrenz. Alle Anleger, Fondsmanager großer Versicherungen und Pensionskassen genauso wie kleine Sparer müssen entscheiden, welche der beiden Anlageformen sie wählen – Aktien oder Anleihen? Entscheidend für die Beantwortung ist die Höhe der Zinsen, die Anleihen abwerfen. Liegen sie erheblich höher als die Inflationsrate und die Dividendenrendite von Aktien, fällt die Wahl tendenziell auf die Festverzinslichen. Ist dagegen die Verzinsung der langfristigen Anleihen mager, sind die Anleger bereit, für die Chance auf Kurssteigerungen ein etwas größeres Risiko hinzunehmen, und satteln auf Aktien um.

Fazit: Je höher die Verzinsung am Anleihenmarkt, desto weniger Geld steht dem Aktienmarkt zur Verfügung und vice versa.

Die langfristigen Zinsen werden nicht durch die Notenbank, sondern durch Angebot und Nachfrage bestimmt. Ist der Finanzierungsbedarf des Staates und/oder der Unternehmen groß, sodass sie große Volumen an Anleihen emittieren, müssen sie entsprechend attraktive Zinsen bieten, um alle Papiere bei den Anlegern platzieren zu können. In einer Hochkonjunktur kommt es sehr häufig zu dieser Situation. Um genügend Mittel für Investitionen oder Firmenübernahmen zu bekommen, können sich die Unternehmen nicht nur über die Ausgabe neuer Aktien, sondern auch über die Emission von Anleihen finanzieren. Übersteigt das Emissionsvolumen die Nachfrage, müssen die Zinsen steigen.

Umgekehrt geht der langfristige Zinsfuß zurück, wenn der Staat oder die Industrie weniger frisches Kapital benötigen.

Natürlich stehen die kurz- und langfristigen Zinsen in einer Beziehung zueinander. Sind beispielsweise die kurzfristigen Zinsen genauso hoch wie die langfristigen, werden die Sparer ihr Geld kurzfristig anlegen, besteht doch kein Grund, das Kapital langfristig zu binden, wenn man kurzfristig genauso gute Zinsen dafür bekommt. Dementsprechend lässt die Nachfrage nach langfristigen Anleihen nach. Umgekehrt werden Industrieunternehmen zur Finanzierung Anleihen emittieren, wenn sie sich langfristig ebenso billig verschulden können wie kurzfristig. Insofern steigt das Angebot an Anleihen, was die Kurse fallen lässt und damit den langfristigen Zins wieder über die Sätze am kurzen Ende hebt.

Ist der Fall umgekehrt und die Zinsen der langfristigen Anleihen stehen deutlich über den kurzfristigen Sätzen, stürzen sich die Anleger auf Anleihen, während die Unternehmen es vorziehen, sich zu den billigen kurzfristigen Zinsen zu finanzieren. In der Folge steigt die Nachfrage nach langfristigen Festzinspapieren, während gleichzeitig das Angebot nachlässt, was die Kurse steigen und somit die Zinsen fallen lässt. In dieser Situation setzen außerdem die so genannten Zinsdifferenzgeschäfte ein. Das funktioniert so: Man nimmt einfach einen kurzfristigen Kredit, sagen wir zu einem Zinssatz von 3,5 Prozent, auf und legt diesen in zehnjährigen Anleihen zu einem Zins von sieben Prozent an. Fast ohne Eigenkapital kann man so jährlich eine hübsche Zinsdifferenz von 3,5 Prozent verdienen. Stürzen sich viele Spekulanten, Fondsmanager und Vermögensverwalter auf dieses Geschäft, wächst natürlich die Nachfrage nach den zehnjährigen Anleihen, was deren Kurse steigen lässt und damit die Zinsdifferenz verringert.

Doch Vorsicht, das Zinsdifferenzgeschäft ist risikoreicher, als man anfangs denkt. Steigen die Zinsen im kurzfristigen Bereich stark an, können die Finanzierungskosten für die Anleihe, die man ja zehn Jahre halten muss, über deren Ertrag steigen. Natürlich kann der Spekulant die Anleihe jederzeit verkaufen. Doch wenn die Zinsen bereits stark gestiegen sind, wird er größere Verluste auf den Papieren haben, da sich die Kurse von Anleihen immer so verändern, dass sich ihre Rendite den aktuellen Sätzen anpasst.

Die beschriebene Abhängigkeit zwischen Kurzfrist- und Langfristzins wird in der Regel an den von Angebot und Nachfrage bestimmten Anleihemärkten schon vorweggenommen. Nimmt die Inflation nur ein wenig zu, steigen in Erwartung einer Zinsanhebung durch die Notenbank die langfristigen Zinsen sofort an, obwohl die Zentralbanker noch keinen Finger gekrümmt haben. Auch umgekehrt fällt die Verzinsung von Anleihen, wenn aufgrund einer nachlassenden Konjunktur oder schrumpfender Teuerungsraten allgemein Zinssenkungen durch die Notenbank erwartet werden. So kommt es manchmal vor, dass die langfristigen Zinsen für eine gewisse Zeit unter die kurzfristigen Sätze fallen.

Devisen: Und was macht der Dollar?

Als der Euro eingeführt wurde, wurde ich immer wieder gefragt, ob er gut oder schlecht für die Börse sei. Meine Antwort war und bleibt die gleiche: Ich weiß es nicht, und ich glaube, dass niemand es wissen kann. Genauso wenig, wie man bei einem frisch geborenen Baby wissen kann, ob es ein Genie oder der Dorftrottel wird.

Die Frage war aber durchaus berechtigt, denn die Devisenkurse können indirekte Auswirkungen auf den Faktor Geld haben. Die Notenbanken beobachten nicht nur die

Geldwertstabilität im eigenen Land, sondern auch die Entwicklung des Wechselkurses der heimischen Währung. Warum sollte man sie sonst auch Währungshüter nennen? Wird eine Währung zu schwach, was Inflation importieren kann, versuchen sie diese zu stützen, zuerst durch Interventionen am Devisenmarkt, indem sie die eigene Währung gegen fremde Währung kaufen. Reichen ihre Devisenreserven aber nicht aus, bleibt ihnen nur das Mittel der Zinserhöhung, um die Anlage in der von ihr behüteten Währung wieder attraktiver zu machen. Umgekehrt werden solche Länder die Zinsen senken, deren Währung so stark steigt, dass ihre Exportindustrie in Gefahr gerät, die Konkurrenzfähigkeit auf dem Weltmarkt zu verlieren. Dieses Problem hatten die Schweiz und Deutschland jahrelang. Doch da die Bundesbank immer nur auf die Geldwertstabilität achtete, gingen Hunderttausende von Arbeitsplätzen verloren.

Ein weiterer Einflussfaktor ist das Zinsdifferenzgeschäft zwischen zwei Währungen. Sind die Zinsen in einem Land besonders niedrig und in dem anderen besonders hoch, lohnt es sich natürlich, in der einen Währung Geld zu leihen, um es in der anderen anzulegen. In den letzten Jahren läuft dieses Geschäft in monströsen Ausmaßen zwischen dem Yen und dem Dollar. Großspekulanten und fast alle Hedge-Fonds haben für Milliarden Dollar US-Anleihen gekauft – finanziert mit billigen Yen-Krediten.

Man muss kein Mathematiker sein, um auf die Idee zu kommen, US-Anleihen mit einer Rendite von sechs Prozent zu kaufen und sie mit Yen für ein bis zwei Prozent zu finanzieren. Wäre ich 40 Jahre jünger, würde ich es auch machen. Sieben Prozent Zinsen kassieren und ein Prozent für die Schulden bezahlen, ist ein gutes Geschäft. Schon ein Kind kann sich das ausrechnen. Die Gefahr besteht nur, das der Yen eines Tages zu stark steigt und die Zinsdifferenz durch Währungsverluste mehr als aufgefressen wird. Die Hedge-Fonds würden dann panikartig ihre US-Anleihen verkaufen, was den Anleihemarkt stark unter Druck setzen und die langfristigen US-Zinsen nach oben katapultieren würde. So würde der Faktor Geld allein aufgrund eines zu starken Yen plötzlich negativ. Genauso besteht aber die Gefahr, dass die Bank von Japan ihre Zinsen irgendwann wieder erhöht, weil die Konjunktur besser läuft oder ihr der Yen zu schwach wird. Die Folge wäre auch bei gegensätzlicher Ursache die gleiche. Werden die Yen-Kredite zu teuer, müssten die Spekulanten ihre Positionen ebenfalls glattstellen und US-Anleihen verkaufen.

Einen ähnlichen Fall erlebten wir 1994 am Bond-Markt, als die Federal Reserve die Zinsen geringfügig erhöhte. Anleihenkäufe in Milliardenhöhe waren mit billigen kurzfristigen Dollar-Krediten finanziert worden. Es folgten eine wahrhaftige Panik und Tage, an denen man US-Bonds fast überhaupt nicht verkaufen konnte. Ein Hedge-Fond verlor einen dreistelligen Millionenbetrag.

Wie der Leser erkennen kann, lauern überall Imponderabilien, die den Faktor Geld beeinflussen. Der Spekulant muss sie alle im Auge behalten und seine Schlüsse daraus ziehen. Sind diese richtig und der Faktor Geld entwickelt sich so, wie er es erwartet, muss er nur noch die psychologische Verfassung des Marktes »analysieren«, um die zukünftige Tendenz am Aktienmarkt zu erkennen.

Die Psychologie der Massen

Ich habe bereits beschrieben, was 1987 passierte. Nachdem der Faktor Geld negativ wurde, brach die Börse neun Monate später zusammen. 1994 stiegen in dem Anleihenkrach die Zinsen fast genauso stark wie 1987, doch die Börse ging nur wenig zurück und explodierte förmlich, als der Faktor Geld wieder leicht positiv wurde. Was machte den Unterschied zwischen 1994 und 1987 aus? Die psychologische Verfassung des Publikums. Wie stark die Börse auf den Faktor Geld reagiert, wenn er positiv oder negativ wird, hängt von dem zweiten Faktor, der Psychologie, ab.

1987 herrschte Champagner-Euphorie. Die 25-jährigen

Havard-Absolventen konnten zwischen BMW, Porsche, Mercedes oder Jaguar wählen, wenn sie bei einer Investmentbank eintraten. 1994 dagegen gab es mehr Crash-Gurus als Optimisten, obwohl der Dow-Jones zuvor einen Rekordstand erreicht hatte. Die Engagements der Großspekulanten waren mehr à la baisse als à la hausse ausgerichtet.

Im Nachgang ist diese Analyse nicht schwer. Doch kann man die zukünftige psychologische Reaktion des Publikums überhaupt abschätzen? Von einem Moment auf den anderen kippt sie manchmal um. Es ist im Prinzip eine Psychoanalyse, wobei man nicht einen Einzelnen analysieren muss, sondern die Masse, denn die Börse ist Massenpsychologie. Wer etwas über dieses Phänomen erfahren will, dem kann ich Gustave Le Bons »Psychologie der Massen« empfehlen.

In meinem ersten Buch »Si la bourse m'etait contée«, erschienen 1962 (in der deutschen Übersetzung lautet der Titel »Das ist die Börse«), hatte ich noch die Ansicht vertreten, die Psychologie sei nicht abschätzbar. Ich schickte mein Buch auch meinem Vetter George Katona. Er lebte in den Vereinigten Staaten, hatte aber auch in Deutschland studiert, war Professor der ökonomischen Wissenschaften und hatte sich auf Wirtschaftspsychologie spezialisiert. Seine Fachbücher (u. a. »Der Massenkonsum«, »Psychological Economics«, »Das Verhalten der Verbraucher und Unternehmer«) dienen bis heute als Standardwerke für diese immer noch etwas vernachlässigte Forschungsrichtung. Nachdem er mein Buch gelesen hatte, erhielt ich von ihm einen Brief. Er habe mein Buch mit Vergnügen und Zustimmung gelesen. Aber in einem Punkt stimme er mit mir nicht überein: dass, wie ich geschrieben hatte, die psychologischen Reaktionen des Börsenpublikums oder des einzelnen Anlegers nicht abzuschätzen und zu kalkulieren seien. »Sie sind mess- und abschätzbar«, fügte er hinzu, »und ich werde es dir im Sommer erklären, wenn ich nach Paris komme.« Leider starb er kurz darauf und blieb mir so eine Erklärung schuldig.

Ich habe dann später viel darüber nachgedacht, welche Gründe ihn zu der Auffassung bewogen haben mochten, die Psychologie des Publikums sei berechenbar. Nach langem Überlegen über diese für jeden Spekulanten eminent wichtige Frage bin ich dann zu der Ansicht gelangt, dass die tieferen psychologischen Motivationen des Einzelnen und der Masse sowie ihre Reaktion in einer bestimmten Situation sich tatsächlich der Vorhersage entziehen. Doch die Intensität der Summe von Einzelentscheidungen, also die Heftigkeit der massenpsychologischen Reaktion, wie auch den ungefähren Zeitpunkt kann man als erfahrener Börsianer tatsächlich manchmal erahnen – voraussehen wäre zu viel gesagt. Hierfür habe ich ein Modell entwickelt, das ich im Folgenden erklären möchte.

Die Börsenpsychologie

Zittrig oder Hartgesotten? – das ist hier die Frage

Die Intensität, mit der die Börse auf gute oder schlechte Nachrichten reagiert, nenne ich die technische Verfassung des Marktes. Unter Markttechnik verstehe ich im Gegensatz zur Mehrheit keine Charts, Oszillatoren, Stochastiken oder sonstigen Unsinn, den die Börsenmathematiker erfunden haben. Für mich hängt die technische Verfassung nur von einer Frage ab: In welchen Händen befindet sich die Mehrheit der Papiere?

Ich habe die Börsianer deshalb in zwei Kategorien eingeteilt: Die Hartgesottenen und die Zittrigen. Die Hartgesottenen sind Anleger und Spekulanten in dem Sinne, wie ich die Worte verstehe. Sie gehören langfristig zu den Gewinnern an der Börse. Ihr Gewinne bezahlen die Zittrigen, zu denen ich vor allem die Börsenspieler zähle.

Was unterscheidet die Hartgesottenen von den Zittrigen? Der Hartgesottene verfügt über die vier G, die der preußische Generalfeldmarschall von Moltke auch für eine erfolgreiche Kriegsführung als unerlässlich betrachtete: Geld, Gedanken, Geduld – und natürlich auch Glück.

Geld

Ob jemand Geld hat, hängt nach meiner Definition nicht von der Höhe seines Vermögens ab. Es kommt nur drauf an, dass sein Eigenkapital intakt ist und er keine Schulden hat. Wenn einer zum Beispiel 10 000 Mark Vermögen besitzt, dagegen aber nur für 5000 Mark Wertpapiere und keine Schulden hat, dann hat er Geld. Der hundertfache Millionär, der für 200 Millionen Aktien kauft, hat hingegen kein Geld. Er hat nur ein Saldo (Aktien im Wert von 200 000 Mark minus Eigenkapital von 100 000 Mark gleich 100 000 Mark Schulden). Auch ich hatte in meiner Börsenkarriere manchmal Schulden. Die Folgen waren fast immer negativ. Besonders schmerzlich blieb mir eine Erfahrung aus den Fünfzigerjahren in Erinnerung. Die New Yorker Börse haussierte. Die neuen, damals revolutionären Industrien wie die Elektronik- und die Computerbranche erschienen mir sehr aussichtsreich. Ich kaufte Aktien dieser Unternehmen. Und da ich meinen Profit erhöhen wollte, kaufte ich zusätzlich auf Kredit, bis meine Linie komplett ausgeschöpft war.

Der Präsident war damals Dwight D. Eisenhower, ein Kriegsheld, aber ansonsten kein Genie. In den Augen der amerikanischen Bevölkerung genoss er jedoch ein riesiges Prestige. Gerüchte über eine Liebesbeziehung mit Marlene Dietrich konnten dem keinen Abruch tun. Für die Wall Street ist es immer ausgesprochen wichtig, dass die Bevölkerung Vertrauen in ihren Präsidenten hat. Welcher Partei er angehört, ist nebensächlich, da die einzigen ernst zu nehmenden Kräfte – Republikaner und Demokraten – fest in der kapitalistischen Philosophie verankert sind. Die nächsten amerikanischen Präsidentschaftswahlen standen in einem Jahr bevor und man ging fest davon aus, dass General Eisenhower auch für eine zweite Periode zum Präsidenten gewählt werde. Die Börse würde dieses Ereignis vorwegnehmen, dachte ich.

Und dann passierte etwas, womit niemand rechnen konnte. 1955 erlitt Präsident Eisenhower eine Herzattacke. Am Tag darauf stürzten die Aktien an der Wall Street um zehn bis zwanzig Prozent in die Tiefe. Ich geriet in die Pflicht, meinem Broker weitere Sicherheiten zu hinterlegen. Da mein Rahmen aber komplett ausgeschöpft war, musste ich einen großen Teil meiner Position liquidieren, natürlich mit Verlust. Eine erneute Kandidatur Eisenhowers erschien jetzt fraglich. Große Unsicherheit über die weitere Entwicklung breitete sich aus. Viele meiner Kollegen, die wie ich verschuldet waren, mussten auch verkaufen, was den Abschwung beschleunigte. Einige Tage später verbesserte sich der Gesundheitszustand Eisenhowers schnell. Die Börse begann wieder zu steigen und erreichte schnell wieder die alten Kurse. Manche Papiere verzehnfachten sich später sogar im Kurs. Für mich leider zu spät.

In eine ähnliche Situation geriet ich einige Jahre später noch einmal. Es war der Februar 1962. Ich war voll an der Pariser Börse engagiert. Diesmal jedoch ohne Schulden. Die Papiere waren bis auf den letzten Franc voll bezahlt. In Algerien herrschte damals Krieg. General de Gaulle, der damalige Präsident von Frankreich, wollte Algerien eigentlich loswerden. Da die Auffassung der französischen Bevölkerung in dieser Frage sehr unterschiedlich war, musste er hin und her taktieren. Und wieder geschah etwas Unerwartetes. Vier französische Generäle probten den Aufstand gegen die Regierung de Gaulle. Sie wollten verhindern, dass de Gaulle Algerien freigab. Die Staatskrise war da. Am selben Abend herrschte große Panikstimmung: Man sprach davon, dass Fallschirmjäger Paris besetzen.

Ich entschloss mich, am nächsten Morgen gar nicht erst zur Börse zu gehen. Warum sollte ich meine Nerven belasten? Stattdessen ging ich in mein Lieblingsrestaurant »Chez Louis« (ein international bekanntes tschechisches Beisl), zur damaligen Zeit Treffpunkt von bekannten Film-, Fernseh-, und Presseleuten. Ich studierte gerade die Speisekarte, ohne überhaupt an die Börse zu denken, als zufällig ein Börsenkollege ins Lokal kam und mir gleich berichtete. Ein wahrhaftiges Blutbad habe stattgefunden, der Krach sei da. »Sooo?«, fragte ich ihn gelassen und genoß in aller Ruhe meinen Lunch.

Ich hatte keinen Zweifel daran, dass General de Gaulle als Sieger aus diesem Kampf hervorgehen würde. Und da ich keine Schulden hatte, brauchte ich mich nicht zu sorgen.

Die Krise flog schneller davon, als selbst ich es erwartet hatte. Am Abend hielt de Gaulle eine seiner berühmten Fernsehansprachen. Er appellierte an sein geliebtes Frankreich (»Ma chère vieille France«), und in diesem Augenblick stand ganz Frankreich geschlossen hinter ihm. Die vier untreuen Generäle gaben auf und nachbörslich wurde bereits die Hälfte der Verluste wieder aufgeholt. Am nächsten Tag war das »große Blutbad« schon vergessen.

Mein Postulat aus diesen beiden zitierten Erfahrungen lautet unweigerlich: Aktien auf Kredit zu kaufen ist verboten.

Gedanken

Gedanken hat der Börsianer, der intellektuell handelt, ob richtig oder falsch, spielt zunächst keine Rolle; Hauptsache er handelt überlegt und besitzt Vorstellungskraft. Und er muss an seinen Gedanken glauben. Hat er sich eine Strategie zurechtgelegt, darf er sich weder von Freunden noch von der allgemeinen Stimmung oder den Tagesereignissen davon abbringen lassen, sonst nützt ihm die genialste Überlegung nichts. Ich könnte den vier Gs des Generalfeldmarschalls von Moltke deshalb noch ein weiteres G für Glauben hinzufügen.

Man könnte »Gedanken« auch mit »Fantasie« übersetzen. Ich habe am Beispiel meiner Spekulation mit den zaristischen und deutschen Anleihen bereits erklärt, wie wichtig Fantasie für den Spekulanten ist. Ich schließe mich dem an, was Einstein sagte: »Fantasie ist wichtiger als Wissen!«

Auch die folgende Erfahrung kann illustrieren, wie weit die Fantasie eines Spekulanten manchmal in die Ferne schweift. Gleich nach Kriegsende befand sich Italien in einer einzigartigen Situation. Das Land selbst hatte kaum unmittelbare Kriegsschäden erlitten. Der größte Teil der Fabriken war intakt, konnte aber aufgrund von Rohstoffmangel nicht arbeiten. Und Rohstoffe konnten nicht gekauft werden, weil es keine Devisen gab. Ein mit den Vereinigten Staaten genial ausgeklügeltes System half Italien aus dieser Sackgasse. Aufgrund von Lohnarbeitsverträgen lieferte Amerika an Italien Rohstoffe: Wolle, Baumwolle, Kunstseide. Nach der Verarbeitung in italienischen Fabriken kehrte ein Teil der Fertigwaren als Bezahlung in die Vereinigten Staaten zurück, während der Rest für den Inlandsmarkt bestimmt war oder sogar in andere europäische Länder exportiert wurde. Ab 1946 erfreute sich die italienische Textilindustrie daraufhin einer neuen Blüte, und auch die Mailänder Börse erlebte eine Wiedergeburt. Allmählich stellte sich die von Leidenschaft erfüllte Atmosphäre wieder ein, die Mailand vor dem Krieg zu einem der aktivsten Aktienmärkte in Europa gemacht hatte, wo am meisten spekuliert wurde. Diese Neubelebung beschränkte sich jedoch mehr oder weniger auf die Herstellung und den Handel mit Textilien und auf jene Industriezweige, die direkt oder indirekt mit der Textilindustrie zu tun hatten: Warenhäuser, Textilmaschinen und so weiter.

Als ich aus den Vereinigten Staaten kam, wo man Europa mit einem gewissen Pessimismus beurteilte, war ich sehr überrascht, eine wahre Flut von Artikeln aus Baumwolle, Seide und Wolle in den eleganten Mailänder Geschäften in der Nähe des Doms vorzufinden. Mein Spekulationsinteresse reagierte sofort. Ich fragte einen meiner Freunde, einen Makler an der Mailänder Börse, um Rat. »Es ist viel zu spät, um hier noch mitzumachen«, sagte er. »Die guten Sachen sind schon zu hoch gestiegen. Sie sind viel zu teuer, als dass man sie jetzt noch kaufen könnte. Und die, die nicht teuer sind, haben keinen Grund zu steigen.«

Ich kam aus den Vereinigten Staaten zurück und war also mit den europäischen Verhältnissen noch nicht ausreichend vertraut. Er musste es besser wissen als ich. Ich gab mich daher mit seiner Behauptung zufrieden und fand mich notgedrungen damit ab, von diesem »Kuchen« nicht kosten zu können.

Ein paar Wochen später erregte eine Notiz in der *Neuen Zürcher Zeitung* meine Aufmerksamkeit. Die große kalifornische Automobilfirma Kaiser-Frazer hatte soeben einen

Vertrag mit Fiat in Turin abgeschlossen, wonach die italienische Firma hunderttausend Motoren jährlich im Rahmen eines Lohnarbeitsvertrags herstellen sollte. So, sagte ich mir, das Verfahren hat seit den Textilien also Schule gemacht. Wer ist jetzt an der Reihe? Wahrscheinlich die Autos. Einige Minuten Überlegung genügten, um meinen Plan zu fassen.

Bei Eröffnung der Börse fragte ich meinen Makler: »Sagen Sie, was ist die schlechteste Automobilaktie?«

»Sie meinen doch wohl die beste? Das ist Fiat.«

»Nein, die schlechteste. Erkundigen Sie sich bitte. Ich interessiere mich wirklich für die schlechteste, so merkwürdig Ihnen das auch vorkommen mag.«

»Gut«, sagte er und verschwand in der Menge. Nach einigen Minuten kam er zurück.

»Es heißt, das wäre Isotta-Fraschini (I.F.); die Firma steht kurz vor dem Bankrott.«

Dieser Name rief Erinnerungen an jene lang gestreckten Vorkriegslimousinen wach, die Filmstars und große Financiers gern fuhren. I.F., diese Initialen des Luxus, bedeuteten also jetzt »Industrie in Finanzschwierigkeiten«?

»Sind Sie sicher?«

Er verschwand ein zweites Mal im Menschengewühl.

»Ja, es ist mehr als sicher, I.F. ist nahezu bankrott.«

»Gut, dann will ich ein Paket kaufen.«

Mit einem Gesicht, das viel von seiner Skepsis verriet, führte er schließlich meine Order zu etwa 150 Lire aus. Nachdem meine Spekulationslust befriedigt war, verließ ich die Börse und einige Tage später auch die Stadt. Monate vergingen, ehe ich wieder nach Mailand kam. Mein Makler rief mich gleich an: »Gratuliere, lieber Freund, zu diesem ausgezeichneten Tipp. Woher hatten Sie ihn? Sagen Sie nur nicht, dass Sie nichts wussten. Es ist unglaublich, Isotta steht auf 450. Sie wollen sicher verkaufen?«

»Keineswegs!« Und ich gab ihm Anweisung, noch mehr Isotta-Aktien zu kaufen. Diesmal fügte er sich gleich. Er versuchte, seine Überraschung zu verbergen, und führte die

Aufträge aus. Da es mich selbst verwunderte, dass eine so aus der Luft gegriffene Idee so rasch Erfolg gehabt hatte, machte ich mich daran, die Kursbewegungen zu verfolgen.

Diese Aktie war ein Einzelfall. Sie strebte allein nach oben, denn die übrigen Börsenwerte, einschließlich Fiat, blieben ziemlich konstant. Die für 150 Lire gekauften Papiere stieß ich zu ungefähr 1500 Lire ab, nachdem sie inzwischen bis auf 1900 Lire geklettert waren. Das Wunder ließ sich jedoch erklären. Meine Idee war richtig gewesen. Im Zuge des wirtschaftlichen Wiederaufbaus war ein Wirtschaftszweig nach dem anderen an die Reihe gekommen. Italien hatte einen guten Ruf in der Automobilindustrie und war daran interessiert, ihn auch weiterhin zu behalten. Hier und da waren Gruppen ausländischer Geldleute und Industrieller aufgetaucht, hatten die daniederliegenden italienischen Industrien überprüft und Pläne ausgearbeitet, um sie wieder flott zu machen. Eine dieser Gruppen hatte I.F. übernommen, um sie zu reorganisieren und wieder auf die Beine zu bringen. Die Firma als solche besteht heute nicht mehr, da sie mit einer anderen Firma fusioniert hat. Aber mir ist sie als eines meiner kühnsten und erfolgreichsten Spekulationsobjekte in Erinnerung geblieben.

Geduld

»Das Geld macht man an der Börse nicht mit dem Kopf, sondern mit dem Sitzfleisch«, sagten die alten Frankfurter Börsianer. Wie Recht sie hatten. Geduld ist vielleicht das Wichtigste an Börse und der Mangel an ihr der häufigste Fehler. Wer keine Geduld hat, darf nicht einmal in die Nähe der Börse gehen.

Mein Spruch lautet: In der Spekulation gemachtes Geld ist Schmerzensgeld. Erst kommen die Schmerzen und dann das Geld. Zunächst kommt es immer anders und erst zum Schluss so, wie man denkt. Wenn die Diagnose, auf der die Spekulation aufgebaut ist, stimmt, sie also von den richtigen Voraussetzungen ausgeht, dann wird sie sich durchsetzen. Wann? Das ist eine Frage der Ereignisse, Nachrichten und Trends – mit einem Wort der Imponderabilien, die die fundamentalen Fakten zwischenzeitlich überdecken. Behalten die Elemente des Spekulationsgebäudes ihre Gültigkeit, dann ist alles nur eine Frage der Zeit. Den meisten Börsianern aber fehlen Geduld und Nerven, die zwischenzeitlichen Stürme und Gewitter auszusitzen. Wenn sie sehen, dass die Kurse fallen, geraten sie in Panik und verkaufen alles.

Ich habe für die Börse eine eigene mathematische Gleichung aufgestellt: zwei mal zwei ist fünf – minus eins. Ich meine damit, dass zum Schluss alles so eintrifft, wie es sein sollte. Zwei mal zwei ist vier, doch nur im Endresultat. Aber zu diesem Endresultat gelangen wir nicht auf geradem Weg, sondern auf einem Umweg. Dieses Axiom unterscheidet eben die Kunst von der Wissenschaft, weil eine wissenschaftliche Arbeit mit solchen Gleichungen nicht rechnen darf. Da müssen zwei mal zwei sofort vier sein. Wenn ein Ingenieur eine Brücke baut, müssen seine Berechnungen mathematisch exakt sein. Denn wäre eine Brücke nach der Formal 2 x 2 = 5 – 1 aufgebaut, bräche sie bei fünf schon zusammen, bevor es zu vier käme.

Und so bricht auch der Spekulant (bei den ominösen fünf) zusammen, wenn er nicht genug Geduld hat, um durchzuhalten, bis das unumgängliche »Minus eins« eingetroffen ist. Infolgedessen behält er zum Schluss Recht mit seiner Logik, kann aber davon nicht mehr profitieren.

Glück

Natürlich braucht der Spekulant auch Glück. Kriege, Naturkatastrophen, politische Umstürze, neue Erfindungen oder Betrügereien können die Voraussetzungen zerstören, auf denen seine Spekulation beruht.

Setzt ein Spekulant zum Beispiel auf ein Pharmaunternehmen, das ein Medikament zur Linderung einer schweren Krankheit wie beispielsweise Rheuma herstellt, und entdeckt wenig später ein konkurrierendes Biotechnologie-Unternehmen überraschend ein Heilmittel für diese Krankheit, dann werden seine ursprünglichen Prognosen niemals eintreffen. Seine Analyse war zwar richtig, doch die Entdeckung eines Heilmittels, die er unmöglich voraussehen konnte, hat die Voraussetzungen umgeworfen und sie wertlos gemacht. Neben den Gs für Geld, Gedanken und Geduld braucht der hartgesottene Spekulant also auch noch das G für Glück.

Fehlt ihm nur eines der Gs wird er sofort zum Zittrigen.

Fehlt ihm das Geld oder hat er sogar Schulden, kann er auch keine Geduld haben. Kommt, wie fast immer, zunächst alles anders und die Kurse laufen gegen ihn, muss er seine Position liquidieren, bevor sich die Dinge zu seinen Gunsten wenden.

Hat er keine Gedanken, besitzt er auch keine Strategie. In diesem Fall kann er auch keine Geduld haben, weil er nur von Emotionen geleitet mit der Masse gehen wird. Kaufen die anderen, wird auch er kaufen, verkaufen sie, verkauft er auch.

Hat er aber ohnehin keine Geduld, dann nützen ihm Geld und Gedanken auch nichts mehr. Er kann das »Minus eins« nicht abwarten und wird bei der kleinsten Störung alles mit Verlust verschleudern, bevor sich seine Gedanken verwirklichen.

Fehlt ihm immer wieder das nötige Quäntchen Glück, wird er irgendwann den Glauben an sich und seine Gedanken und damit auch wieder die Geduld verlieren.

Die technische Verfassung, das heißt also, wie intensiv der Markt auf gute oder schlechte Nachrichten reagiert, hängt nur von einer Frage ab: Liegen die Papiere in den Händen der Hartgesottenen oder der Zittrigen? Sind die Papiere in zitterigen Händen, so hat eine besonders gute Nachricht keine große Wirkung mehr. Dagegen wird eine schlechte Nachricht im Debakel enden. Haben die Hartgesottenen dagegen den großen Teil der Aktien, so wirken gute Nachrichten euphorisch, schlechte verursachen keine Reaktionen. Den ersten Fall nenne ich einen »über*ge*kauften«, den zweiten einen »über*ver*kauften« Markt.

Das Ei des Kostolany

Um beurteilen zu können, ob ein Markt über*ge*kauft oder über*ver*kauft ist, muss man zunächst die Anatomie einer Auf- und Abwärtsbewegung verstehen. Dabei müssen beide zusammen betrachtet werden. Sie sind an der Börse ein unzertrennliches Gespann. Erkennt man nicht das Ende einer Abwärtsbewegung, kann man auch den Anfang einer Aufwärtsbewegung nicht erkennen, und erkennt man nicht das Ende einer Aufwärtsbewegung, kann man nicht den Anfang einer Abwärtsbewegung voraussehen.

Meiner Erfahrung nach besteht jede Hausse und jede Baisse an der Börse (sei es bei Aktien, Anleihen, Rohstoffen oder Edelmetallen, also all jenen Märkten, auf denen spekuliert wird) aus jeweils drei Phasen:

- der Phase der Korrektur;
- der Phase der Anpassung oder Begleitung;
- der Phase der Übertreibung.

Weil die verschiedenen Phasen der Aufwärts- und Abwärtsbewegung einander ablösen, stelle ich sie in einem Kreisel dar, den ich das Ei des Kostolany genannt habe (siehe Abbildung). Am Beispiel der Hausse von 1982 bis August 1987 und der anschließenden Baisse von August bis zum 19. Oktober 1987 möchte ich die Anatomie eines kompletten Börsenzyklus erklären.

Wir beginnen 1982 am tiefsten Punkt des Kreisels am Ende der Übertreibung nach unten. Die Kurse waren bereits über Jahre auf Talfahrt gewesen. Auf dem Tiefpunkt der Krise erschien in der *Business Week* eine Titelgeschichte mit der Überschrift »Der Tod der Aktie«. Niemand wolle mehr Aktien haben, die Leute würden sich nur noch für Gold, Immobilien und Sachwerte aller Art interessieren, war der Tenor

Das Ei des Kostolany

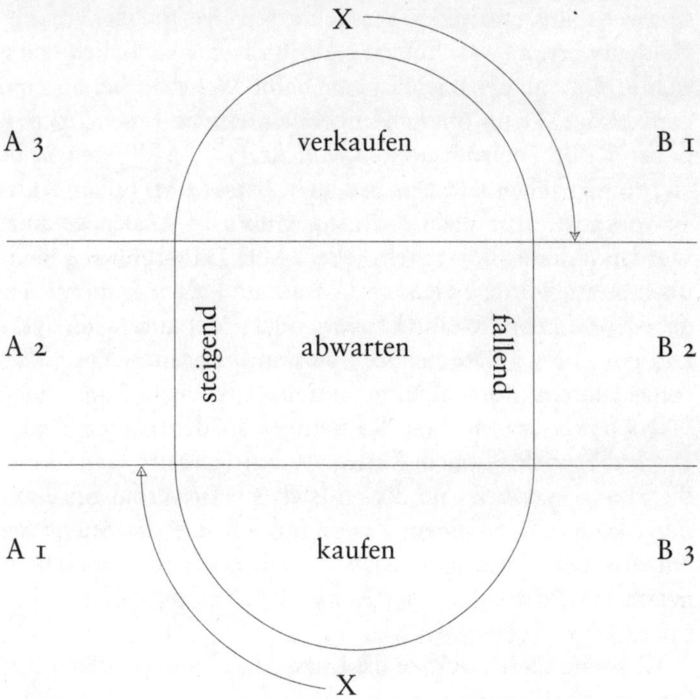

A 1 = Phase der Korrektur (kleiner Umsatz, Zahl der Aktienbesitzer gering)

A 2 = Phase der Begleitung (Umsatz und Zahl der Aktienbesitzer steigend)

A 3 = Phase der Übertreibung (Umsatz wird euphorisch, Zahl der Aktienbesitzer ist hoch, bei X am höchsten)

B 1 = Phase der Korrektur (kleiner Umsatz, Zahl der Aktienbesitzer geht langsam zurück)

B 2 = Phase der Begleitung (Umsatz ist steigend, Zahl der Aktienbesitzer nimmt weiter ab)

B 3 = Phase der Übertreibung (ganz großer Umsatz, Zahl der Aktienbesitzer ist niedrig, bei Y am niedrigsten)

Kaufen in der Phase A 1 und B 3

Abwarten und Papiere halten in der Phase A 2

Verkaufen in den Phasen A 3 und B 1

Abwarten und Bargeld halten in der Phase B 2

der Geschichte. Die Situationsbeschreibung war nicht ganz falsch – die Inflationsraten waren aufgrund der Ölpreiskrise zweistellig und jeder versuchte sein Vermögen vor der Geldentwertung zu schützen –, doch sie war auch nicht ganz richtig. Und an der Börse ist eine halbe Wahrheit bereits eine ganze Lüge. Denn obwohl angeblich niemand mehr Aktien haben wollte, wurden an der Wall Street 50 Millionen Aktien pro Tag gehandelt. Das bedeutet, dass 50 Millionen Aktien verkauft, aber eben auch 50 Millionen Aktien gekauft wurden. An der Börse steht jedem Verkauf ein Kauf gegenüber, sonst würde es keinen Umsatz und auch keinen Kurs geben. »Niemand wollte kaufen« oder »niemand wollte verkaufen«, diese Sätze gehören zu den dümmsten Formulierungen in den Börsenkommentaren.

Doch wer waren diese Käufer, die an den trüben Tagen 1982 die 50 Millionen Aktien gekauft haben? Ganz klar: die Hartgesottenen. Sie decken sich zu Ausverkaufspreisen mit Aktien ein, zu einem Zeitpunkt, an dem die Nachrichten aus der Wirtschaft noch extrem schlecht sind. Dann beginnt die erste Phase der Aufwärtsbewegung, die Korrektur.

Während dieser werden die Kurse, die zu tief gefallen sind, bei geringen Umsätzen auf ein Niveau korrigiert, das gewissermaßen realistisch und berechtigt ist. Die Käufer sind immer noch die Hartgesottenen. Begünstigt wurde die Korrektur Ende 1982 vom Faktor Geld, der mittlerweile positiv war. Der US-Notenbank war es durch die vorherige Hochzinspolitik gelungen, die Inflation abzuwürgen, und sie hatte die Zinsschraube bereits gelockert, woraufhin auch die langfristigen Zinsen zurückgegangen waren.

Dann wurden die Nachrichten aus der Wirtschaft und der Politik zunehmend besser. Amerika befreite sich aus seiner Psychose, in der es seit dem Vietnamkrieg und der Geiselnahme in ihrer Teheraner Botschaft gesteckt hatte. Der Riese erwachte wieder. Die meisten hatten geglaubt, er sei tot. Ich persönlich war aufgrund meiner Erfahrungen als Flüchtling in New York während des Zweiten Weltkriegs immer davon überzeugt gewesen, dass er nur schlief. Ronald Reagan erweckte ihn wieder zum Leben und gab den Amerikanern ihr Selbstbewusstsein zurück. Zu diesem Zeitpunkt trat der Markt in die zweite Phase, die ich die Phase der Begleitung nenne. Während dieser Zeit entwickeln sich die Kurse bei leicht steigenden Umsätzen parallel zu den laufenden Ereignissen. Sind sie gut, gehen die Kurse berechtigterweise weiter nach oben. Sind sie schlecht, bröckeln die Kurse wieder ab.

Mitte der 80er-Jahre waren die Ereignisse äußerst positiv. Die Ölpreise brachen zusammen. Die OPEC, die die westliche Welt in die größte Energiekrise gestürzt hatte, war besiegt. Die Inflationsraten fielen auf fast Null. Paul Volcker, der damalige Präsident der Federal Reserve Bank, konnte die Zinsen weiter senken. Die Wirtschaft wies kräftige Wachstumsraten aus und die Unternehmensgewinne explodierten, nicht zuletzt aufgrund einer wirklichen Steuerreform, die den Spitzensteuersatz auf 28 und den Körperschaftsteuersatz auf 32 Prozent senkte. Millionen neue Jobs wurden geschaffen.

Diese überaus positiven Nachrichten wurden von steigenden Kursen begleitet, die wiederum weitere Käufer anzogen. Die Käufer in der zweiten Phase, der Phase Begleitung, nenne ich Mischlinge. Sie sind halb hartgesotten und halb zittrig. Es sind Anleger, die sich traditionell für Aktien interessieren und bereits eine gewisse Erfahrung haben. Sie erkennen noch rechtzeitig die wieder haussierenden Kurse und steigen ein. Diese Käufe lassen die Kurse weiter steigen.

An diesem Punkt der zweiten Phase besteht nun die Gefahr, dass, begünstigt durch weitere positive Ereignisse, automatisch in die dritte Phase übergegangen wird. In dieser Phase des Bullenmarkts, der gemeinhin auch als Milchmädchen-Hausse bezeichnet wird, kaufen die Zittrigen. Die Kurse springen bei stark steigenden Umsätzen von Stunde zu Stunde in die Höhe. Die Kurse und die Stimmungen eskalieren wechselseitig. Die gestiegenen Kurse erzeugen eine rosige Stimmung, und diese treibt die Kurse jetzt noch weiter in die Höhe. Sie haben keine Bedeutung mehr, sind ausschließlich von der Masseneuphorie bestimmt.

In einer derartigen Stimmung sagte Sir Isaac Newton, der selbst ein leidenschaftlicher Spekulant war und sein ganzes Geld in dem Londoner Seifenblasenkrach verloren hat: »Die Bahn der Himmelskörper kann ich auf Zentimeter und Sekunden berechnen, nicht jedoch, wohin eine verrückte Menge einen Kurs treibt.«

Zu Beginn des Jahres 1987 trat der Markt in die dritte, die Phase der Übertreibung. Die fünfjährige Hausse mit einem Kursanstieg von rund 200 Prozent übte eine enorme Anziehungskraft auf das breite Publikum aus. Die Zittrigen, die zwischen 1980 und 1982 der Aktie abgeschworen, ihre Papiere frustriert zu Tiefstpreisen verkauft und ihr Geld in Sachwerte investiert hatten, wollten jetzt schnell wieder einsteigen. Sie kaufen immer dann, wenn in den Massenmedien von der großen Aktienhausse berichtet wird und auf jeder Party Aktien das Thema Nummer eins sind. Ihre Freunde prahlen mit großen Aktiengewinnen, und da wollen sie unbedingt dabei sein. Fast panisch kaufen sie alles, was bereits stark gestiegen ist. Sie suchen nicht nach unentdeckten, unterbewerteten Aktien, sondern steigen dort ein, wo ihre Freunde angeblich bereits das große Geld gemacht haben. Kurzum, sie kauften die Aktien, die gerade in Mode sind. Und wer verkauft den Zittrigen die Aktien zu Rekordpreisen? Natürlich die Hartgesottenen, die unten gekauft haben.

Die Phase der Übertreibung kann eine Zeit lang andauern, und die Hausse kann noch weitergehen, vor allem solange der Faktor Geld noch positiv ist. Sie findet erst ihr Ende, wenn alle Papiere aus den starken Händen der Hartgesottenen in die schwachen Hände der Zittrigen gewandert sind. Dann haben die Zittrigen kein Bargeld mehr, sondern die Hände voll mit Papieren, die sie sogar auf Kredit gekauft haben, und die Hartgesottenen haben das Bargeld. Jetzt warten die Zittrigen auf noch Zittrigere, die ihnen die Papiere zu noch höheren Preisen abkaufen. Aber die gibt es nicht.

Und die Hartgesottenen, die auf Bargeld sitzen, kaufen zu diesen Kursen nicht. Wenn dann der Faktor Geld noch negativ wird, ist der Zusammenbruch vorprogrammiert.

Als ich Anfang 1987 in einem meiner Vorträge vor der Überhitzung warnte, weil sich meiner Ansicht nach zu viele Papiere in den Händen der Zittrigen befänden, stellte mir ein junger Mann eine provozierende Frage:

»Herr Kostolany, wie ich lese und höre werden heutzutage 90 Prozent der Umsätze von Fondmanagern und institutionellen Anlegern getätigt. Sollen das etwa auch Zittrige sein?«

Mein Antwort war kurz: »Ja, natürlich sind das auch Zittrige. Sie sind keine Milchmädchen, aber sie verhalten sich wie diese. Sie laufen der Masse hinterher und haben weder das G für Gedanken noch das G für Geduld.«

Die bei den institutionellen Anlegern verantwortlichen Money-Manager waren die so genannten Golden Boys – die Symbolfiguren für die Yuppies der 80er-Jahre. Die Investmentbanken, Fondgesellschaften und Versicherungen hatten sie mit Riesengehältern von Havard und der London School of Economics in ihre Handelsabteilungen geholt. Wer unterschrieb, konnte zwischen Mercedes, BMW, Jaguar oder Porsche wählen. Diese Grünschnäbel zwischen 25 und 30 Jahren hatten weniger Erfahrung als jeder Börsenlaufbursche und sollten Hunderte von Millionen verwalten. Und im August 1987 ging Ihnen auch noch das G für Geld aus. Sie waren sogar vollkommen überinvestiert – nicht am Aktienmarkt, sondern an der Terminbörse.

Nachdem die Rohstoffhausse vorbei war, mussten sich die Terminspieler etwas Neues einfallen lassen. Und so begannen sie mit dem Handel von Terminkontrakten auf Aktienindizes. Aktienindizes gab es schon immer. Einer der ältesten und der wohl bekannteste ist der Dow-Jones-Index. Er ist an sich ein kleiner Index, da er den Durchschnittskurs von nur 30 Unternehmen wiedergibt. Es handelt sich dabei zwar um die 30 größten amerikanischen Unternehmen, doch gibt es andere Aktienindizes, wie zum Beispiel den Standard

& Poor's 500, der diese 30 Aktien und noch 470 andere Wert umfasst. Auf den S&P 500, wie der Index kurz genannt wird, hatte man einen Terminkontrakt kreiert. Er hat eine Kontraktgröße von 500 multipliziert mit dem Index. Zum damaligen Stand von rund 340 Punkten ergab sich ein Wert von rund 170 000 Dollar. Der Einschuss, den man hinterlegen musste, um einen Kontrakt handeln zu können, betrug gerade mal 6000 Dollar, was einer Kapitaldeckung von weniger als fünf Prozent entsprach. Das war genau genommen nichts anderes, als würde man mit weniger als fünf Prozent Eigenkapital und zu 95 Prozent auf Kredit spekulieren. Eine Relation, die noch perverser war als die 1929, wo zumindest zehn Prozent Eigenmittel hinterlegt werden mussten.

Die Funktionsweise des Terminmarktes ist jedoch viel schneller und effizienter als der Aktienmarkt 1929. Ist man zum Beispiel long in einem Terminkontrakt und der Markt geht zurück, dann wird man umgehend vom Broker aufgefordert, die nötige Sicherheitsdeckung, die so genannte Margin, wieder aufzufüllen. Kommt man diesem Margin-Call nicht nach, wird die Position automatisch zwangsliquidiert. Ob der Kunde bei dem jeweiligen Brokerhaus mit anderen Sparguthaben oder großem Immobilienbesitz als solvent bekannt ist, was ihn in der Schweiz oder auch in Deutschland sicher retten würde, spielt dabei überhaupt keine Rolle. Die Regeln der Terminbörsen zwingen die Broker zur sofortigen Exekution, wird die Margin nicht gleich wieder aufgefüllt.

Diese neue Variante der Spekulation eröffnete auch der Arbitrage ein neues Spielfeld. Computergesteuert kaufen die großen Investmentbanken Terminkontrakte in Chicago, wenn diese billiger sind als die Aktien in New York, und umgekehrt (siehe dazu Seite 37, »Arbitrageure«) Die Index-Arbitrage verbindet den New Yorker Aktienmarkt mit dem Terminmarkt in Chicago wie zwei kommunizierende Röhren.

Die geringen Einschüsse entfesselten 1987 ein hemmungsloses Spiel in diesen Indexkontrakten. Fast regelmäßig war das Volumen der in New York umgesetzten Aktien geringer als das aller in Chicago an einem Tag gehandelten S&P-500-Kontrakte, was den Terminmarkt zur dominierenden Kraft werden ließ. Nicht mehr der Hund wedelte mit dem Schwanz, sondern der Schwanz mit dem Hund. Die Golden Boys waren voll engagiert und trieben mit ihren Indexkäufen den Markt weiter nach oben. Ein Rekord im Dow-Jones nach dem anderen wurde mit Champagner begossen. Die Broker freuten sich über immer höhere Umsätze und versuchten, weitere Anleger in die Spielhölle hereinzulocken. Ein Börsenguru namens Robert Prechter, der mit Hilfe der Elliot-Wellen einen Dow-Jones von 3686 für 1988 vorraussagte, war der Star der Anleger. Seine Berühmtheit war ein klares Indiz dafür, dass sich die Papiere bereits überwiegend in den Händen der Zittrigen befanden. Jeder nur ein wenig erfahrene Börsianer würde niemals einem Guru hinterherlaufen, der behauptet, den Dow-Jones auf den Punkt genau vorhersagen zu können. Man kann optimistisch oder pessimistisch sein, aber was Prechter machte, war eine Beleidigung des gesunden Menschenverstandes.

In ihrer Euphorie bemerkten die Zittrigen nicht, dass der Faktor Geld mittlerweile negativ war. Die Geldmengenexpansion war in den vorangegangenen Jahren der Motor der Hausse gewesen. Der mittlerweile im Amt befindliche Notenbankpräsident Alan Greenspan wollte Inflationsgefahren vorbeugen und hob die Zinsen von Jahresanfang 1987 bis zum Sommer mehrmals an. Am Kapitalmarkt stiegen die Zinsen der lang laufenden Anleihen um rund zwei Prozentpunkte. Im August ging dem Dow-Jones dann bei 2722 Punkten die Puste aus. Die Kurse begannen mit der ersten Phase der Abwärtsbewegung, der Korrektur. In dieser reichen wenige Verkäufe, um die Kurse abbröckeln zu lassen, da es an neuen Käufern fehlt. Von August bis Oktober gingen die Kurse zunächst langsam zurück. Die Börsianer wurden zunehmend nervös und die rückläufigen Kurse führten zu weiteren Verkäufen. Mitte Oktober trat der Markt dann in die Phase der Begleitung. Zwischen den USA und Deutschland gab es Spannungen. Amerika hatte gegenüber Europa und speziell gegenüber Deutschland ein großes Handelsbilanzdefizit. Sie forderten Deutschland auf, endlich die Binnenkonjunktur anzukurbeln, damit auch US-Unternehmen nach Europa exportieren könnten. Die Forderung war durchaus berechtigt, denn die Bundesbank, deren Vizepräsident damals Helmut Schlesinger war, fuhr einen übermäßig restriktiven geldpolitischen Kurs, der in der ganzen Welt Kritik erntete.

Am Donnerstag und Freitag stürzten die Kurse bereits um jeweils 100 Punkte, was damals über vier Prozent bedeutete. Die Stimmung war nervös und auf das Äußerste gespannt. Als dann am Wochenende der damalige US-Finanzminister James Baker drohte, den Dollar noch weiter fallen zu lassen, wenn die deutsche Bundesbank nicht bereit sei, durch eine Zinssenkung die Binnenkonjunktur anzukurbeln, stürzte der Markt in die dritte Phase der Abwärtsbewegung, die Übertreibung.

In dieser erzeugen allein die fallenden Kurse einen schwarzen Pessimismus, der wiederum auf die Preise drückt, und die Kurse fallen wie Blätter im Herbst. Diese Baissewelle der letzten Phase dauert immer so lange, bis ein psychischer Elektroschock aus irgendeiner Richtung den Teufelskreis zu durchbrechen vermag. Wenn der Elektroschock nicht kommt, obwohl Argumente für die Gegenrichtung bereits vorhanden sind, dann toben sich die Kurse nach unten aus.

Am 19. Oktober blieb der Elektroschock aus. Den Golden Boys ging auch noch das letzte für Glück stehende G aus. Durch die bereits in der Vorwoche stark gefallenen Kurse waren viele ihrer Terminpositionen nachschusspflichtig. Doch sie waren nicht willens oder konnten nicht nachschießen. Der 19. Oktober begann mit einer Reihe von Zwangsexekutionen, die den S&P-Kontrakt weiter in die Tiefe rissen. Die Kursverluste machten weitere Positionen nachschusspflichtig und lösten die nächste Welle von Zwangsverkäufen aus, die wiederum für weitere Kursverluste sorgten. Die Lawine war nicht mehr aufzuhalten.

Zusätzlich zu diesen Verkäufen, die bestehende Long-Positionen schlossen, verkauften die Golden Boys weitere Kontrakte short, um ihre Aktienpositionen, die sie an Wall Street hatten, abzusichern. Anstatt alle Aktienpositionen einzeln zu verkaufen, verkauften sie lieber leer den Betrag in Terminkontrakten, was wesentlich einfacher, schneller und vor allem spesengünstiger war.

Diese Strategie ist auch heute noch die große Mode unter den jungen Money-Managern. Sie nennen es *Portfolio Insurance* (Portfolio-Versicherung). Ein Unsinn an sich. Denn die Versicherung funktioniert nach dem Motto: Ich verkaufe mein Haus, um es gegen Feuer zu versichern. Ich kann auch nicht verstehen, wie selbst erfahrene Kollegen davon sprechen, dass sie sich am Terminmarkt abgesichert hätten. Es reicht ein Satz: Ich habe verkauft. Versichern kann man sich nur durch den Kauf von Verkaufsoptionen, was auf die Dauer jedoch sehr kostspielig wird.

Die Portfolio-Insurance-Verkäufe trieben den Markt weiter nach unten. Die Index-Arbitrage lief derweil natürlich auf Hochtouren. Der Terminmarkt stand ständig tiefer als der Kassamarkt, was dementsprechend Verkäufe an der Wall Street und Käufe in Chicago auslöste. Doch diese Käufe waren nicht in Lage, den Kursverfall auf dem Index-Terminmarkt, ausgelöst durch die Zwangliquidation Tausender kleiner und großer Spieler, aufzuhalten. Alle wollten nur noch durch eine Tür. So wie in einem Kino, in dem einer Feuer schreit und alle durch die kleine Tür hinaus wollen. Am Ende gibt es sogar Tote und Verletzte, obwohl kein Zündholz gebrannt hat. Ich war am 19. Oktober zufällig bei einem Broker. Ich saß da und hörte wie ununterbrochen das Telefon klingelte. Die Kunden riefen aufgeregt an. Doch sie gaben nicht wie üblich den Auftrag: »Verkaufen Sie die Papiere X und halbieren sie die Position Y!« Die Zittrigen, die zuvor bei den hohen Kursen eingestiegen waren, gaben nur noch einen Auftrag: Alles verkaufen! Zum Börsenschluss um 16.00 Uhr hatte der Dow-Jones-Index 508 Punkte verloren. Der Krach war da.

Und wer kaufte die Papiere zu den Schleuderpreisen am 19. Oktober 1987? Ganz klar! Die Hartgesottenen. Sie hatten das Geld und auch die Nerven. Die Zittrigen hingegen hatten ausverkauft und leckten ihre Wunden. Man suchte einen Schuldigen. Denn gewinnt der Börsianer, schreibt er sich den Erfolg selbst zu. Verliert er jedoch, ist immer ein anderer schuld. Der Schuldige war schnell ausgemacht: die Computer, die den Programmhandel betrieben. Eine Täterrolle, die der arme Computer natürlich nicht ausfüllen konnte. Genauso wenig wie das Besteck, mit dem man einen schlechten Fisch gegessen hat, an der Magenverstimmung schuld ist. Schuld ist nur der faule Fisch oder, um in der Wall-Street-Sprache zu sprechen, die Golden Boys.

Doch unbenommen, ob die Aussage James Bakers berechtigt oder unberechtigt war, sie war der Nadelstich in den geschwollenen Ballon und die Börse stürzte zusammen. Ein Ereignis, das ich unter diesen Umständen durchaus erwartet hatte. Wären die Papiere in den Händen der Hartgesottenen gewesen, hätte die Börse von Bakers Aussage wahrscheinlich überhaupt keine Notiz genommen. Was jedoch auch mich überraschte war die Tatsache, dass die dritte Phase an nur einem Tag ablief. Einen Kurssturz um 22 Prozent oder auch noch mehr habe ich unzählige Male erlebt, aber eben nicht in dieser Geschwindigkeit. Ich fühlte mich etwa so wie der Europäer, der in Amerika lebt und sich bei seinem New Yorker Freund über das amerikanische Wetter beklagt:

»Der Winter ist zu kalt, der Sommer zu heiß und Frühling und Herbst taugen eh nichts.

»Habt Ihr denn nicht auch vier Jahreszeiten in Europa?«, fragt ihn sein Freund.

»Doch«, entgegnet er, »aber nicht am selben Tag.«

Viele Journalisten fragten mich damals, ob ich viel verloren hätte. Ich entgegnete: »Verloren? Das ist ja ein Witz. Ich habe nichts verloren. Die Papiere, die ich habe, stehen auch heute noch ein vielfaches höher, als ich sie gekauft habe.«

Dem reichsten Mann Frankreichs, der Großaktionär bei mehreren französischen Unternehmen und gewichtigster Anteilseigner der größten Versicherung AGF ist, stellte man die gleiche Frage. Woran man erkennen kann, wie dumm viele, die sich im Börsenzoo tummeln, doch sind. Herr X verkauft seine Aktien doch nicht, weil die Börsen schwächer werden können. Wenn er verkaufen würde, dann gingen die Papiere allein deswegen zurück. Genauso könnte man die Familie Quandt, Großaktionär von BMW und eine der reichsten Familien in Deutschland, fragen, ob sie viel verloren habe, wenn die BMW-Aktie aus irgendeinem Grund zurückgeht. Verloren hat nur derjenige, der hoch kauft und tief verkauft. Das habe ich nicht getan. Und deshalb war ich auch nicht nervös. Viele unserer Freunde erkundigten sich nach dem 19. Oktober 1987 bei meiner Frau nach meinem Wohlbefinden. Sie fragten: »Wie geht es André. Ist er nervös?« – »Nervös? Ich kann nichts feststellen. Er sitzt in seinem Sessel und hört Musik, so wie immer«, antwortete meine Frau. Wenn ich voll bezahlte Papiere habe, was mir bereits seit vielen Jahren Gesetz ist, bin und war ich bei Kursstürzen eigentlich immer ruhig. Wenn ich merke, dass sich dennoch ein wenig Unruhe in mir breit machen will, denke ich immer an meinen guten alten Freund Eugène Weinreb, einen routinierten Börsenfuchs, der bereits im Alter von zehn Jahren mit dem Spekulieren begonnen hatte. Eines Tages kam sein Sekretär voller Aufregung zu ihm. »Die Papiere gehen dramatisch zurück, was sollen wir tun?« Er antwortete völlig gelassen: »Die Papiere gehen zurück? Soll ich mich aufregen? Ich war drei Jahre in Auschwitz ...«

Aber nicht alle meine Freunde waren so gelassen. Kurz nach dem Krach traf ich meinen lieben und intelligenten Freund Heiko Thieme auf dem Flughafen. Er war jahrelang der Wall-Street-Experte der Deutschen Bank und managt heute in New York einen eigenen Fonds. Ich schätze ihn sehr, weil er genau wie ich Optimist ist, wenn auch manchmal etwas überzogen. Das stört mich aber überhaupt nicht, und er ist mir tausend Mal lieber als die Schwarzmalerei der Crash-Gurus. Ich konnte mich allerdings nicht des Eindrucks erwehren, dass er gestresst und nervös war. Ich weiß nicht, welche Engagements er hatte. Möglicherweise war mein Freund long in S&P-500-Kontrakten, was damals die neue Mode war, oder vielleicht hatte er Schulden auf seine Papiere. Und wie man dadurch ins Schwitzen kommen kann, habe ich durch meine eigenen Erfahrungen illustriert.

Ich stand 1987 nicht mehr auf der Käuferseite und hatte Barreserven, was meine Position sehr komfortabel machte. Das eine oder andere Papier habe ich sogar verkauft, weil ich mit einem größeren Rückschlag rechnete. Das kann nachher natürlich jeder sagen, doch ich habe einen Beweis. In *Capital*, wo ich seit nunmehr 30 Jahren Kolumnist bin, schrieb ich im Oktoberheft 1987, dass am letzten Freitag im September erschien: »Auch die Wall Street ist keine Einbahnstraße. Der nächste Einbruch kommt deshalb bestimmt.« Eine Binsenweisheit, mag man denken. Diese Aussage kann natürlich jeder machen, denn Einbrüche kommen immer irgendwann. Doch meine Leser wissen, dass ich solche Warnungen dann ausstoße, wenn ich auch eine Gefahr sehe. In den Kolumnen schrieb ich während der Hausse der 80er-Jahre häufig über die Wall Street, aber nie in diesen Tönen. Ich war jedenfalls seelisch, mental und materiell vorbereitet. Ich hatte Cash in Reserve. Dass es dann weniger als einen Monat dauerte, bis der Krach passierte, war nur Glück. Das konnte ich auch nicht wissen. Ich spürte durch meine erfahrene Nase nur, dass es nach Pulver roch.

Aber es war nicht die einzige Prognose, die ich in der besagten Kolumne machte. Der Vorspann ging folgendermaßen weiter: »Doch langfristig wird es am amerikanischen Aktienmarkt aufwärts gehen – den Sowjets sei Dank.« Diese Prognose war ein wirklicher Volltreffer. Wie wir wissen, steht der Dow-Jones-Index heute bereits rund viermal so hoch wie vor dem Krach 1987. Die sich abzeichnende Entspannung zwischen den Sowjets und den Vereinigten Staaten machte mich so optimistisch.

Einen Tag nach dem Krach hielt ich einen Vortrag im Deutschen Museum in München. Mein Koreferent war kein geringerer als der damalige Außenminister der Bundesrepublik, Hans-Dietrich Genscher. Er sprach über Außenpolitik und ich, wie sollte es anders sein, über die Börse. Ich verkündete großen Optimismus für die Finanzmärkte und die Weltwirtschaft. Die *Süddeutsche Zeitung* widmete mir am nächsten Tag eine halbe Seite, weil es, wie sie in dem Artikel selbst zum Ausdruck brachte, so angenehm war, endlich mal einen Optimisten zu hören. Was mich bereits einen Tag nach dem Krach so optimistisch machte, war die damalige Äußerung des US-Notenbankpräsidenten Alan Greenspan: »Die Federal Reserve steht der Wirtschaft mit allen Mitteln zur Verfügung und wenn nötig werde ich die Banken in Liquidität baden.« Damit war für mich die Krise gelöst. Eine Wiederholung von 1929 war ausgeschlossen. Diese Aussage Greenspans war für jeden Hartgesottenen das Signal zum Einstieg. Der Faktor Geld war wieder positiv und der nächste Aufschwung somit nur eine Frage der Zeit.

Die Volkswirte sahen das ganz anders. Sie rechneten mit einer schweren Wirtschaftskrise. In Washington trafen sich 33 Wirtschaftsprofessoren. Mein damaliger Kommentar war kurz aber vielsagend: »33 Professoren, o schöne Welt, du bist verloren.«

Nach dem 19. Oktober 1987 pilgerten auch viele Sensationstouristen nach New York. Sie dachten, die Wall-Street-Magnaten würden wie 1929 aus den Fenstern springen. Doch sie warteten vergebens. Niemand sprang. Rund 50 000 der Golden Boys verloren zwar ihre Jobs, doch ihr Leben verloren sie glücklicherweise nicht. Und die Kündigungswelle war nicht bedauerlich, sondern eine gesunde Bereinigung. Schließlich waren es die Golden Boys, die aus der Wall Street ein Spielcasino gemacht hatten.

Auch Guru Robert Prechter schwenkte ins Lager der Pessimisten um. Fortan prognostizierte er einen Dow-Jones von unter 1000 Punkten. Tatsächlich markierte der 19. Oktober bereits den tiefsten Stand. Es folgte die Korrektur, und da sich die Wirtschaft entgegen der Prophezeiungen der Professoren weiter nach oben entwickelte, konnten die Kurse weiter steigen und in die Phase der Begleitung durch gute Nachrichten übergehen. Und was waren das für Nachrichten? Der Zerfall der Sowjetunion, die deutsche Einheit und ein neues technologisches Zeitalter.

1998 kam es dann wieder zu Übertreibungen. Jeder wollte mitmischen. Besonders am Neuen Markt in Deutschland tobte ein wildes Spiel. Selbst Leute, die zwei Jahre zuvor noch nicht wussten, was Börse überhaupt ist, bekamen Appetit und wurden zum Schluss fress-, sprich: börsensüchtig.

Ein Rückschlag musste kommen. Es fehlte nur der Nadelstich in den aufgeblasenen Ballon. Und tatsächlich kamen gleich drei Nadelstiche: Die Südostasienkrise, die verheerende Lage der russischen Finanzen und die berechtigte Warnung Alan Greenspans vor übertriebener Spekulation brachten die Kurse zum Einsturz. Wieder wurde eine weltweite Rezession und Deflation prognostiziert. Die amerikanische Notenbank öffnete die Geldschleusen, um einen Zusammenbruch des Weltfinanzsystems zu vermeiden. Dieser Schritt war für den hartgesottenen Börsianer das definitive Signal zum Einstieg. Der Faktor Geld war wieder positiv. Die Kurse erholten sich fast so schnell, wie sie gefallen waren, und wie es nicht anders zu erwarten war, blieben die von Volkswirten prognostizierte Rezession und Deflation aus.

Und wo stehen wir heute? Der Krach von 1998 hat den Markt nicht so stark bereinigt wie der Krach von 1987. Die Übertreibungen sowohl nach oben als auch nach unten waren diesmal nicht so stark. Die Erholung kam zu schnell, um alle Zittrigen aus dem Markt zu werfen. Trotzdem, die Angst ist ein Jahr später größer als 1998, obwohl der Index seinen alten Rekord schon wieder überboten hat. Ich glaube, dass wir zur Zeit am Ende der zweiten Phase stehen. Euphorie kann ich nicht erkennen.

Fürchteten sich die Börsianer vor knapp einem Jahr vor

der Deflation, ist es jetzt die Furcht vor Inflation und steigenden Zinsen. Erst wenn immer klarer wird, dass die Wirtschaft aufgrund der rasant steigenden Produktivität weiter inflationsfrei wächst, dürfte die Euphorie kommen und der Markt in die dritte Phase der Aufwärtsbewegung eintreten. Ein größerer Rückschlag wäre dann wie immer nach einem Boom unvermeidbar.

Doch auch dann bleibe ich bei meiner Prognose vom Oktober 1987: Langfristig wird es am amerikanischen Aktienmarkt aufwärts gehen!

Boom und Krach: Ein unzertrennliches Gespann

Der Börsenverlauf zwischen '82 und '87 ist beispielhaft für unzählige andere. Jeder Börsenzyklus, egal ob am Aktien-, Anleihen-, Rohstoff-, Devisen- oder Immobilienmarkt, verläuft nach dem gleichen Muster. Die Auf- und Abwärtsbewegungen mit ihren Übertreibung nach oben und unten sind ein Spiegelbild der menschlichen Psyche – der Tanz zwischen Panik und Übermut. Boom und Börsenkrach sind ein unzertrennliches Gespann, der eine kann nicht ohne den anderen sein. Im Zeichen der Prosperität schwellen die Booms gemächlich an. Schließlich ist fatalerweise ein Ballon daraus geworden, der durch einen Nadelstich platzen kann. Es ist ein ewiges Gesetz: kein Börsenkrach, kein Knall, dem nicht ein Boom vorangegangen wäre, und kein Boom, der nicht mit einem Börsenkrach endet.

Die 400-jährige Geschichte der Börse ist eine Folge von Booms und Börsenkatastrophen. Die meisten hat man längst vergessen. Einige aber haben die Welt verändert und Einzug in die Geschichtsbücher gefunden.

Die Tulpenkatastrophe im 17. Jahrhundert

Es ist eine Ironie des Schicksals, dass eine zarte Blume, die Tulpe, das klassische Symbol für Boom und Krach geworden ist. Sie sollte für unerfahrene Börsenspieler, Geldmanager und Anlageberater noch heute ein Memento sein. Diese Blume hat die aufstrebende Wirtschaft eines sonst so nüchternen Landes – das Holland des 17. Jahrhunderts – fast erschüttert. Das kam folgendermaßen: Ein gewisser Herr Busbeck, Gesandter des deutschen Kaisers in der Türkei, konnte sich an einer Blume – von den Türken »Turban« genannt – nicht satt sehen. Die Exzellenz brachte sie in den Westen mit, wo ihr Name sich zu »Tulipan« wandelte. Bald konnte man sie in den Gärten der Fugger in Augsburg bewundern. Den Botanikern gelang es, den zarten Körper der Blume an das rauhe Klima des Nordens zu gewöhnen, doch dauerte es noch viele Jahre, bis die Holländer sich närrisch in sie verliebten und dabei den Kopf verloren. Jahrelang war die Tulpe nichts als ein Farbfleck in ihren Bürgerhäusern. Dann wurde sie allmählich ein Beweis des sozialen Aufstiegs. Die eleganten Damen suchten sich sorgfältig die Tulpe aus, die zu den Farben ihrer Toiletten passte. Die Blütenteppiche ihrer Villen übertrafen an Farbenpracht die des Orients. Man fuhr in tulpengeschmückten Kutschen spazieren, es gab täglich Blumenfeste, einen Wettstreit der Eleganz. Es gehörte zum guten Ton, seltene Tulpen zu sammeln, die der Nachbar noch nicht hatte. Sie wurden ein Statussymbol wie heute eine Sammlung moderner Bilder.

Ein reicher Reeder, der seinen Konkurrenten imponieren und von sich reden machen wollte, kam auf die Idee, seiner Tochter als Hochzeitsgabe nicht einen besonders schönen Diamanten, sondern eine höchst seltene Tulpenzwiebel zu schenken. Nachdem er seine Freunde eingeladen hatte, das »Juwel » zu bewundern, ließ er einen besonderen Tisch herrichten. Die Zwiebel wurde auf seinem schönsten Delfter Teller in die Mitte gestellt. Während er sich mit seinen Gästen noch im Garten erging, betrat ein Fremder, ein Seemann, das Haus; er war noch ein Neuling in der Liebe zu den Tulpen. Gerade war er dabei, einen Hering mit einem Stück Brot zu verzehren, da fiel sein Blick auf die Zwiebel, und er dachte, sie müßte doch prächtig dazu schmecken. Er griff nach ihr und verspeiste sie mit Haut und Haar. Der Herr des Hauses kam zurück. Ach, es war zu spät, das Hochzeitsgeschenk war vor der Unterzeichnung des Ehekontrakts aufgegessen worden. Es ist nicht überliefert, ob der gute Bürger vor Kummer oder Ärger starb, aber es ist sehr wahrscheinlich!

Die Tulpenhysterie dauerte einige Jahre. Nachdem die Bürger reich geworden waren, wollten sie immer höher und höher auf der sozialen Rangleiter klettern – und dies mithilfe der Tulpen. Snobs äfften die Narrheiten des Adels aus Den Haag nach. Während ihre Gärten von Tulpen prangten, begannen die Preise zu steigen. Die Nachfrage ging weiter und erreichte Ausmaße, die der heimische Boden nicht mehr befriedigen konnte. Langsam, aber sicher zogen die Preise weiter an, besonders von Juli bis September, als die Tulpenzwiebeln in den Handel kamen. Bald witterten raffinierte Geldleute die Chance, sie legten ihr Geld in Zwiebeln an. Der Markt erreichte die dritte Phase. Große Umsätze lockten weitere Spieler aller Art an, die sich bislang an der Amsterdamer Börse mit Aktien befasst hatten. Die Preise für Tulpenzwiebeln explodierten.

Dann aber kam 1637 der Nadelstich, der fatale Knall. Ein großer Kunde musste bei seinem Tulpenlieferanten feststellen, dass alle ihm präsentierten dreihundertfünfzig Sorten schon in großen Mengen auf dem Markt waren und den Reiz der Rarität verloren hatten. Und plötzlich erkannten auch die Spekulanten die Tulpeninflation. Erleben wir Ähnliches nicht momentan am Neuen Markt mit täglich neuen Emissionen?

Das Ende kam, wie es kommen musste. Ein Spekulant ruft: »Feuer!«, und alle stürzen zum Notausgang. Jeder will jetzt verkaufen, aber es gibt keine Käufer mehr. So platzte auch der Tulpenballon, und Tulpenzwiebeln waren plötzlich nicht mehr wert als gewöhnliche Zwiebeln. Die Spekulanten, gestern noch Millionäre, waren nur noch Habenichtse, »Ritter von der traurigen Gestalt«. Das war der Börsenkrach. Der aufgeblasene Ballon war geplatzt, er hinterließ Zusammenbrüche, Kummer und Schmerzen.

Das unvernünftige Spiel mit dem »Wertlosen« ist geradezu ein Symptom für das Ende großer wirtschaftlicher Booms, für die letzte Phase der Prosperität und die dritte Phase des Bullenmarktes, wo das Geld in Strömen fließt. Und dieses Phänomen kehrt immer wieder zurück. Eine Haussebewegung bleibt anfangs im klassischen Rahmen, dann greift sie auf die fragwürdigen Werte über. Durch eine langsame Infektion führt sie zu einer unvernünftigen Übersteigerung mittelmäßiger Aktien. Schließlich erfasst diese Aufwärtsbewegung eine große Zahl von Unwerten, ja, von Antiwerten. Der Zustrom von frischem Kapital musste das Gleichgewicht von Angebot und Nachfrage zerstören. Alle Welt wollte verdienen und bezahlte unglaubliche Preise. Glücksritter aus ganz Europa kamen nach Holland, um Tulpen zu erwerben, die ja im Preis steigen mussten. Ähnlich wie heute kleine Sparer jeden Preis für Internet-Aktien bezahlen. Und als die Kassen endgültig leer waren, kaufte man auf Kredit. Warum auch nicht? Es war doch ein sicherer Coup. Im holländischen Kreislauf der Hausse wanderten die Tulpen von Hand zu Hand. Einen Tag wurden rote Tulpen gesucht, am nächsten stieg der Preis der gelben, und so fort. Es folgten Exemplare in Rosa oder Schwarz. Auch wie heute. Einen Tag stürzen sich die Spekulanten auf die Hightech-Werte, am nächsten auf die Banken.

Die Tulpe war längst keine Blume mehr, sondern nur noch ein Spekulationsobjekt. Man brachte immer mehr Sorten auf den Markt, neue Tulpen-Emissionen, und so entstand die gefährlichste Situation: die Inflation in Nonvaleurs – sie ist stets ein Vorläufer des Börsenkrachs.

Man lockte die kleinen, durch die steigenden Preise verblendeten Sparer in ein halsbrecherisches Börsenspiel. Die Preise stiegen nicht dank eines reellen Wertzuwachses, sondern dank einer gewissenlosen Propaganda. Die Warnungen stießen bei den kleinen Spielern nur auf taube Ohren. Auch sie wollten bei diesem Börsenspiel dabei sein. Nicht einen Augenblick dachten die Tulpenspekulanten daran, dass die Produktion den Verbrauch weit überschreiten oder dass Holland mit ausländischen Tulpen überschwemmt werden könnte. Der Spekulationsballon war bis zum Zerreißen aufgeblasen.

Die Geschichte läuft schnell, die wirtschaftlichen Änderungen der vergangenen Jahre sind ungeheuer. Aber die Zellen der Börse bleiben unverändert wie die der Menschen. Ob es sich um eine Börse aus dem 17. Jahrhundert oder eine von heute handelt, ob es die berühmte Wall Street ist oder die winzige Börse eines kleinen Landes – die Reaktionen bleiben immer die gleichen. Ergebnisse von Experimenten an Mäusen oder Fröschen können eben auch der Behandlung von Elefanten dienen ...

Mathematik brach Frankreich das Genick

Leere Staatskassen verhalfen Frankreich im 18. Jahrhundert zu einem unvergessenen Börsenkrach. Der Regent und Onkel des noch minderjährigen Ludwig XV. grübelte darüber nach, wie die Staatskassen wieder zu füllen seien, als er von einem gewissen John Law erfuhr. Dieser war ein für das Rechnen bemerkenswert begabter Schüler, und als großer Spieler und großer »Kombinator« hatte er in den verschiedensten Ländern, in denen er sich umtat, überaus gut verdient. In Paris galt er als ein auf dem Gebiet der Bankgeschäfte, des Handels und der Währung überaus erfahrener Mann, und dies erweckte den Wunsch des Regenten, ihn kennen zu lernen. Vielleicht konnte dieser schlaue und liebenswürdige Schotte, der, wie die Damen bei Hofe sagten, schöner war, als einem Mann eigentlich erlaubt ist, Frankreich aus der Misere helfen. Der Regent und der Schotte wurden die besten Freunde. Nachdem John Law durch königlichen Erlass unbeschränkte Vollmacht für die Emission von Schuldverschreibungen erhalten hatte, gründete er die Nationalbank, die erste französische Bank im heutigen Sinne des Wortes. Dann wandte er sich der Hochfinanz zu und rief die Mississippi-Gesellschaft ins Leben, die sich mit der Kolonisation von Louisiana, mit Handelsgeschäften und der Ausbeutung von Bodenschätzen befasste.

Neben seinen theoretischen Fähigkeiten als Finanzmann war Law ein hervorragender Psychologe, der es verstand, die Lust am Gewinn zu wecken. Er war der Erste, der begriff, wie man ein Nichts in Erfolg verwandelte, wie man alle Schichten des Volkes dafür gewinnt, große Mengen von Wertpapieren zu zeichnen.

Langsam heizte Law die Spekulationen an, bis sie den Siedepunkt erreicht hatten und über jede Kontrolle hinwegsprudelten. In den Werbeschriften der Mississippi-Gesellschaft waren die Reichtümer dieser neuen Gebiete überaus anziehend beschrieben: Berge von Gold und Silber in idyllischen Landschaften. Kolorierte Stiche zeigten, dass der Traum des harmlosen Eingeborenen lukrative Wirklichkeit geworden war: Gegen einen Schluck Schnaps oder drei Glasperlen tauschten die Wilden ganze Klumpen feinen Goldes ein.

Diese meisterhaft dirigierte Werbekampagne hatte einen Strom von Kapital in die Rue Quincampoix geleitet, in der seit Beginn des 18. Jahrhunderts die Bankiers ihre Kontore eingerichtet hatten. Die Kompanie legte immer neue Aktien auf, die Hoffnung auf eine Hausse wurde sorgsam und ständig genährt. Die Plätze in den Postkutschen nach Paris, wo man die Aktien des Monsieur Law kaufen konnte, wurden schon Monate im Voraus bestellt. Ein kleiner Buckliger verdiente ein Vermögen damit, dass er seinen Höcker als Schreibunterlage anbot. Einige Damen am Hofe schreckten nicht vor den ungewöhnlichsten Mitteln zurück, um Aktien zu erhalten. Innerhalb von drei Wochen wurden 300 000 Aktien auf den Markt geworfen, und sie waren vergriffen, bevor die Tinte getrocknet war. War es nicht dasselbe bei vielen Neuemissionen der letzten Jahre? Die Dividenden, welche Laws Papiere einbringen konnten, waren uninteressant, jeder rechnete nur mit dem Kursgewinn, der bis zum Zwanzigfachen des Emissionspreises betrug. Im Dezember 1719 wurde der Rekord gebrochen. Die Aktien erreichten den Kurs von 18 000 Pfund, was dem Sechsunddreißigfachen ihres Nominalwertes entsprach. Ganz Europa blickte gespannt auf dieses aufregende Schauspiel. In gelehrten Abhandlungen diskutierte man über Laws System, das sich aber in nichts auflöste, bevor alle Überlegungen zu Ende gedacht waren. Es genügte außerdem, einen Bleistift zur Hand zu nehmen und die Dividenden auszurechnen oder sich die Frage zu stellen, ob es überhaupt eine Aussicht auf Dividenden oder Jahresgewinne gab. Wer aber nimmt schon einen Bleistift in die Hand? Die Hartgesottenen!

Da und dort wurden ein paar Verkäufe getätigt, und schon begann die Auflösung. Trotz seiner verzweifelten Bemühungen gelang es Law nicht, die Panik aufzuhalten. Die Aktien rutschten unaufhaltsam ab. Ein alter Spruch an der Wiener Börse lautete: Eine Hausse kann auch ein Rothschild machen, eine Baisse aber nie verhindern. Im Oktober 1720 hatten sich die 18 000-Pfund-Aktien festgefahren, sie waren unverkäuflich geworden und auf 40 Pfund gefallen. Noch immer stand man den ganzen Tag hindurch in der Rue Quincampoix Schlange. Jetzt aber, weil man sein Geld zurückhaben wollte. Dramatische Szenen lösten den Jubel ab.

»Alle, die vor sechs Wochen reich waren, sind heute arm. Law hat den Staat umgestülpt wie ein Kleiderhändler einen Mantel«, schrieb Montesquieu schockiert über den Skandal. Eine Pariser Zeitung verfasste folgenden Spottvers auf John Law :

> »Hier ruht Schottlands berühmter Sohn,
> der rechnete ohnegleichen schon,
> und durch seine geniale Mathematik
> brach er Frankreich das Genick.«

Als gebrochener Mann und mit leeren Taschen musste John Law Paris bei Nacht und Nebel verlassen, denn es bestand die Gefahr, dass die Menge ihn lynchen würde. In größter Armut und verlassen ist er 1729 in Venedig gestorben. Seine Gebeine wurden rund 100 Jahre später von seinem Neffen in die Kirche San Moisé gebracht, wo sie noch heute unter einem Stein liegen. Ich versäume nie, wenn ich mich dort befinde, auf sein Grab ein kleines Blumensträußchen zu legen.

John Law war sicherlich ein Spekulant und Spieler großen Stils, aber ein Betrüger war er nicht. Er ist das Opfer seines Freundes, des Regenten, geworden, der für seinen Haushalt immer mehr Geld forderte, das er liefern musste. Der typische Fall der Banknoteninflation, wenn die Regierung von der Notenbank ungedeckte Kredite fordert. Der gigantische Börsenskandal wirkte noch lange nach. Die Folge war eine tiefe Abneigung gegen die Spekulation, gegen Aktien, die fast ein halbes Jahrhundert anhalten sollte.

1929: Der Inbegriff des Börsenkrachs

Wie die Entdeckung Amerikas oder die französische Revolution hat die amerikanische Wirtschaftskatastrophe von 1929 das Gesicht der westlichen Welt und ihre soziale Struktur vollständig verändert. Sie geistert noch heute wie ein Gespenst durch unser Leben. Für eine ganze Generation wurde das Jahr 1929 zur Wendemarke. Jahrzehntelang hörte man in Unterhaltungen die Redewendung: »Das war, erinnern Sie sich, vor '29« oder »nach 1929.«

Doch vor dem schwarzen Donnerstag im Oktober hatte es viele rosige Wochen und glückliche Jahre gegeben, in denen es sich gut leben ließ. »God's own country«, »Gottes eigenes Land«, Amerika, strotzte vor Kraft im wieder gefundenen Paradies der Prosperität. Aus einem Schuldnerstaat, wie vor dem Ersten Weltkrieg, waren die Vereinigten Staaten zum Gläubiger der ganzen Welt geworden. Die industrielle Produktion wuchs ständig, der Verbrauch ebenfalls, beide aufgeputscht durch eine Wunderdroge: Kredit. Alle landwirtschaftlichen oder industriellen Rohstoffe, alle Wertpapiere stiegen unablässig. Die Fernschreiber an der Wall Street spuckten in einem betäubenden Rhythmus kilometerlange weiße Papierstreifen aus. Alle Amerikaner, der Mittelstand, die kleinen Leute, die kaum in Ellis Island gelandeten Einwanderer, alle ahmten die Spekulation der Geldaristokratie nach. Der Markt befand sich längst in der dritten Phase der Aufwärtsbewegung. Doch das Gerüst der Spekulation ruhte auf einem Koloss mit wackligen Füßen. Wenig Leute waren sich darüber im Klaren. Das Leben war doch so schön!

Henry Ford I. erprobte seine neuen Modelle. Nachts applaudierte man im Ziegfeld-Theater den Dolly Sisters. Mit Paul Witheman folgte man den Melodien von George Gershwin, der später mit der »Rhapsody in Blue« zum größten Komponisten jener Zeit wurde. Dieser Sohn armer jüdischer Einwanderer war der Ehrengast auf den glanzvollen Partys der Aristokratie der Fifth Avenue. Jean Harlow beherrschte die Filme der Warner Brothers. Mit ihren hellblauen Augen, den Platinhaaren und den geschmeidigen Bewegungen war sie das »Glamour Girl Nr. 1« von Hollywood. Es war die heroische Epoche der Prohibition und der »Speakeasies« (wo man Alkohol trank). Im berühmten »Twenty One« (Nr. 21 auf der 52. Straße West) lauschte man hingerissen den Schallplatten von Al Johnson und Eddie Cantor, während man aus Teetassen Whiskey schlürfte. Die Extravaganzen und Eroberungen des schönen John Barrymore lieferten den Gesprächsstoff. Die unsichtbaren Drahtzieher dieser betäubenden Show, die professionellen Geldleute der Wall Street (heute die Fondsmanager und Investmentbanker), hüteten sich, auch nur den Anschein einer Gefahr ahnen zu lassen. Präsident Calvin Coolidge, sein Nachfolger Herbert Hoover und sein Finanzminister Mellon erklärten mit der ganzen Autorität der amerikanischen Regierung öffentlich, es bestünde kein Grund, dass all dies eines Tages aufhören würde.

Nach den Darstellungen vieler Historiker und Nationalökonomen muss ich nicht unterstreichen, dass das Jahr 1929 die größte finanzielle Katastrophe der Weltgeschichte gebracht hat. Sie platzte urplötzlich wie eine Naturkatastrophe mitten in eine Atmosphäre wirtschaftlicher Euphorie, die teilweise von der amerikanischen Regierung unter Präsident Hoover künstlich aufrechterhalten wurde. Angelsächsische Wirtschaftswissenschaftler bemühen sich, die Krise von 1929 aufzuklären, indem sie ihr, je nach dem eigenen Standpunkt, eine andere Erklärung zugrunde legen. Einige meinen, die Diskontsatzerhöhung der Bank von England sei das auslösende Moment gewesen. Andere bestreiten dies, da die Federal Reserve Bank ihren Zinssatz schon mehrmals erhöht hatte und die Wall Street trotz Wind und Wetter weiter blühte. Manche glauben, die allgemeine Vertrauenskrise sei durch den Krach der Photomaton-Aktien in London ausgelöst worden. Das war mehr als ein Finanzkrach, es war ein Skandal, der erste seit dem Krieg 1914–1918. Man nannte Clarence Hatry, den Chef der Photomaton, einen Betrüger. Dieses Wort sollte später noch allzu häufig auf andere Börsengrößen angewandt werden.

Die psychologischen Rückwirkungen des Hatry-Skandals im September 1929 waren äußerst gefährlich. Das Vertrauen war mit einem Schlag zerstört. Man stellte Fragen: Waren die neuen Industrien nicht auch betrügerisch aufgebaut? Radio, Kunstseide, Autos, all diese Industrien, die sich so schnell entwickelt hatten, würden sie nicht eines Tages mit Verlust arbeiten? (Vielleicht wird man sich die gleiche Frage irgendwann zum Internet stellen.) Man begann, an der Rentabilität der Konzentration großer Kapitalien zu zweifeln, das heißt an der Ehrlichkeit der Trusts und Holdinggesellschaften. Schon damals standen diese Verfahren der Mischkonzerne und Investmentfonds in voller Blüte. (Die meisten Holdinggesellschaften mussten viele Jahre später unter Präsident Franklin Roosevelt aufgelöst werden.) Die Muttergesellschaften brüteten Tochterunternehmen aus, die dann die Aktien der Ersteren aufkauften. Man wusste nicht mehr, wer die Tochter und wer die Mutter war. Nur eines war klar: Die Aktien stiegen, berechtigt oder unberechtigt, mit oder ohne Gewinn der Gesellschaften. Denn wie heute konnte man dem Publikum alles versprechen. Nichts ist leichter, als den Leuten Wertpapiere zu verkaufen, deren Kurs schon gestiegen ist. Ebenso schwer ist es, das Publikum für Aktien zu interessieren, wenn die Kurse schon gefallen sind oder sehr tief stehen, denn die Laune des Publikums folgt den Launen der Kurse. Die Masse kauft nur bei steigenden Preisen, die dadurch noch weiter in die Höhe getrieben werden.

Am 22. Oktober kam dann der Zusammenbruch. Gestern stand das Barometer noch auf schön, und heute blitzte und donnerte es aus heiterem Himmel. Für einige erfahrene Börsianer war es keine Überraschung. Es kam wie schon so oft in der Finanzgeschichte: Der Börsenboom schwillt mit den zufließenden Geldern und Krediten zu einem Riesenballon an, der dann durch einen Nadelstich platzen kann – und dieser Stich kommt unfehlbar. Ich wiederhole: kein Börsenkrach, dem nicht ein Börsenboom vorangegangen ist, kein Boom, der nicht mit einem Krach endet. Die Ereignisse überstürzten sich.

22. *Oktober*: Eine große Verkaufswelle und steigende Nervosität bestimmen die Wall Street.

23. *Oktober*: Die Börse bleibt flau, nur ein paar Gelegenheitskäufer wollen von den gesunkenen Kursen profitieren.

24. *Oktober*: Zuerst herrschte Ruhe vor dem Sturm, dann brach er los wie ein Weltuntergang. Eine Lawine von Verkäufern, die ohne Käufer blieben, verschlang die Wall Street mit Haut und Haaren.

Zufällig beobachtete ein berühmter Besucher, Winston Churchill, von der Galerie aus, wie eine Panik das Publikum ergriff. Geschrei stieg von der Broad Street herauf, aufgeregte Menschenmassen rotteten sich zusammen und ließen sich von der Polizei nicht zerstreuen.

Ohne Hut und Regenschirm eilte Charles Mitchell, Präsident der National City Bank, der wichtigste Drahtzieher der Wall Street, im Laufschritt zur Wall Street Nr. 23, in J. P. Morgans schallgedämpftes Büro. Es lag in einem zweistöckigen Palais zwischen Wolkenkratzern, auf dem teuersten Grund und Boden der Welt. Vor dem atemlosen Besucher bewahrte John Pierpont Morgan II seine Ruhe. Er dachte an seinen Vater, John Pierpont Morgan I, der bereits im Jahre 1907 die Wall Street vor der Katastrophe gerettet hatte. Und nun, zweiundzwanzig Jahre später, kam man wieder Hilfe rufend zu den Morgans.

»Es muss etwas geschehen, oder alles geht zugrunde«, sagte Mitchell, das Orakel der Börse, mit zittriger Stimme.

»Berufen wir doch gleich eine Konferenz aller Bankiers ein«, antwortete J. P. Morgan.

Man war sich des ganzen Ausmaßes dieses Dramas noch nicht bewusst. Am nächsten Morgen schrieb das *Wall Street Journal* verblendet und noch immer vertrauensvoll: »Es handelt sich nur um eine gesunde und natürliche Reaktion der Börse. Gewisse Wertpapiere erreichten übersteigerte Preise, eine Korrektur war notwendig.« Das alles zeugte von unsinniger Naivität, und ich getraue mich, das offen auszusprechen. Wie immer fing es mit der Korrektur an, aber nach der Korrektur kommt die zweite und die dritte Phase, wie schon beschrieben.

Die fünf größten New Yorker Bankiers trafen sich zu einer improvisierten Konferenz im Büro von J. P. Morgan. Es galt, keine Zeit mehr zu verlieren. Die Panik (der psychologische Faktor) musste eingedämmt werden. So schnell wie möglich musste das Heilmittel gefunden werden: Geld. Der strategische Plan wurde in einer knappen Stunde entworfen. Die Bankiers verpflichteten sich, die für die damalige Zeit gigantische Summe von 240 Millionen US-Dollar einem Stützungsfond zur Verfügung zu stellen, um die Wall Street durch Aufkäufe wieder flott zu machen. Der Vizepräsident der New York Stock Exchange, Richard Withney, wurde beauftragt, die Rettungsaktion zu leiten. Er erschien persönlich im großen Saal der Börse und erteilte mit lauter Stimme, damit ihn jeder hörte, Kaufaufträge zu Kursen, die man den ganzen Tag über nicht gehört hatte: 1000 Aktien »Steel« zum Kurs von 205, nachdem dieses Papier schon bei 190 keine Käufer gefunden hatte.

Aber es war zu spät, und die Bluttransfusion reichte nicht aus. Von grenzenlosem Optimismus verfiel man in grenzenlosen Pessimismus. In den kommenden Tagen stürzten die Kurse unter einer Flut von Angeboten, und die sinkenden Preise lösten noch weitere Verkäufe aus, genauso wie im Jahr zuvor die steigenden Preise immer neue Kaufaufträge gebracht hatten.

Die Gebäude in der Wall Street blieben auch nachts hell erleuchtet und voller Aktivität, weil die Angestellten die Höhe der Garantiedepots der Kunden nachprüfen mussten. In aller Eile ließen die Makler Rundschreiben drucken, mit denen neues Geld für Garantien angefordert wurde. Die Telegramme überstürzten sich: »Bitte Deckung überweisen.« Aber in den Umschlägen, die daraufhin kamen, waren keine Schecks, sondern nur Aufträge: »Alles verkaufen!« Das flüssige Geld war verschwunden.

Am 29. Oktober 1929 fand eine neue Konferenz, diesmal geheim, in den Souterrain-Räumen der Börse statt. Würde man die Börse schließen? Auch das würde nichts nützen, es war zu spät, wie die Bankiers niedergeschlagen feststellten. Die Verluste waren entsetzlich. Der Aktienmarkt hatte einen verhängnisvollen Schlag erhalten, der das Wirtschaftsleben von Grund auf erschütterte. Um wenigstens etwas zu retten, versuchte man, mit Worten das Vertrauen wieder herzustellen und die wundervolle »prosperity« zurückzubringen. Eine Pressekampagne, offizielle Erklärungen mit hoffnungsvollem Unterton, Aufforderungen, die Ruhe zu bewahren – alles war vergebens. Spekulanten und Publikum hatten den Kopf verloren und konnten den Nervenschock nicht überwinden. Für schöne Reden war es zu spät: Die öffentliche Meinung war völlig umgeschlagen. Allgemeine Hoffnungslosigkeit breitete sich genauso aus wie vorher der tolle Rausch. Es war nicht nur eine Nervenkrise, sondern ein schnell um sich greifender Bazillus.

Eine Begleiterscheinung der immensen Börsenverluste war die täglich schlimmer werdende Lähmung der Kaufkraft. Die auf Kredit gekauften Wohnungen, Autos, Radios und Kühlschränke waren vor allem vom Boom an der Wall Street abhängig. Der kleinste Angestellte hatte nicht gezögert, sein Budget zu überschreiten, weil er sicher glaubte, aus seinen Börsengewinnen die Ratenzahlungen leisten zu können. All das war vorbei. Und vom Verbraucher übertrug sich die Krise auf die Produktion. Vom leichten Leben, von der guten Stimmung blieb nichts als ein Aschehäuflein übrig. »Betteln werden wir«, sagten die Optimisten. »Aber bei wem?«, lautete die Antwort der Pessimisten.

Hunderte Anekdoten geben mit Galgenhumor die Atmosphäre dieser trüben Jahre wieder: Ein Spekulant kommt eilig in ein Restaurant in der Wall Street, bestellt Austern, eine Suppe, ein Steak, Gebäck und Kaffee. Da es ihm zu lange dauert, bis der Kellner die Austern geöffnet hat, läuft er schnell weg, um einen Blick auf den Ticker zu werfen.

»Bestellen Sie die Austern ab!«, brüllt er.

Er rennt wieder zum Ticker – die Baisse verstärkt sich.

»Bestellen Sie die Suppe ab!«

Er dreht sich wieder zum Ticker …

»Bestellen Sie das Steak ab!«

So geht es weiter bis zum Kaffee. Statt zu Mittag zu essen, muss der arm gewordene Spekulant den Kellner bitten, ihm ein Glas Wasser und ein Aspirin zu bringen.

Die Wolkenkratzer standen leer, Symbole des Reichtums von gestern. Die Zahl der Selbstmorde wuchs unablässig. Als ein Engländer in einem New Yorker Hotel ein Zimmer in einer der oberen Etagen verlangte, um die Aussicht besser genießen zu können, wurde er gefragt: »Wollen Sie da schlafen oder herunterspringen?«

Die Amerikaner, die in guten wie in schlechten Zeiten eine Schwäche für Statistiken haben, versäumten nicht, das Ausmaß der Katastrophe in Zahlen festzuhalten: 123 884 erfolgreiche Spekulanten, die vorher mit einem Cadillac in die Wall Street gefahren waren, mussten nun zu Fuß gehen. 173 397 verheiratete Männer mussten ihre Geliebten verlassen, die sie sich jetzt nicht mehr leisten konnten, und zu ihren angetrauten Ehefrauen zurückkehren. Die Münze prägte 111 835 248 Nickels (Fünf-Cent-Münzen) für die Leute, die nie vorher mit der U-Bahn gefahren waren und sie jetzt benutzen mussten.

Die soziale Hierarchie zerfiel. Millionäre von gestern verkauften Äpfel an den Straßenecken. Die Einwanderer verloren alles, was sie besaßen – bis auf ihren Akzent. Eine Fabrik nach der anderen musste die Arbeit einstellen, und viele Millionen von Arbeitslosen forderten Unterstützung von der machtlosen Regierung. Die Deflation drohte die Vereinigten Staaten immer mehr zu ersticken. Und es gab nicht den kleinsten Hoffnungsschimmer am Horizont. Überall krachte es. Die Politiker, die Leute von Theater und Film, alle bis hin zu den Superhellsehern bemühten sich vergeblich, das Ende des Albdrucks vorauszusagen. Sogar auf den Brettln sang man: »Es kommen bessere Zeiten, Prosperity ist auf dem Weg.« Die Tiefe des Abgrunds lässt sich am besten an Zahlen abmessen:

Gesellschaft	**Aktienkurse in Dollar**	
	1929	**1932**
Radio Corporation (Elektroindustrie)	115	3 1/2
New York Central (Eisenbahnen)	256	5
Chrysler (Automobil)	135	5
General Motors (Automobil)	92	4 1/2
General Electric (elektrische Apparate)	220	20
Montgomery Ward (Warenhaus)	70	3
United Steel (Stahlwerk)	375	22

In diesen dunklen Tagen brachten die Wahlen vom November 1932 einen von der Vorsehung auserwählten Mann ins

Weiße Haus: Franklin Delano Roosevelt. Er allein trug die Verantwortung für die Zukunft, für die Rettung eines Kontinents und des kapitalistischen Systems. Als Roosevelt die Regierung übernahm, hatte die Panik ihren Höhepunkt erreicht. Als Erste schlossen die Banken des Staates Michigan aufgrund des Kassensturms. Ihnen folgten die Banken der siebenundvierzig anderen Staaten. (Damals hatte die amerikanische Flagge nur achtundvierzig Sterne.) Man fragte sich, was aus der Wall Street werden sollte. Roosevelt berief sofort eine Konferenz ein. Es wurde der *New Deal* geschmiedet, aus dem unzählige wirtschaftliche, finanzielle und soziale Reformen folgten. So wurde das Trennbankensystem eingeführt, um die Spekulation auf Kredit zukünftig zu vermeiden. Banken konnten entweder im Wertpapierhandel oder im klassischen Kreditgeschäft tätig sein, beides gleichzeitig aber war fortan verboten. Seit einigen Jahren kämpfen die amerikansischen Banken für eine Aufhebung des Trennbankensystems, da sie ihre internationale Wettbewerbsfähigkeit gefährdet sehen.

Doch für das Durchbrechen der deflationären Abwärtsspirale war vor allem eine Maßnahme entscheidend: Roosevelt riss den Dollar vom Goldstandard los, wie es England mit dem Pfund bereits zwei Jahre zuvor getan hatte. Der Dollar wurde um 40 Prozent abgewertet, und diese Maßnahme stellte die Wettbewerbsfähigkeit der Vereinigten Staaten wieder her, die durch die vorherige Abwertung des Pfundes stark gelitten hatte. Die Federal Reserve verteilte frisches Geld an alle Banken, und die Schalter wurden wieder geöffnet. Die Leute rannten früh morgens zu den Banken, um schnell ihr Geld abzuheben. Es bildeten sich lange Warteschlangen. Doch als sie sahen, dass die Banken jeden Betrag auszahlten, trat Beruhigung beim Publikum ein, und am Abend waren mehr Guthaben auf der Bank als vor der Schalteröffnung.

Man stand am Beginn einer neuen Ära. Es folgte ein großer Wirtschaftsaufschwung, und aus einem kranken, sehr kranken Land wurde ein neuer aufblühender Staat. Der

Mann, den die Wall-Street-Krise für vierzehn mühevolle Jahre an die Macht gebracht hatte, hat sich einen Ehrenplatz in der amerikanischen Geschichte erobert.

»Antizyklisch« lautet das Erfolgsrezept

Wie muss sich der Spekulant in einem Börsenzyklus verhalten, um erfolgreich zu sein? Die Beantwortung dieser Frage fällt nach der Schilderung der großen Booms und anschließenden Crashs nicht schwer. Er muss natürlich zu den Hartgesottenen gehören und antizyklisch handeln.

In der dritten, das heißt in der Übertreibungsphase der Abwärtsbewegung sollte er kaufen und auch nicht erschrecken, wenn die Preise weiter zurückgehen. Denn wie die alten Börsianer schon an der Budapester Getreidebörse sagten: »Wer den Weizen nicht hat, wenn er zurückgeht, hat ihn auch nicht, wenn er steigt.« In der ersten Phase der Aufwärtsbewegung sollte er weiter kaufen, denn der Tiefpunkt ist überwunden. In der zweiten Phase sollte er eigentlich nur Zuschauer sein, nur passiv mit der Bewegung gehen und sich seelisch darauf vorbereiten, in der dritten Phase, bei der allgemeinen Euphorie, aus dem Markt auszusteigen.

Die ganze Kunst ist nun zu wissen, in welcher Phase sich ein Markt befindet. Ein routinierter Börsenhase fühlt dies in den Fingerspitzen, auch wenn er es nicht immer in Worten ausdrücken kann. Es gibt kein Lehrbuch, so wie es auch keine vollkommene Spekulation gibt. Es gibt auch keine Methode, die man blind anwenden kann. Wenn es so einfach wäre, würde jeder seinen Lebensunterhalt an der Börse verdienen. Nur eine sehr lange Erfahrung gibt einem, was man das Fingerspitzengefühl nennt. Auch der erfahrenste, mit allen Wassern gewaschene Spekulant kann sich irren. Er muss sich sogar irren, um die nötige Erfahrung zu sammeln, die ihm hilft, die Symptome, Hinweise und gewissen Signale zu erkennen, die auf eine übergekaufte oder überverkaufte Situation schließen lassen.

Fällt ein Markt zum Beispiel auf schlechte Nachrichten hin nicht mehr, ist dies ein Symptom dafür, dass er überverkauft ist und sich in der Nähe seines Tiefpunktes befindet. Die Papiere liegen bereits bei den Hartgesottenen, die sich für die schlechten Nachrichten nicht interessieren. Sie haben die Vision und den Glauben an bessere Zeiten, ihre Papiere sind voll bezahlt und sie haben die Geduld, um auf bessere Nachrichten zu warten.

Reagiert ein Markt dagegen nicht mehr auf positive Nachrichten, ist dies ein Signal für eine übergekaufte Situation und einen zumindest vorläufigen Höhepunkt. In dieser Situation sind die Hände der Zittrigen voll mit Papieren, und sie können trotz der guten Nachrichten nicht mehr kaufen. Die Hartgesottenen haben zwar Geld, wollen zu diesen Kursen aber nicht kaufen.

Einen weiteren Hinweis geben die Umsätze. Werden bei fallenden Preisen eine gewisse Zeit lang große Umsätze getätigt, bedeutet dies, dass zahlreiche Aktien von zittrigen in hartgesottene Hände übergehen. Es kann sogar zu einem Moment kommen, in dem die Zittrigen ausverkauft haben und die Aktien in den »sicheren« Tresorschränken der Hartgesottenen liegen. Die Papiere kommen aus diesem Versteck erst später bei steigenden Preisen wieder hervor. Das heißt also: Wenn bei steigenden Umsätzen die Preise weiterhin fallen, ist dies ein Zeichen dafür, dass man sich dem Niveau nähert, von dem aus die nächste Aufwärtsbewegung starten wird. Meistens handelt es sich dabei jedoch um ein unberechtigtes Tief, an dem lediglich die Hysterie des Publikums und der generelle Ausverkauf der Aktienbesitzer schuld sind. Dies ist die dritte Phase der Übertreibung nach unten, in der die Zittrigen alles verkaufen, auch die besten und widerstandsfähigsten Papiere, die sie vorher als Reserve gehalten haben.

Bröckeln die Kurse jedoch eine Zeit lang bei kleinen Umsätzen ab, so ist dies eine schlechte Perspektive für den Markt. Denn in dieser Situation sind die Aktien noch in den Händen der Zittrigen, die eine Erholung des Marktes abwarten, bei weiterem Kursabfall jedoch plötzlich, von Angst ergriffen, alles verschleudern. Die durchgängige Meinung, ein Rückgang der Preise bei kleinen Umsätzen habe keine Bedeutung, teile ich nicht. Die Verfechter dieser Ansicht argumentieren, das große Publikum verkaufe in dieser Situation nicht. Aber dies bedeutet gar nichts! Wichtig ist nur, dass die Papiere noch in den Händen der Zittrigen sind. Und wenn diese heute nicht verkaufen, dann heißt das ja noch lange nicht, dass sie nicht schon morgen, in einer Woche oder in einem Monat alles veräußern werden.

Wenn dagegen die Papiere ununterbrochen bei immer größeren Umsätzen steigen, ist auch dies eine sehr schlechte Perspektive für die Zukunft. Je größer der Umsatz, umso verletzbarer der Markt. Die Börse kommt nämlich in die dritte Phase der Aufwärtsbewegung. Auch hier widerspreche ich der einhelligen Ansicht, Kurssteigerungen bei großen Umsätzen seien günstig. Die Leute meinen, das große Publikum kaufe dann, und dies sei gut. Stimmt – für den Tag, an dem sie kaufen. Aber ist es wirklich so gut, wenn das große Publikum, das heißt die Zittrigen, kaufen? Denn werden sie auch nächste Woche kaufen? Besteht nicht die Gefahr, dass die Papiere schon im kommenden Monat wieder auf den Markt kommen, dass die Zittrigen ihre Aktien nicht schon bald wieder abstoßen?

Wenn der Markt hingegen bei kleinen Umsätzen steigt, ist dies außerordentlich günstig. Obwohl die Händler behaupten werden, diese Marktsituation sei nichtssagend. Klar, denn die Broker sind ja nur an großen Provisionen interessiert und halten deshalb den Markt mit kleinen Umsätzen für uninteressant. Tatsache ist aber, dass die Papiere noch immer in den Händen der Hartgesottenen liegen und noch nicht zu den Zittrigen übergegangen sind. Die Kurse müssen noch weiter steigen, damit die Zittrigen angelockt werden und die Hartgesottenen bereit sind, die Papiere an die Zittrigen abzustoßen.

Fazit: Steigt oder fällt ein Markt mit kleinen Umsätzen, deutet dies auf eine Fortsetzung des Trends hin, steigt oder fällt er mit ständig steigenden Umsätzen, ist die Trendwende nicht mehr weit.

Den dritten und vielleicht eindeutigsten Hinweis gibt der allgemeine Konsens. Ist die Stimmung in den Medien äußerst optimistisch, interessieren sich Leute für die Börse, die vor kurzer Zeit noch nicht wussten, was eine Aktie ist, und wechseln die letzten Pessimisten in das Lager der Optimisten, befindet sich der Markt am Ende der dritten Phase des Bullenmarktes. In dieser Zeit konvergieren alle positiven Phänomene, die Kurse verlieren jede Beziehung zur Wirklichkeit. Sie entarten zu bloßen Zahlen ohne Bedeutung. Sie werden zu Telefonnummern, mit denen man jongliert, ohne jede sachliche Überlegung. Analysten erklären, dass Kennzahlen wie das Kurs-Gewinn-Verhältnis oder die Dividendenrendite nicht mehr die gleiche Bedeutung wie früher hätten. Man spekuliere auf die Zukunft. Wichtig allein sei die Schnelligkeit, mit der die Industrie nach oben klettere.

Dank meiner Popularität konnte ich die Stimmungsveränderungen immer besonders gut aufspüren. Bat mich beispielsweise der Pilot ins Cockpit, um ein paar Tipps zu erfahren, oder fragte mich meine Caféhausbedienung, ob man Daimler oder besser IBM kaufen solle, spürte ich, dass der Markt heißgelaufen war.

Umgekehrt gilt natürlich das Gleiche. Sind die Medien äußerst negativ gestimmt, wie es beispielsweise Anfang der 80er-Jahre aus dem zitierten Artikel der *Business Week* hervorging, und sind die letzten Optimisten pessimistisch geworden, steht der Markt am Ende der dritten Phase des Bärenmarktes. In dieser Phase, in der positive Nachrichten keine Beachtung mehr finden und die Schwarzmaler Hochkonjunktur haben, muss der Spekulant einsteigen. Doch so leicht, wie es klingt, so schwer ist es auch.

Eine Frage der Charakterstärke

Es ist extrem schwierig, vor allem für einen relativ unerfahrenen Spekulanten, gegen den allgemeinen Konsens zu handeln und zu kaufen, wo die Kollegen, die Freunde, die Massenmedien und die Experten zum Verkaufen raten. Denn sogar jener, der diese Theorie kennt und ihr folgen möchte, ändert im letzten Moment unter dem Druck der Massenpsychose seine Meinung und sagt sich: »Theoretisch müsste ich zwar jetzt einsteigen, doch ist die Situation diesmal anders.« Es stellt sich erst später heraus, dass auch diesmal antizyklisches Handeln das Beste gewesen wäre. Man muss sehr trainiert, kühl und sogar zynisch sein, um sich der Massenhysterie zu entziehen. Dies ist die *Conditio sine qua non* für den Erfolg. Deshalb gelingt es an der Börse auch nur einer Minderheit, erfolgreich zu spekulieren. Der Spekulant muss also mutig, engagiert und weise sein. Sogar eingebildet darf er sein. Man muss sich sagen: »Ich weiß es, und die anderen sind alle Dummköpfe.«

Hat der Spekulant es geschafft, sich der Massenpsychose zu entziehen, und hat er in der übertriebenen Abwärtsbewegung gekauft, muss er danach allerdings auch die Nervenstärke aufbringen, die Papiere zu halten – auch wenn sie noch weiter zurückgehen. Hier besteht die große Gefahr, strapaziert durch die eigenen Verluste den Kopf zu verlieren.

Ist auch diese Hürde überwunden und der Markt beginnt mit seiner Aufwärtsbewegung, wird der Spekulant mit den zwischenzeitlichen Rückschlägen konfrontiert, die es während einer Hausse immer wieder gibt. Versteht er diese Entwicklung nicht, muss er die Situation erneut überprüfen. Weist die Diagnose nur auf eine vorübergehende Störung hin, heißt es fest zu bleiben, die Ohren steif zu halten. Wenn aber grundlegende Änderungen eintreten, Krieg oder Frieden, wichtige politische, wirtschaftliche oder finanzielle Entscheidungen, Regierungswechsel und so weiter, mit denen man nicht gerechnet hat, muss man sofort die Konsequenzen ziehen und notfalls heute über Bord werfen, was einem gestern noch lieb und teuer war. Das heißt, ein Spekulant muss immer bereit sein, seine Gedanken und Pläne einer einschneidenden Überlegung zu unterwerfen. Wenn man von einer Idee vollkommen überzeugt ist, dann muss man durchhalten. Nur wenn sich die Situation von Grund auf ändert und man plötzlich erkennt, dass man im falschen Boot sitzt, muss man so schnell wie möglich abspringen. Man sollte also zugleich hart und elastisch sein.

Die nächste Prüfung wartet in der dritten Phase der Aufwärtsbewegung. Der Spekulant könnte am Beginn, wenn der Optimismus langsam die Überhand gewinnt, natürlich sofort aussteigen. Leider entgehen ihm dann die saftigsten Gewinne, denn erst in der dritten Phase explodieren die Kurse. Und die dritte Phase kann sehr lange anhalten, wenn der Faktor Geld positiv bleibt. Die Zittrigen sind zwar schon investiert, doch die Geldmengenausweitung schafft immer weiteren Nachschub. In dieser Zeit darf der Spekulant seine Logik etwas zügeln. Er muss nicht nur klug, sondern auch weise genug sein, um »den Dummen zu spielen«. Er darf seinen kritischen Verstand einmal ausschalten, sich von der Flut mitreißen lassen, sogar weiter als die fundamentalen Daten es zulassen. Aber er muss sich hüten, seinen Realismus ganz zu verlieren. Wenn es so aussieht, als ob nur der Himmel eine Grenze setze, muss man sich klarmachen, dass die Bäume nicht in den Himmel wachsen. Denn wenn in dieser Periode allgemeiner Euphorie der Geldfaktor plötzlich negativ wird, muss man sofort aus dem Markt heraus, selbst wenn es einem in dieser rosigen Atmosphäre schwer fällt. Man darf sich von optimistischen Ziffern und Prophezeiungen keineswegs beeinflussen lassen, denn der Optimismus kann innerhalb von vierundzwanzig Stunden in den schwärzesten Pessimismus umschlagen. Man muss sozusagen durch das Hintertürchen aus dem Markt heraus, wie ein Mann aus einem Haus mit schlechtem Ruf, damit einen nur ja niemand sieht, denn sonst könnte man durch den Optimismus der anderen wieder hineingezogen werden.

Ich sagte früher, der Börsenspekulant solle, um nicht in Versuchung zu kommen, seine Meinung zu ändern, erst gar nicht zur Börse gehen. Er solle eher einen Umweg machen, nur um nicht in Gefahr zu geraten, von einer Atmosphäre angesteckt zu werden, die ebenso launisch ist wie der Himmel über der Meeresküste.

Im heutigen Informationszeitalter mit Internet und Börsenfernsehen ist es jedoch immer schwieriger geworden, von der allgemeinen Stimmung keine Notiz zu nehmen. Heute müsste der Ratschlag lauten: »Verkaufen sie ihren Fernseher und kappen sie ihren Internetanschluss!« Wo auch immer wir uns befinden, stürzt eine Flut von Informationen auf uns ein. Nur dem extrem trainierten und charakterfesten Spekulanten kann dieser Umstand nichts anhaben. Wer den Börsendschungel gerade erst betritt, wird unweigerlich mitgerissen.

Deshalb gab ich in den letzten Jahren den Tipp, Schlafmittel zu nehmen, dann eine Palette erstklassiger Aktien zu kaufen und ein paar Jahre zu schlafen, ohne die Stürme und die Gewitter zu hören, die draußen in der Zwischenzeit toben. Wer den Rat befolgte, konnte anschließend angenehme Überraschungen erleben.

Haussier oder Baissier? – Keine Prinzipienfrage

Bisher habe ich das »Ei des Kostolany« nur aus der Sicht des auf Hausse spekulierenden Börsianers betrachtet. Aber natürlich kann man auch auf die Baisse spekulieren und davon profitieren. Das funktioniert so: Der Baissier oder Bear, wie man ihn nennt, verkauft heute zu einem bestimmten Preis ein Wertpapier, das er noch gar nicht besitzt und das er sich erst später besorgen wird. Seinen eigenen Kauf stellt er zurück, weil er glaubt, dass der Preis, den er morgen zahlen muss, niedriger sein wird als der heutige. Der Baissier entspricht einem Jäger, der das Fell des Bären verkauft, den er noch nicht geschossen hat. Doch er kann auch danebenschießen, und dann muss er zu einem hohen Preis von einem anderen Jäger ein Fell kaufen, um seiner Verpflichtung nachkommen zu können. Das ist das Risiko der Baissespekulation.

Ein Beispiel: Der Spekulant Maier glaubt, dass die Aktien der Firmen Phantasia AG und Atlantis AG fallen werden. Nehmen wir an, beide Papiere stehen auf 100. Er hält den Kurs für zu hoch und erwartet, dass der eine oder andere fallen wird. Er leiht sich die Aktien der beiden Unternehmen von einem anderen Anleger. Jetzt verkauft er die geliehenen Phantasia- und Atlantis-Aktien zu jeweils 100, obwohl er sie nicht besitzt. Einige Tage danach fallen die Phantasia-Papiere von 100 auf 80. Maier glaubt, dass sie weit genug gefallen sind, kauft sie dann zu 80 zurück und gibt sie demjenigen zurück, von dem er sie geliehen hat. Damit steckt er einen zwanzigprozentigen Gewinn ein.

Dagegen fallen die Atlantis-Aktien keineswegs. Sie steigen von 100 auf 140. Maier gerät in Panik, die Atlantis-Aktien könnten weiter steigen. Er kauft sie also zu 140 zurück und realisiert damit einen Verlust von vierzig Prozent. Ist die Transaktion abgeschlossen, gibt er die zurückgekauften Papiere an den Besitzer zurück, der sie ihm zuvor geliehen hat. Baissespekulationen sind an allen Terminbörsen und einigen Wertpapierbörsen möglich.

Theoretisch kann der Spekulant also auf die Hausse spekulieren, wenn er glaubt, dass die Kurse steigen, und auf die Baisse, wenn die Kurse fallen. Doch den Wenigsten gelingt der Wechsel zwischen den beiden Richtungen. Ich zum Beispiel begann meine Börsenianerkarriere als eingefleischter Baissier: Wie ich schon berichtete, erhielt mein Vater 1924 von seinem Freund Alexandre (einem Makler an der Pariser Warenbörse) den Rat, mich zu ihm in die Ausbildung zu schicken. Ich ließ mich nicht zweimal fragen. Das Budapest dieser Zeit war trostlos. Die Wunden des verlorenen Krieges waren noch nicht verheilt, und die unglückliche Franc-Spekulation hatte der Wirtschaft genau wie in Österreich den Gnadenstoß versetzt. Es herrschte in Ungarn eine deprimierende Atmosphäre der Armut und Arbeitslosigkeit.

Paris aber bedeutete das Paradies. Paris ... »J'ai deux amours, mon pays et Paris« – ich habe zwei Lieben, meine Heimat und Paris. Dieses Lied, zu dem die Bananenkolliers der bezaubernden Tochter der Antillen, Josephine Baker, im Takt wippten, machte ich später zu meinem Glaubensbekenntnis.

Frankreich war wie die anderen Länder Europas von der Spekulationswelle ergriffen, die aus Amerika herüberschwappte und erst mit dem Krach von 1929 ihr Ende fand. Großbritannien wurde nach Überwindung seiner sozialen Schwierigkeiten wieder flott. Es hatte sich von den monatelangen Streiks erholt und gewann die verlorene Energie zurück. Die Börse begann langsam, aber sicher wieder aufzublühen.

In Deutschland hing der Boom vor allem von ausländischem Kapital ab. Lange Zeit hindurch hatte Amerika jährlich mehr als 250 Millionen Dollar zur Verfügung gestellt, die in die deutsche Wirtschaft investiert wurden. Heute würde dies zehn Milliarden Dollar entsprechen. Ihr Zustrom gab den deutschen Börsen Nahrung. Gleichzeitig mit den Dollars waren amerikanische Ingenieure und Techniker gekommen, um den Schlotbaronen an der Ruhr bei der Modernisierung ihrer Fabriken und Arbeitsmethoden nach amerikanischem Muster zu helfen.

Italien erlebte seinen Honeymoon mit Mussolini. Wenn es auch einen Teil seiner Freiheit einbüßte, so hatte es doch den Grundstein für eine moderne Volkswirtschaft gelegt.

Ein magisches und beruhigendes Wort erhellte die Zukunft: der Friede. Die Verträge von Locarno, von Gustav Stresemann unterzeichnet, dann der Briand-Kellogg-Pakt hatten den Krieg auf immer für ungesetzlich erklärt. Aristide Briands schöner Bariton verkündete rhetorisch schwungvoll diese ideale Politik. Bei der Genfer Konferenz von 1927 war sogar die Rede davon gewesen, bald die Zollsätze zu senken. Es waren die ersten Vorboten des europäischen Traums, der dreißig Jahre später mit dem Gemeinsamen Markt Wirklichkeit werden sollte.

In Frankreich war es Poincaré gelungen, die Inflation in Schach zu halten und die Währung zu stabilisieren. Nachdem der Franc-Kurs drei Jahre lang gefloatet war und seinen realistischen Preis gefunden hatte, wurde er 1929 de jure stabilisiert. Dank dieser Situation erreichte der Wiederaufbau Frankreichs seinen Höhepunkt. Das Experiment der flexiblen Wechselkurse hatte in Frankreich zu einem sehr positiven Ergebnis geführt. Die reichen Bürger rieben sich die Hände, wenn sie die Börse verließen, Aktien und Anleihen waren ständig im Vormarsch. Die Festigkeit der Währung und der gute Stand der Finanzen hatte Kapitalisten aus aller Welt nach Paris gelockt. Es bedeutete eine Welt von Luxus, Vergnügen und Festlichkeiten, die ich kennen lernen wollte, als ich, wie Balzacs Held Rastignac seiner Postkutsche, eines schönen Abends dem Orientexpress entstieg. Ich wusste noch nicht, dass diese Welt verbotener und paradiesischer Freuden zum Greifen nahe lag und doch unerreichbar bleiben würde, wenn man nicht den Schlüssel besaß, um sich Zutritt zu verschaffen: Geld. Ich hatte nicht genug in der Tasche, bei weitem nicht. Das Schauspiel war faszinierend. Aber ihm von außen zuzusehen genügte nicht.

Mit Schildpattbrille und schwarzen fransigen Haaren erschien Foujita auf dem Montparnasse, gefolgt von Kiki, seinem Lieblingsmodell, um mit seinen Freunden Kisling, Vertès und anderen an den Tischen der *Retonde* und des *Dôme* zu diskutieren.

Die eleganten Damen ließen sich nach Longchamps und Auteuil begleiten, um beim Rennen die Kleider zu zeigen, die Poiret für sie entworfen hatte. Auf seiner Jacht in Boulogne empfing der berühmte Schneider als Grandseigneur seine Freunde aus der besten Gesellschaft und spielte ihnen, wenn schon der Morgen dämmerte, die neuesten Melodien aus New Orleans vor. Auf den Champs-Élysées gab es noch kein Kino, aber man stand auf den Boulevards Schlange, um durch Filme von Charlie Chaplin Amerika im »Goldrausch« und den Orient im »Dieb von Bagdad« zu erleben.

In den damaligen Romanen machte man sich mit der Sprache des Volkes vertraut, und so gewappnet konnte man sich – denn das war chic – in den Bars von Pigalle unter die einfachen Leute mischen. An anderen Abenden wieder ging man, nachdem man mit dem größten Star der Welt, dem unvergessenen Maurice Chevalier, das neueste Couplet, »Valentine«, mitgesummt hatte, im *Maxim's* soupieren. Oder die Herren blieben im *Café Weber* unter sich, um sich über das neueste Automodell oder die Beine der Mistinguette, des größten Musical-Stars dieser Zeit, Entdeckerin und große Liebe von Chevalier, zu unterhalten. Am Montag berichteten die Zeitungen unter den Tagesnachrichten, dass André Citroën beim Baccara in Deauville die Bank gesprengt habe (am Baccara-Tisch hat er später auch seine Fabrik verloren). Die Engländer nahmen die Rasenflächen von le Touquet in Beschlag.

Wie ein Kind, das sich an der Scheibe einer Konditorei die Nase platt drückt, so bestaunte ich dieses ungeheure Leben und Treiben. Ich musste Mittel und Wege finden, um mich bei diesem Spiel einschalten zu können und davon zu profitieren. Ich hatte begriffen – das hatte sich als unumstößliche Gewißheit in mir festgesetzt –, dass es nur einer Sache bedurfte: Geld.

Ich geriet in eine heftige psychische Krise. Rückblickend weiß ich, wie bedeutsam dieser Wendepunkt in meinem Leben war. Ich hatte das Geld auf ein Postament erhoben und dachte ununterbrochen daran. Zunächst war es ein Mittel, um ein Ziel zu erreichen, dann wurde es selbst zum Ziel und ließ mich alles andere unterschätzen. Meine Ethik, mein eigenes Wertesystem hatte sich völlig gewandelt. Nichts interessierte mich mehr, nur das Geld. Ich war damals einfach nicht fähig, eine, wenn ich so sagen darf, unentgeltliche Freude zu genießen. Ich träumte von einem Kassenschrank voller Banknoten, von Geldsäcken, die ich betrachten, befühlen, hin und her schaffen konnte wie Volpone seine Schätze.

Diese Einstellung zum Geld verführte automatisch zu einer gewissen Trägheit. Wozu ein Luxusauto kaufen, wenn man es – wann immer man will – haben kann, vorausgesetzt, man hat das nötige Geld in der Tasche. Hat aber jemand das Scheckbuch, dann empfindet er bereits alle anderen Genüsse des Lebens, als ob er sie schon besäße. Auf der einen Seite steigt die Bewertung des Geldes. Im gleichen Maße aber entwertet alles andere, einschließlich der so genannten realen Werte, also »all that money can buy«, alles, was man mit Geld erwerben kann.

Diese Haltung verleitet zu einer typisch deflationistischen Wirtschaftstheorie. Ich steigerte diese abscheulich perverse Einstellung ins Absurde und gelangte zu einer globalen Missachtung aller Werte, die sich nicht durch Bargeld ausdrücken ließen. Das war der geeignete Boden, um »Baissier« zu werden.

Werte in Bargeld ausdrücken bedeutet, für alles den Preis festzusetzen. Da ich im Geiste den Wert des Geldes überschätzte, fand ich den Preis jeder Ware – auch der Aktien – zu hoch und wartete darauf, dass er in Zukunft fallen würde. So wie die Deutschen jahrelang ihre heilige Mark geliebt haben. Ein Grund, warum die Wirtschaft nicht vorankam.

Ich konnte nur auf Baisse spekulieren und sehnte sie geradezu herbei: Wenn Rockefeller verliert, weil seine Werte sinken und ich bei der gleichen Baisse verdiene, dann verringert sich der Abstand zwischen ihm und mir entsprechend. Das war meine einfältige, tägliche Überlegung. Ich hatte nur einen einzigen Wunsch: mich auf die Spekulation zu stürzen, denn dies war die einzige Methode, schnell an Geld zu kommen, ja, sogar Millionär zu werden.

Der große Tag kam bald. Die Erinnerung an meinen ersten »Besuch im Tempel« wird nie verblassen. Wie in einem riesigen Spielkasino lag der Geruch des Geldes in der Luft. Er war überall. Man brauchte nur eine Antenne zu haben, um das Geld zu erwischen. Wollte ich meinem ersten Freund an der Börse glauben, so war das nicht schwer. Es genüge, raffiniert im Strom der Hausse mitzuschwimmen, Vertrauen zu haben. »Und am Ende des Monats geht man kassieren«, sagte er mit einem breiten Lächeln und klopfte mir auf die Schulter. (In Paris gab es immer Terminhandel, das heißt, die Verlust- und Gewinn-Differenzen wurden immer am Ende des Monats geregelt.)

Ich verstand, ehrlich gestanden, nicht viel von dem Tohuwabohu, in dem sich einige hundert Personen bewegten. Die fremden Namen mir unbekannter Wertpapiere dröhnten in meinen halb tauben Ohren. Jüngere Burschen eilten von einer Gruppe zur anderen. Mit dem kleinen Auftragszettel ihrer Kundenwünsche in der Hand, liefen sie in dem Gebäude hin und her, stießen und drängten sich, ehe sie wieder in verschiedene Richtungen auseinander liefen.

In der Mitte, am »Ring«, standen siebzig Herren, sommers wie winters dunkel gekleidet, die siebzig Mitglieder der *Compagnie des Agents de Change* (vereidigte Kursmakler). Mit den Ellenbogen stützen sie sich auf die Balustrade, die sie vom Publikum trennte. Wie die anderen schrien sie in diesem Höllenlärm: »Ich gebe, ich nehme.« Die ganze Welt schien am tumultuösen Spiel teilzunehmen. Die einen rannten zu den Telefonzellen, um die ersten Ergebnisse durchzugeben. Andere flüsterten hinter vorgehaltener Hand, aufgeblasen vor Wichtigkeit. Wieder andere kritzelten fieberhaft Zahlen in kleine schwarze Hefte.

Die allgemeine Nervosität ergriff mich überhaupt nicht. Je mehr ich in diese neue Welt eindrang, umso mehr wurde ich von dieser aufschneiderischen Atmosphäre abgestoßen. Jeder behauptete, die beste Information zu haben, prahlte, er gewinne bei jedem Börsencoup, seine Kunden seien immer richtig beraten, er kenne den unfehlbaren Tipp und so weiter. Man hätte glauben können, es gebe hier nur Genies und Propheten. Alle berichteten selbstgefällig von ihren Erfahrungen oder Erfolgen, und jeder zweite Satz begann mit den Worten: »Ich hatte es dir doch gesagt.«

Heute ist es noch ganz genauso. Wenn ein Neuling an die Börse kommt, wird er von dieser Atmosphäre völlig betäubt. Man spricht nicht über Kunst, Politik oder meinetwegen über Frauen, wie es sonst unter Freunden üblich ist. Die Gespräche drehen sich ausschließlich um Geld, wie viel man hätte gewinnen können oder sollen, wenn man zur richtigen Zeit gekauft oder verkauft hätte. Man schätzt die Menschen ausschließlich nach dem ein, was sie besitzen und in welchem Maße sie für den einen oder anderen Makler als Kunde von Interesse sein können.

Glücklicherweise – oder leider – habe ich mich an diese Atmosphäre langsam gewöhnt.

Damals hatte ich noch keinerlei Erfahrung auf diesem Gebiet, doch der einfache gesunde Menschenverstand sagte mir, dass dies alles nur Bluff sein könne. Die Logik, die Erklärungen, die Überlegungen und die Argumente, auf denen die Wunderspekulationen beruhten, erschienen mir primitiv, kindisch und total falsch. Mir drängte sich immer stärker der Gedanke auf, dass, wenn all diese Leute auf Hausse spekulierten, ich dann genau das Gegenteil tun und justament auf Baisse spekulieren müsse.

Zu meiner Geringschätzung der reellen Werte kam nun auch noch die Geringschätzung der Leute, die ich an der Börse traf. Als ich die Stufen hinabschritt, war mein Entschluss gefasst. Ich wollte mit der Baisse gewinnen und mir überdies die – boshafte – Genugtuung verschaffen, all diese Angeber verlieren zu sehen. Ich brauchte nur noch meine Spekulationsobjekte zu wählen und den Mechanismus der Baissespekulation zu erlernen. Von meinen Überlegungen und Gefühlen geleitet, begann ich ein Sortiment von Wertpapieren auf Termin leer zu verkaufen, in der Absicht, sie später billiger zurückzukaufen. Es dauerte nicht lange und das vierte, für Glück stehende G war auf meiner Seite.

In der letzten Phase der amerikanischen Spekulationswut zog die Wall Street, der magische Schwerpunkt der Weltspekulation, alle verfügbaren Kapitalien an sich. Das wirkte sich auf die europäischen Märkte sehr schlimm aus. Die Spekulanten diesseits des Atlantiks gaben sich gar nicht erst die Mühe, ihr Geld zu sieben, acht oder selbst neun Prozent anzulegen, Zinssätze, die sie in Europa erhalten konnten.

Sie kauften lieber Aktien, deren Wert sich manchmal in nicht ganz zwölf Monaten verdreifachte. In Europa wurde die Geldknappheit umso spürbarer, je mehr sich die amerikanischen Gelder zurückzogen und ins eigene Land heimkehrten. Der Dollarstrom floss zunächst langsamer, dann versickerte er völlig. Das schwächte in erster Linie jene Länder, deren Widerstandskraft sowieso schon gering war. Der europäische Handel hatte seinen größten Kunden fast völlig verloren. Die amerikanischen Banken hatten kein Geld, um Europa zu finanzieren, das amerikanische Publikum keines, um in Europa zu kaufen.

Die Redensart »solide wie die Bank von England« verlor in jenen traurigen Jahren ihre Berechtigung. Die »alte Dame aus der Threadneedle Street«, wie die Engländer die Bank von England nach dem Namen ihrer Straße liebevoll nennen, hielt traditionsgemäß geringe Goldreserven. Als das Kapital seinen Exodus begann, begab sich Norman Montaigu, Gouverneur der Bank von England, persönlich zur Bank von Frankreich und bat um Unterstützung. Aber die Kassen der Bank von England waren löchriger als die Fässer der Danaiden. Die internationale Spekulation setzte auf die Abwertung des Pfund Sterling. Unter den Spekulanten aus aller Welt befand sich sogar der damalige französische Ministerpräsident Pierre Laval. Die englische Regierung musste ein Embargo auf Goldverkäufe erlassen. Man konnte bei der Bank von England Pfunde nicht mehr gegen Gold umtauschen, und der Pfundkurs an den ausländischen Börsen sank. Der Coup war gelungen. Die Spekulanten konnten enorme Gewinne einstreichen.

Auch die Engländer waren zufrieden. Sie waren überzeugt, vergänglich sei das Gold und nicht ihr Pfund. Premierminister Macdonald erklärte mit innerster Überzeugung: »Solange das Pfund 20 Schillinge wert ist, hat sich im englischen Währungssystem nichts geändert.« Die *Daily Mail* verkündete stolz in einer Balkenüberschrift über acht Spalten: »Alles geht gut, das Pfund ist endlich von den Fesseln des Goldes befreit.«

Der Hindu-Poet und Nobelpreisträger Rabindranath Tagore hat Recht gehabt, als er poetisch schrieb: »Fass die Flügel des Vogels in Gold, und er wird sich nie wieder in die Lüfte schwingen.«

Auch in Mitteleuropa mussten die Regierungen ihre Zinszahlungen und die Amortisation ihrer Anleihen einstellen sowie strenge Devisenvorschriften einführen. In Deutschland und Ungarn schlossen die Banken am 14. Juli 1931, das Chaos war grenzenlos. Seit 1928, als das Kapital an die Wall Street zurückgeflossen war, waren die europäischen Börsen immer bedeutungsloser geworden. Nach dem Krach an der Wall Street verschlechterte sich das Börsengeschäft in Europa zusehends. Das Gesetz der kommunizierenden Röhren wurde wirksam, wenn auch nicht so schnell wie heute.

Meine Position als Baissier begann Früchte zu tragen. Wenn ich meine Gewinne addierte, stellte ich befriedigt fest, dass meine Konzeption, die ich mir schon bei meinem ersten Besuch an der Pariser Börse zurechtgelegt hatte, richtig war. In nackten Zahlen waren meine Gewinne nicht einmal sonderlich groß. Aber für mich gewannen sie immense Bedeutung. Sie waren meine Rache, vor allem an den vielen Dummköpfen an der Börse, und der Beweis für meine Intuition. Ich hatte doppelt verdient. Denn die Kaufkraft des Geldes war gestiegen. Während einer Inflationsperiode schmilzt der Geldwert zusammen. In Zeiten der Depression gilt das Geld umso mehr, als alle Leute weniger davon haben.

Neben der allgemeinen Börsenbaisse begünstigten mich gewiss die lokalen französischen Umstände – und vielleicht auch meine Spürnase, da ich einige Finanzkatastrophen mit enormen Folgen richtig vorausgesehen hatte. In Europa war der Börsenkrach allerdings längst nicht so heftig und auch nicht von solcher Panik begleitet. Die europäischen Börsen waren konservativer, und die Unternehmen konnten sich auf eine solidere Basis stützen. Eines der schlimmsten Börsendebakel war der Oustric-Krach im Herbst 1930 und unmittelbar danach der Sturz der Devilder. Durch diese beiden

Finanzdebakel stürzte damals die ganze Pariser Börse in die Tiefe. Was war aber nun die Lehre und das Ergebnis des ganzen Geschehens?

Die Baissiers hatten gewonnen und unter ihnen auch ich! Jeden Abend machte ich Bilanz und rechnete meine Gewinne aus. Ich hatte viel verdient, aber durch den Verlust und den Schmerz anderer. Hätte ich meinen Vater oder einen warnenden Onkel zur Seite gehabt, sie hätten mir bestimmt geraten, meinen neuen Reichtum aus dem Spiel zu ziehen und in mündelsichere Anlagen zu stecken. Ich war aber weit weg von meiner Familie. Der Erfolg ermutigte mich, ich legte meine Gewinne nicht auf die Sparkasse, sondern investierte sie in weiteren Baissespekulationen. Das Spiel reizte mich, und außerdem ist es die größere Genugtuung, gegen jeden und alle Recht zu behalten. Ich war von diesem Erfolg wie berauscht. Nicht so sehr von dem Geld als von der Bestätigung meiner Voraussagen. Meine Kollegen besuchten mich. Sie sahen in mir geradezu einen Propheten, der die Entwicklung – gegen die allgemeine Meinung – richtig beurteilt hatte. »Wie konnte dies nur geschehen?«, fragten sie mich. »Alles ist möglich an der Börse, sogar das, was logisch ist«, war meine Antwort. Denn für mich war der Zusammenbruch zum Beispiel der Oustric- und Devilder-Spielsyndikate genauso logisch, ja, fast selbstverständlich, wie vierzig Jahre später der Zusammenbruch der IOS-Fonds von Bernie Cornfeld, vor denen ich in meiner *Capital*-Kolumne so vehement gewarnt habe. Das Einzige, was mich erstaunte, war das Erstaunen der anderen.

Heute glaube ich nach all meiner Erfahrung, die ich damals noch nicht besaß, dass mich außer meiner gefühlsmäßigen Reaktion gegen die Atmosphäre der Superspekulation auch einfach gesunder Menschenverstand geleitet hat. Ich konnte bei einem künstlichen Boom die richtige Diagnose noch nicht stellen, fühlte aber instinktiv die Gefahr. Ich erkannte die Symptome einer ungesunden Situation, die für den Zusammenbruch reif war. Es war vielleicht auch nur die Rebellion des guten Geschmacks, eines klassischen

Gefühls für das Maß aller Dinge, angesichts dieser Orgie von schlechtem Geschmack, die sich vor meinen Augen abspielte.

Da ich jetzt die Mittel dazu hatte, wollte ich auch die Annehmlichkeiten des Lebens genießen. Dabei machte ich aber eine peinliche Entdeckung. Mein philosophischer Rationalismus und mein Börsenspürsinn hatten dazu geführt, dass ich viel verdiente, während die anderen verloren. Ein Vers von Wilhem Busch kam mir damals oft in den Sinn: »Höchst fatal, bemerkte Schlich, hehe – aber nicht für mich.« Mein Wunsch war in Erfüllung gegangen, aber das Schauspiel, das ich vor Augen hatte, betrübte mich aufs Höchste. Meine Freunde, meine Kameraden, alle, die ich gern hatte, waren ruiniert. Sie hatten in dieser Krise entweder ihr Geld oder ihre Stellung verloren und wussten nicht, was ihnen die Zukunft bringen würde. Ich hingegen konnte mir jetzt den Luxus leisten, jedes Vergnügen, von dem ich je geträumt hatte. Die eleganten Hotels und Restaurants, ein Auto mit livriertem Chauffeur, alles stand mir offen, denn meine Brieftasche war gefüllt, aber – und jetzt kommt das große ABER – die anderen waren nicht dabei. Die gute Atmosphäre war dahin, das fröhliche Lachen verklungen, an ihre Stelle waren Verbitterung und schlechte Laune getreten. Ich war allein, allein mit mir selbst. Überall wurde etwas zum Verkauf angeboten, aber ich hatte keinen Spaß mehr am Kaufen. Ich begriff, dass Champagner und Kaviar kein Vergnügen machen, wenn die Freunde sich mit einer Tasse Kaffee begnügen müssen. Ich wagte nicht, glücklich zu sein, und konnte es auch gar nicht sein. Ich kam mir schlechter vor als ich war.

Eine Idee drängte sich mir auf. Wäre es nicht schöner, gleichzeitig mit den anderen zu verdienen – natürlich immer etwas mehr als sie –, aber doch im gleichen Strom zu schwimmen wie sie? Mein Erfolg bedrückte mich beinahe. Man kann nicht immer nur lachen, wenn die anderen weinen. »Der Baissier wird von Gott verachtet, weil er nach fremdem Gelde trachtet«, heißt es im Börsenkatechismus.

Meine nächste erfolgreiche Baissespekulation endete mit dem Selbstmord des schwedischen Streichholzkönigs Ivar Kreuger. Wie viele andere auch, hatte ich auf den Untergang des Kreuger-Imperiums gesetzt und am Ende Recht behalten. Doch über diesen Erfolg konnte ich mich nicht freuen, im Gegenteil. Obwohl es abwegig war, fühlte ich mich für den Tod von Ivar Kreuger verantwortlich. Ich begann an meiner Baissephilosophie zu zweifeln. War ich auf dem richtigen Weg?

Die Beantwortung dieser Frage wurde mir von der Börse abgenommen. Nicht nur philosophisch, auch materiell wurde mir die Baissespekulation verleidet. Im nachfolgenden Wirtschaftsaufschwung begannen die Kurse wieder zu klettern. Ich verlor einen großen Teil meiner Gewinne wieder. Da ich das Geld aber bereits von seinem Sockel geholt hatte, fiel mir die Wende zum Haussier nicht schwer. Diesmal gewann ich gemeinsam mit den Freunden! Seither bin ich eher dem Lager der Bullen zugeneigt. Auch wenn ich zwischenzeitlich immer mal wieder auf fallende Kurse spekulierte, ein so eingefleischter Baissier wie zu Beginn meiner Karriere war ich nie wieder.

An allen Börsen der Welt bieten sich die Bullen und die Bären herausfordernd die Stirn und bekämpfen sich mit häufig recht wilden Methoden. Der Kampf verzehnfacht ihre Kräfte, der Stier sucht den Bären zu Boden zu schlagen, der seinerseits auf den Augenblick wartet, um jenen mit seinen starken Tatzen noch sicherer zu erwürgen. Wie auf dem Vorplatz der Frankfurter Börse stehen sich also die feindlichen Brüder Bulle und Bär gegenüber, und jeder von beiden versucht den Sieg zu erringen.

Im Unterschied zu den Terminmärkten, wo einer Hausse- immer eine Baisseposition gegenübersteht, befinden sich an der Aktienbörse unter hundert Spekulanten nur fünf Baissiers. Die anderen 95 sind Haussiers. Baissier zu sein, gilt an sich schon als eine geistige Entartung, fast als eine perverse Sucht nach dem Schmerz – aber es handelt sich dabei um den Schmerz der anderen.

Franz Molnár, der weltberühmte ungarische Schriftsteller, der von der Börse überhaupt nichts verstand, definierte einmal äußerst treffend den Baissespekulanten: »Einer, der sich selber eine Grube gräbt, in die andere hineinfallen.« Den Esprit dieses Satzes können nur die Vollblutprofis verstehen.

Natürlich mögen sich Bullen und Bären nicht sonderlich. Es gibt kein wirtschaftliches oder politisches Ereignis, bei dem sie ein und derselben Meinung wären. Die Weltanschauung der beiden Spezies ist so vollkommen verschieden voneinander, dass es eben nur wenigen gelingt, das Lager zu wechseln. Wenn ich mit Kollegen spreche, weiß ich nach wenigen Minuten, ob sie auf Hausse oder Baisse spekulieren, auch wenn wir gar nicht über die Börse gesprochen haben. Die wenigsten sind nämlich Baissier oder Haussier aus Überlegung. Die meisten werden von ihrer psychologischen Grundeinstellung geleitet. Der Baissier ist der typische Pessimist, der Haussier ist der Optimist. Der eine sieht immer nur das Schlechte, der andere immer nur das Gute in einer Nachricht.

Ein eingefleischter Baissier der Budapester Börse war Gustav Hoffmann. Als der Aktienmarkt sich in einer fulminanten Aufwärtsbewegung befand, entdeckte ihn ein Börsenkollege in einem abgelegenen Winkel der Börse und fragte ihn schadenfroh: »Was, schätzen Sie, verdienen die jungen Leute jeden Tag mit der Hausse?«

Hoffmann schaute nur kurz auf das für ihn so kostspielige Treiben und gab dann zur Antwort: »Das spielt alles überhaupt keine Rolle! Dieses Geld kommt alles zu mir zurück. Nur das, was die jungen Leute in der Zwischenzeit für Champagner und Frauen ausgeben, ist für mich verloren.«

Im Grunde sind die Baissiers zu bedauern, ist doch der Optimist ein Fürst auch mit zwei Groschen in der Tasche Der Pessimist ist ein Nebbich, auch mit einem vollen Tresor.

Speziell in den letzten Jahren wurden die Bären leidgeprüft. Seit der Dow-Jones die 4000 Punkte erreichte, warten sie auf den großen Krach. Riesengroß war die Shortposition an der Wall Street. Während die Bullen ein Vermögen machten, gingen die Bären Pleite. Unter dem Druck der steigenden Kurse mussten sie die zuvor leer verkauften Aktien teurer zurückkaufen, was die Kurse weiter steigen ließ. Sie hatten das ungeheure Haussemoment, das der Weltfriede entfaltet, total unterschätzt.

Bei den Haussiers machten sogar die größten Trottel Geld, wenn sie nicht ihr gesamtes Vermögen gerade auf ein schlechtes Unternehmen setzten.

Egal wann man einstieg, mit der nötigen Geduld gehörte in der Vergangenheit jeder zu den Gewinnern, denn am Ende erreichten die Aktien immer wieder neue Rekordkurse.

Anfängern rate ich deshalb, sich unbedingt als Hausse- und nicht als Baissespekulanten zu versuchen. Zwar hat die Baisse den Vorteil, dass sie schnell eintritt, während die Hausse an einer Mauer der Ängste emporklettert, doch ist es nur für einen sehr erfahrenen Börsianer möglich, den Beginn der Baisse vorauszuahnen. Und nicht nur empirisch betrachtet sind die Chancen der Haussiers besser. Eine Aktie kann schließlich um 1000 oder auch 10 000 Prozent steigen, aber nur um maximal 100 Prozent fallen.

Im Informationsdschungel

Informationen: Das Handwerkszeug des Spekulanten

Oft werde ich gefragt, woher ich meine Informationen und meine Ideen nehme. Ich suche sie nicht, ich finde sie.

Meine Antwort ist einfach, und ich fürchte, der Leser wird sogar darüber lächeln. Ich finde meine Informationen überall, ich erhalte sie von allen Arten von Menschen, von Taschendieben, Vorstandsvorsitzenden, sogar Ministern oder Callgirls, das heißt von jedermann – außer von Bankiers, Brokern, Analysten und Volkswirten. Letztere sehen nicht über ihre Nasenspitze hinaus, oder wie man auch sagt, sie sehen den Wald vor lauter Bäumen nicht. Oft hatte ich große Erfolge, wenn ich das Gegenteil von dem tat, was sie empfahlen.

Wenn ich in einer Stadt ankomme, ist der Taxifahrer meine erste Informationsquelle. Während der Fahrt frage ich ihn, was er verdient, wie viel er zum Leben braucht, wie hoch die Preise sind, nach seinen innen- und außenpolitischen Einstellungen, nach seinen Reaktionen auf die internationalen Ereignisse und so weiter. Und das geht so während des ganzen Tages, bei den verschiedensten Leuten, mit denen ich zusammentreffe.

Die Tagesnachrichten entnehme ich diversen Zeitungen. Mein Favorit ist die *International Herald Tribune*. Zusätzlich höre ich Radio und schaue Fernsehen. Beim Zeitungslesen muss der Spekulant die Routine entwickeln, die für ihn wichtigsten Nachrichten sofort zu bemerken. Und vor allem muss er die versteckten Nachrichten finden, die zwischen den Zeilen stehen. Die Schlagzeilen, Unternehmensberichte,

Gewinnzahlen, Gewinnschätzungen und Statistiken, die jeder liest, und die jedem zugänglich sind, nehme ich zur Kenntnis, doch sie interessieren mich nicht besonders. Sie sind bereits in den Kursen enthalten und damit – wie die Kurse selbst – Vergangenheit. Mein Motto lautet: Was an der Börse jeder weiß, macht mich nicht mehr heiß.

Zwischen den Zeilen aber kann man die Nachrichten finden, die die Kurse von morgen sind. Manchmal verrät ein kurzer Nebensatz in einem langen Artikel viel mehr als der Artikel selbst.

Am uninteressantesten aber sind die Nachrichten, die im Zusammenhang mit der Kursentwicklung stehen. Hier gilt: Erst kommen die Kurse und dann die Nachrichten! Ist der Dollar schwach, durchforsten die Kommentatoren die neuesten Wirtschaftsstatistiken und Meldungen nach einer Zahl oder einem Ereignis, das man negativ für den Dollar interpretieren kann. Irgendetwas findet man schließlich immer, was dann als Grund für die Dollarschwäche in den Marktberichten steht. Wäre der Dollar fester gewesen, hätten die Schlauberger auch eine Begründung gefunden. Natürlich stehen diese Meldungen in keinem Zusammenhang mit der Kursentwicklung. Tatsächlich war der Dollar schwach, weil die Verkäufer an diesem Tag auf ungenügende Nachfrage stießen. Ihre tatsächlichen Beweggründe für den Verkauf sind unergründlich.

Nachrichten sind das Handwerkszeug des Spekulanten. Doch er muss die Nachrichten nicht nur kennen, er muss sie vorausahnen und auch wissen, welche Nachrichten für die Börse wichtig und welche unwichtig sind. Bei den wichtigen muss er wiederum wissen, ob sie gut oder schlecht sind, und vor allem, wie das Publikum, sprich: die Börse, auf die Nachrichten reagieren wird.

Das Phänomen des *Fait accompli*

Börsenneulingen kommt die Reaktion der Kurse auf gewisse Nachrichten und Ereignisse vollkommen irrational und unlogisch vor. Die Börse reagiert oft wie ein Betrunkener. Auf gute Nachrichten hin weint sie und wegen schlechter Nachrichten lacht sie. Ich nenne es das Phänomen des *Fait acccompli* – der vollendeten Tatsache. Die Börsenlogik ist eben nicht mit der Alltagslogik vergleichbar.

Spekulation bezieht sich stets auf ein ungewisses, in der Zukunft liegendes Ereignis, das impliziert bereits das Wort. Trifft das Ereignis ein, wird es zur Tatsache, und auf Tatsachen braucht man nicht mehr zu spekulieren. Das bedeutet: Die Börse antizipiert die zukünftigen Ereignisse. Wird bei einem Unternehmen für das erste Quartal eine Gewinnsteigerung erwartet, dann wird der Kurs der Aktie langsam nach oben klettern. Je stärker das Publikum mit der Gewinnsteigerung rechnet, desto schneller steigt der Kurs. Alle wollen so klug sein und schon vor der Bekanntgabe einsteigen. Wird der Gewinn am Stichtag X dann gemeldet und liegt er so hoch, wie allgemein erwartet, geht der Kurs im gleichen Moment zurück. Das erwartete Ereignis ist eingetroffen und zum *Fait accompli* geworden. Da bereits alle vor der Veröffentlichung gekauft haben, mangelt es an weiteren Käufern. Einige nehmen ihre Gewinne mit, was auf den Kurs drückt. Erst wenn eine erneute Spekulation, zum Beispiel auf eine weitere Gewinnsteigerung im zweiten Quartal, aufflammt, kann der Kurs wieder steigen.

Fällt der Gewinn für das erste Quartal aber niedriger aus als erwartet, dann wird der Kurs eine Sekunde nach der Bekanntgabe abstürzen. Es ist in diesem Fall vollkommen egal, ob der Gewinn gegenüber dem Vorquartal stark gestiegen ist und vielleicht sogar ein Rekordergebnis darstellt. Es zählt allein die vorherige Erwartung, die nicht erfüllt wurde.

Umgekehrt funktioniert es natürlich genauso. Erwarten die Börsianer bei einem Unternehmen einen Gewinneinbruch, werden sie bereits zuvor verkaufen und der Kurs wird bis zu dessen Veröffentlichung fallen. Am Tag der Bekanntgabe haben dann bereits alle verkauft, und so beginnt der Kurs durch einzelne Käufe wieder langsam zu steigen. Fällt der Gewinneinbruch nicht so stark aus, wie vorhergesehen, wird die Tendenz sich im Moment der Bekanntgabe drehen, und der Aktienkurs explodiert.

Welche Bedeutung dem *Fait accompli* bei der Kursentwicklung zukommt, zeigte auch der Golfkrieg 1990. Nach dem Überfall Saddam Husseins auf Kuwait waren die Kurse in Erwartung des Krieges monatelang zurückgegangen, während der Ölpreis aus Angst vor einer Verknappung von rund 20 auf über 40 US-Dollar pro Barrel stieg. Die Zittrigen hatten aus Angst ihre Papiere langsam verkauft – wie immer natürlich an die Hartgesottenen. Als der Krieg dann ausbrach, drehte sich die Tendenz um 180 Grad und die Kurse schossen in die Höhe, unterstützt von den Erfolgen der amerikanischen Kriegsführung. Der Ölpreis hingegen stürzte um fast 50 Prozent auf rund 20 US-Dollar pro Barrel ab. In meiner *Capital*-Kolumne hatte ich genau diese Reaktion der Börse mehrfach prognostiziert. Viele fragten mich anschließend, wie ich es vorher wissen konnte. Ganz einfach, ich hatte die so unersetzliche Erfahrung.

Vor dem Ausbruch des Zweiten Weltkrieges war die Entwicklung genauso verlaufen. Seit der Besetzung Prags durch die Hitler-Regierung war die Pariser Börse kontinuierlich gefallen.

Knapp vor Kriegsausbruch glaubten jedoch einige wenige Börsianer, man müsse bei den billigen Preisen kaufen, man gehe kein Risiko ein. Denn entweder komme es nicht zum Krieg, dann werde man eine stürmische Hausse erleben, oder der Krieg komme doch, dann sei sowieso alles egal und das Ende der Welt in Sicht. Dann sei es auch gleichgültig, ob man Geld habe oder nicht.

Unter ihnen befand sich auch ein sympathischer und intelligenter Journalist namens Pecry. Sein Bruder war zwar Bankier, er kam aber immer zu mir und bat um Ratschläge für seine Börsengeschäfte. Ich gab ihm börsentechnische Aufklärungen, und er hinterbrachte mir gegebenenfalls politische Kulissengeheimnisse. Als Journalist arbeitete er auch beim Radio, und von solchen Leuten, so dachte ich, kann man hier und da politischen Klatsch erfahren. Er war ein unverbesserlicher Optimist. Während der Wochen vor dem Kriegsausbruch war er des Öfteren mit der Information zu mir gekommen, dass es gewiss zu keinem Krieg kommen werde und dass wir keine Angst haben müssten. Man müsse kaufen. Die Regierung Daladier würde abdanken und Pierre Laval, der nächste Ministerpräsident, werde sich mit den Nazis über Danzig sofort einigen, und alles bleibe in bester Ordnung. Es war schon in aller Munde: »Sterben für Danzig?«, ein Schlagwort, das die Nazi-Agenten verbreitet hatten.

Ich teilte seinen Optimismus nicht und hatte mich schon seit längerer Zeit an der Pariser Börse auf Baisse engagiert. Die Preise bröckelten zuerst langsam, später etwas rascher, und ich konnte bereits einen schönen Nutzen verbuchen. Meine Baissespekulation war ein Termingeschäft, das von Monat zu Monat verlängert wurde. Am Anfang jeden Monats, dem so genannten Kassatag, konnte ich die Gewinne einstreichen, die durch den Kursrückgang während des vorangegangenen Monats entstanden waren. Beim nächsten Kassatag, dem 6. September, hätte ich einen schönen Börsenprofit einstreichen können.

Nach dem Ribbentrop-Molotow-Abkommen vom 24. August 1939 war ich überzeugt davon, dass der Krieg kommen musste. Der 6. September war nur mehr 14 Tage entfernt, aber diese Frist erschien mir wie eine Ewigkeit. Ich verlor aber nicht die Nerven, sondern überlegte, wie ich meine Angelegenheiten in Ordnung bringen sollte. Kam der Krieg, so musste es zu einem Zusammenbruch an der Börse kommen. Doch würde man die Börse vorher schließen. Banken und Bankiers würde die Regierung Moratorien gewähren. Ich würde also nicht nur meine Terminengagements nicht auflösen können, sondern auch meine Bankdepots würden eingefroren, die zur Sicherstellung meiner Börsenoperationen dienten. Mein Entschluss war schnell gefasst. Ich musste zumindest meine Depots retten. Um sie abheben zu können, musste ich aber meine Baisse-Engagements lösen. Dies war gar nicht nach meinem Geschmack, denn ich war überzeugt, die Kurse würden weiter fallen. Aber derlei Überlegungen waren inzwischen unwichtig geworden. Mir war es jetzt kein Anliegen mehr, weitere Profite einzustreichen. Ich war überzeugt, dass die Börsen und Banken geschlossen würden. Also rette sich, wer kann! Nachdem ich meine Baisse-Engagements glatt gestellt hatte, überwies ich meine Depots nach Amerika. Mein Vater pflegte zu sagen: »Es gibt Menschen, die gescheit reden und dumm handeln, und solche, die dumm reden und gescheit handeln.« Ich gehörte damals zu den Letzteren. Es kam nämlich alles völlig anders, als ich es erwartet hatte.

Ich hatte mich total geirrt und trotzdem Glück gehabt. Der Krieg brach aus, die Börse wurde überhaupt nicht geschlossen, sogar der Terminhandel ging weiter, es gab keine Moratorien, nicht einmal Devisenkontrollen wurden eingeführt. Am 6. September hob ich meine letzten Baisse-Profite ab und konnte sie nach Amerika überweisen. Das war mein Glück, denn was geschah? Die Tendenz drehte sich. Alle diejenigen, die gekauft hatten, und ich, der mein Baisse-Engagement gedeckt hatte, hatten fantastisches Glück. Die Kurse stiegen sechs Monate am Stück. Erst nach dem totalen Zusammenbruch der französischen Armee kam die Baisse. Geirrt hatten sich auch diejenigen, die dachten, der Kriegsausbruch bedeute das Ende der Welt, und es sei dann gleichgültig, ob man Geld habe oder nicht. Denn gerade in den folgenden Monaten und Jahren konnten viele Menschen ihr Leben retten, wenn sie Geld hatten, und viele sind zugrunde gegangen, weil sie keines besaßen.

Glück hatte zunächst auch mein Freund Pecry. Obwohl er mit seiner Prophezeiung, es komme nicht zum Krieg, völlig falsch gelegen hatte, gehörte auch er mit seinem Hausse-Engagement zu den Gewinnern. Fast täglich kam er mit der Nachricht zu mir, dass in dem Moment, wo Hitler die Ostfront erledigt hätte (es handelte sich um den Blitzkrieg in Polen), Laval in Frankreich die Regierung übernehmen werde und so weiter und so weiter. Also nur Geduld, man müsse weiter kaufen, denn der Friede stehe vor der Tür. Wie wir wissen, irrte er sich erneut. Nachdem Polen am Boden lag, kam der Blitzkrieg gegen den Westen, Holland wurde besetzt, Belgien streckte die Waffen. Es kamen aufregende Tage. Ich sah meinen Freund einige Wochen nicht. Doch eines Tages kam er atemlos im Laufschritt zu mir, direkt in die Börse. Er zog mich beiseite, damit uns niemand hören konnte, und flüsterte mir mit einem zufriedenen Lächeln zu: »Jetzt helfen Sie mir, lieber Freund, sagen Sie mir, was ich schnell kaufen soll, da ich von einer stürmischen Hausse profitieren möchte.«

Ich war ganz aufgeregt. »Ist Hitler vielleicht tot?«, fragte ich.

»Aber nein, im Gegenteil, die Nazis stehen dreißig Kilometer vor Paris, in zwei Tagen sind sie hier, der Krieg ist praktisch zu Ende, die Kurse werden in die Höhe schnellen. Was muss man kaufen?«

Was konnte ich darauf antworten? Für mich war eine Welt zu Ende. Die Börsenangestellten liefen herum, als wäre alles in bester Ordnung; aber ich wusste, dass übermorgen die Nazis und die Gestapo in Paris sein würden. Mir war, als hätte man mir mit einem schweren Hammer auf den Kopf geschlagen; alles begann sich zu drehen.

Mein Freund bedrängte mich weiter, welche Papiere er kaufen solle. Ja, für ihn war alles in bester Ordnung. Hitler war da, mit all dem, was das bedeutete. Nur Pecrys Vorstellungen waren andere als die meinen. Selbst wenn ich ihm hätte antworten wollen, ich hätte es nicht gekonnt. Ich spürte einen eisigen Krampf im Herzen und lief schnell aus der Börse, sprang in ein Taxi und fuhr nach Hause. Ich sah mich in meiner Wohnung um, streichelte zum Abschied die mir besonders lieben Gegenstände, die ich zurücklassen musste. Ich dachte, ich würde Paris nie wiedersehen, die Menschen, die ich lieb gewonnen hatte, meine Freunde, meine Kollegen, die vertrauten Straßen und Boulevards und vieles andere, was mir in meinem Leben etwas bedeutete.

Während dieser Zeit suchte mein Freund mich noch immer an der Börse, damit ich ihm die Papiere auswählte, mit denen er von Hitlers Sieg profitieren wollte. Ich weiß nicht, welche Aktien er schließlich ausgewählt hat, ich weiß nur, dass sein Irrtum, gemessen an meinem, monumental war. Er hat Recht bekommen, Laval ist tatsächlich Ministerpräsident des von den Nazis besetzten Frankreich geworden. Aber dann stiegen die Kurse nicht mehr. Im Gegenteil. Diesmal wurde die Börse tatsächlich geschlossen, die Papiere blieben lange Zeit unverkäuflich, und später, als sich wieder ein ganz kleiner Markt entwickelte, waren die Francs, die man für die Papiere erhielt, wertlos.

Pecrys Hauptirrtum aber bestand darin, dass er sein Schicksal an das der Nazis gebunden hatte. Nach dem Krieg, als ich wieder in Paris war, erkundigte ich mich nach ihm und erfuhr, dass er wegen seiner Nazi-Kollaboration zu einer zehnjährigen Kerkerstrafe verurteilt worden war. Mein Vater hat Recht gehabt: Es gibt Menschen, die gescheit reden und dumm handeln …

Ich habe diese Geschichte in derselben Weise einmal in Frankreich niedergeschrieben, sie wurde mir jedoch vom Verleger gestrichen.

Genauso wie 1939 geschah es auch beim Ausbruch des Golfkrieges und viele Male davor. 1939 hatte ich nur Glück, 1991 wusste ich aus Erfahrung um das Phänomen des *Fait accompli*. In der Erwartung eines Krieges verkaufen die Börsianer, weil sie davon ausgehen, dass die Kurse fallen, wenn der Krieg ausbricht. Alle Marktteilnehmer wollen aber nun so klug sein und schon vorher verkaufen, und so fällt die Börse im Vorfeld schon zusammen. Bricht der Krieg dann tatsächlich aus, haben bereits alle ihre Papiere verkauft und es kommt kein Material mehr an die Börse. Die Papiere liegen in den starken Händen und die wollen nicht verkaufen, weil sie mit einem positiven Kriegsausgang rechnen. Und so gibt es plötzlich nur noch Käufer und kaum noch welche, die verkaufen wollen. Die Hausse ist da und verstärkt sich durch ihre Anziehungskraft auf das Publikum von selbst. Kommt der Krieg indes überraschend, wie der Einmarsch des Irak nach Kuwait, kann die Wirkung verheerend sein. Womöglich gerät die Börse in Panik.

Eines interessantes Beispiel für die typische Reaktion des breiten Publikums auf das Eintreffen eines unerwarteten Ereignisses lieferte einst die Börse in Buenos Aires. Nach der Rückkehr von Juan Domingo Perón nach Argentinien fielen die Kurse ununterbrochen und landeten auf einer außerordentlich tiefen Ebene. An der Spitze der Regierung stand nach dessen Tod bereits Peróns Witwe, die schöne Isabel, eine Ex-Nachtclubtänzerin. Die Börsensituation erschien völlig hoffnungslos, es fiel auch niemandem ein, irgendwelche argentinischen Papiere zu kaufen. Wo waren die Aktien also? Sie befanden sich in den hartgesottenen Händen, wahrscheinlich in Tresorschränken eingeschlossen, in Erwartung auf eine bessere Zukunft, wenn diese auch vorläufig nicht absehbar war. Und dann kam die große Überraschung: der Militärputsch und die Verhaftung der schönen Isabel Perón. Am nächsten Tag konnte man die Börse von Buenos Aires unter den riesigen Massen von Kaufaufträgen nicht öffnen. Als man die Börse endlich 30 Tage später eröffnen konnte, stiegen die Papiere auf das Hundert-, später gar auf das Zweihundertfache. Diese Geschichte zeigt, was an der Börse alles passieren kann, wenn sie in diesem Maße ausverkauft ist und dann plötzlich eine außerordentlich positive Nachricht kommt.

Fast alle Ereignisse, die das Publikum erwartet – sogar der Beginn eines Krieges, wie wir gesehen haben –, sind im Moment ihres Eintreffens bereits Vergangenheit und für die Börse ohne Bedeutung. Doch es gibt eine Nachrichtengattung, die auch in der Zukunft ihre Auswirkung hat. Alle den Faktor Geld beeinflussenden Ereignisse sind ein unumgängliches Faktum, unabhängig davon, ob sie erwartet wurden oder nicht. Natürlich kann es auch nach einer Zinserhöhung durch die Notenbank zu einer typischen Reaktion im Sinne des *Fait accompli* kommen. Es passiert sogar sehr oft. Wurde eine Zinserhöhung aufgrund der Wirtschaftsdaten allgemein erwartet, wird die Börse nach erfolgtem Zinsschritt zunächst steigen, vor allem dann, wenn das Publikum davon ausgeht, dass zunächst kein weiterer Zinsschritt ansteht. Doch die Zinsanhebung wirkt sich zukünftig auf das Geldmengenwachstum, also auf den so wichtigen Faktor Geld aus. Viele Börsenspieler lassen sich mit der Bemerkung täuschen, die Zinserhöhung sei schon in den Kursen eskomptiert. Das stimmt aber überhaupt nicht. Ein hoher Zinssatz und die folgende Geldknappheit sind ein hartes Faktum, unabhängig davon, ob die Börse darauf zunächst positiv oder negativ reagiert.

Die Informationsgesellschaft

Im Amsterdamer Hafen des 17. Jahrhunderts wartete man oft Wochen oder sogar Monate auf neue Nachrichten von den Schiffen der Indischen Kompanie. Heute stehen wir unter einem permanenten Beschuss von Nachrichten, Statistiken, Firmenergebnissen, Analystenschätzungen, Expertenmeinungen und so weiter. Über hundert Meldungen laufen in der Minute über den Ticker. Aus diesem Grund wächst die Fraktion der Börsenspieler unaufhörlich. Für sie ist die Informationsgesellschaft ein Schlaraffenland. Jede Sekunde gibt es neue Daten, auf deren Basis sie den Markt nach oben oder unten zocken können. Besonders kurios geht es am amerikanischen Bondmarkt zu. Werden, wie beim Arbeitsmarktbericht, mehrere Zahlen gleichzeitig veröffentlicht, kann es sogar passieren, dass die Anleihenkurse erst nach oben schießen, weil es weniger neue Beschäftigte gibt, um dreißig Sekunden später wieder auf das alte Niveau oder noch tiefer zu fallen, weil die Stundenlöhne stärker als erwartet gestiegen sind – wie aus dem hinteren Teil des Berichtes zu erfahren war. Den Spielern bleibt nicht einmal die Zeit, um den Bericht zu Ende zu lesen, bevor sie sich für Kaufen oder Verkaufen entscheiden.

Dass der langfristig denkende Spekulant nicht auf diese Tagesereignisse reagiert, ist klar, doch muss er nicht all diese Nachrichten kennen, um seine Diagnose machen zu können? Nein!

Der französische Staatsmann und Schriftsteller Edouard Herriot sagte über die Kultur, sie sei das, was übrig bleibe, wenn man schon alles vergessen habe. So ist es auch mit der Börse. Der Börsianer ist keine Enzyklopädie, die Jahresbilanzen, Dividenden, Kurse, Geschäftsberichte, Statistiken speichert. Das alles wird viel sicherer in einem Computer aufbewahrt. Hier ist es bei Bedarf abrufbar. Das echte Börsenwissen ist das, was übrig bleibt, wenn man alle Details vergessen hat. Man soll nicht alles wissen, sondern alles verstehen und im passenden Augenblick die Zusammenhänge richtig deuten und entsprechend handeln. Man muss die wichtigen Ereignisse wie ein Radargerät auffangen, die Zusammenhänge richtig interpretieren und – selbstständig denken!

Tipps, Empfehlungen und Gerüchte

Wenn ich in ein Restaurant gehe, bestelle ich justament nicht das, was mir der Wirt empfiehlt, denn das will er loswerden. So verhält es sich auch mit 90 Prozent der Börsentipps und -empfehlungen. Nur selten sind sie der gut gemeinte Rat. In den meisten Fällen handelt es sich um Promotion und Werbung einer Bank oder eines Syndikates für ein bestimmtes Papier, das sie beim Publikum abladen wollen. Es werden rosige Analysen geschrieben und über die Medien und durch Mundpropaganda verbreitet. Geschickt werden Nachrichten gestreut. Dann wird der Kurs in die Höhe manipuliert, denn nichts ist einfacher, als dem Publikum Aktien zu verkaufen, die bereits gestiegen sind. Die Käufe treiben den Kurs weiter und weiter nach oben. Haben alle

Zittrigen das Papier gekauft, wird irgendwann auffallen, dass die rosigen Analysen doch nichts als heiße Luft waren, und der Zusammenbruch ist unausweichlich.

Dieses Schmierenschauspiel ist am Neuen Markt in Deutschland an der Tagesordnung. Er ist kein Spielkasino, das sind die anderen Börsen, er ist eine Spielhölle mit gezinkten Karten. Selbst ernannte Börsengurus drängen dem Fernsehpublikum und den Lesern ihres Börsenbriefes marktenge Werte geradezu auf, die sie zuvor selbst gekauft haben. Das ist nichts anderes als moderne Wegelagerei. Diese Manipulationen sind für einen, der die Börse gut kennt, leicht zu durchschauen, aber nicht für einen Laien. Jeder kann manipulieren, auch Herr Egbert Prior, dessen Laufbahn ich schon seit Jahren beobachte. Er ist ein netter und kluger Bursche, was mich aber nicht daran hindern kann, die Wahrheit über sein Handeln zu enthüllen. Es liegt mir fern, Kritik an den Unternehmen zu üben, deren Aktien auf dem Neuen Markt gehandelt werden. Institutionelle Neugründungen für Wagniskapital können für die Wirtschaft durchaus günstig sein. Aber was hier vorgeht, zeigt, wie die Dinge aus dem Ruder laufen können. Doch noch mal: Meine Strafpredigt gilt nur dem *Handel* mit diesen Aktien – er ist genauso kriminell, wie es kriminell wäre, zum Beispiel DaimlerChrysler- oder IBM-Aktien durch Manipulationen auf das Zehnfache zu treiben. Leider schweigt das Bundesaufsichtsamt für das Kreditwesen in Frankfurt zu all dem. Entweder schlafen die Herren oder sie haben keine Ahnung, was Börsenmanipulationen sind. In Amerika, England oder Frankreich wäre so etwas nicht möglich. Da hätten längst Watch-Dogs die Bö(r)sewichter gestellt.

Gezielt gestreute Gerüchte sind ein weiterer geschickter Weg, Kurse zu manipulieren. Seit es Börsen gibt, werden sie eingesetzt, um das Publikum in eine bestimmte Richtung zu leiten. Meisterlich war bereits im 17. Jahrhundert Sir Henry Furnesse, der Direktor der Bank von England. Er besaß ein ausgezeichnetes Nachrichtennetz. Sobald es eine wichtige Neuigkeit gab, sandten ihm seine Vertrauensleute auf dem

Kontinent ihre Informationen per Brieftaube. Wollte er dann kaufen, führten seine Agenten an der Londoner Stock Exchange eine große Komödie auf. Mit gerunzelter Stirn und geheimnisvoller Miene liefen sie umher, als wären sie im Besitz einer schlechten Nachricht. Sie lenkten die Aufmerksamkeit auf sich, indem sie ein paar Verkaufsorders erteilten, und angesichts der hohen Stellung des Chefs wurde auch die kleinste ihrer Gesten belauert. Im Pokerspiel nennt man das »Mundbluff«, was eigentlich verboten ist. Alarmiert folgten die Spekulanten ihrem Beispiel, und durch die zahlreichen Verkäufe senkte sich der Preis. War sein Plan gelungen, kaufte er zu den nun niedrigen Preisen.

Trauen darf man allenfalls Empfehlungen eines guten Freundes oder auch eines Anlageberaters, zu dem man, gestützt durch jahrelange positive Geschäftsbeziehungen, Vertrauen haben kann. Man muss sich absolut sicher sein können, dass der Urheber der Empfehlung keine eigenen Interessen verfolgt. Bei »heißen Tipps« aber kann man nur eines, nämlich das Gegenteil tun.

Börsengurus: Vom Wunderrabbiner bis zum Mathematiker

Diejenigen, die Tipps verbreiten, steigen manchmal zu wahrhaften Börsengurus auf, wenn sie einmal einen richtigen Treffer gelandet und eine große Hausse oder einen Krach vorausgesehen haben. Sie werden verehrt, bewundert und zuweilen sogar angebetet. Ein Heer von Anlegern hängt an ihren Lippen. Empfiehlt ihr Guru ihnen, das Papier X oder Y zu kaufen, laufen sie zum Telefon, ohne selbst nur eine Sekunde darüber nachzudenken. Die meisten Börsenpropheten benutzen ihre Popularität, um die Kurse zugunsten ihrer eigenen Positionen zu manipulieren. Ihre Analysemethoden reichen von Mathematik bis Sternguckerei. Von Robert Prechter, der mit seinen Elliot-Wellen in den 80er-Jahren zu großer Popularität kam, habe ich bereits erzählt.

In besonderer Erinnerung ist mir Joe Granville geblieben, der sich durch marktschreierische Eigenwerbung zum Guru machte, nachdem er einmal einen Rückschlag des Dow-Jones um dreißig Punkte richtig vorausgesagt oder besser erraten hatte. Für diese Prognose verlangte er nicht weniger als den Nobelpreis für Wirtschaftswissenschaft. Dabei war die Voraussage kein Kunststück gewesen, hatte er den Rückschlag doch selbst verursacht, indem er zwanzig- bis fünfzigtausend Aktienbesitzern Telegramme schickte, in denen er aggressiv den Verkauf aller Aktien empfahl. Natürlich ging die Börse daraufhin zurück, denn wenn Tausende naive Sparer plötzlich ihre Aktien auf den Markt werfen, kann der Dow-Jones leicht um dreißig Punkte fallen, was seinerzeit nicht einmal mehr als drei Prozent ausmachte. Über Nacht wurde Granville zum Star und Börsenguru, der seine Anhänger nicht nur in den USA, sondern auch in der Bundesrepublik fand.

Unter ihnen war wohl auch ein gewisser Kurt Oligmüller, der in Deutschland selbst zum Börsenguru avancierte. Er lebte in Montreux und verwaltete Depots. Ich machte mit ihm sogar eine persönliche Erfahrung. Ich hatte mich zuvor in meiner *Capital*-Kolumne über Sternengucker, Börsenalchimisten und ähnliche Gelehrte lustig gemacht, als ich von ihm einen Brief erhielt. Er fühlte sich durch meine Aussagen beleidigt, obwohl ich seinen Namen nie erwähnt hatte. Er machte nämlich eine Riesenwerbung für seine neu erfundene Theorie, wie man die Kursentwicklung einer jeden Aktie mit der größten Präzision voraussagen könne. Einige bekannte Journalisten haben ihn für diese Erfindung sogar gefeiert. Er nannte seine Theorie »den goldenen Schnitt«.

In seinem Brief beschimpfte er mich in aggressivem Ton und behauptete, Joe Granville habe mehr Börsenwissen in seinem kleinen Finger, als ich in meinem Kopf. Er forderte mich auf, in meinen Kolumnen nicht alte Börsenanekdoten zu erzählen, sondern genau vorauszusagen, wie irgendeine Aktie in dreißig Tagen stehen wird. Denn die Börse sei eine harte Wissenschaft, schrieb er, die man kennen und studieren müsse.

Seine Theorie endete leider sehr tragisch, da er einige Monate später Selbstmord beging, nachdem er zuvor seine Frau erschossen hatte. In seinem Abschiedsbrief schrieb der arme Mann, er halte noch immer daran fest, dass seine Theorie unfehlbar sei, aber leider habe er nicht mehr die Nerven und die Gesundheit, es zu beweisen. Er verlor das ihm anvertraute Geld seiner Kunden bis auf den letzten Pfennig. Dieser tragische Fall ist der beste Beweis, wie besessen Systemspieler sein können. Ich glaube, dass Oligmüller ein Opfer von Granvilles Prophezeiungen war. Dieser hatte nämlich nach seinem 30-Punkte-Erfolg wieder einmal versucht, seine Fähigkeit unter Beweis zu stellen, und orakelte, als der Dow-Jones-Index bei 750 stand, dass das führende Marktbarometer Amerikas in kürzester Zeit, inmitten eines totalen Zusammenbruchs, auf 450 Punkte fallen müsse. »Es ist so sicher, dass ich es auch den Großmüttern (er wollte damit sagen auch den alten Damen) befehle, auf diesen Krach zu spekulieren, der unvermeidbar ist«, erklärte Granville unmissverständlich dem Publikum. Was dann geschah, ist heute schon Wall-Street-Geschichte: Der Dow-Jones ist, statt auf 450 zu fallen, in den kommenden Jahren nur gestiegen. Wie ich erfuhr, hatte Kurt Oligmüller in Chicago auf dem Indexmarkt gespielt, wo er mit dem ganzen ihm zur Verfügung stehenden Geld auf den von Granville vorhergesagten Sturz der amerikanischen Börse spekulierte.

Granville dachte aber keineswegs an Selbstmord und auch nicht an Bescheidenheit und Scham. Er machte mit großem Tamtam weiter seine Prophezeiungen. Mit viel Aufwand trat er damals auch in Deutschland auf. In einer öffentlichen Debatte, organisiert von der Fondgesellschaft Prudential Bache für die Presse, protzte er höhnisch: »Mister Kostolany behauptet, dass er in hundert Fällen einundfünfzig Mal Recht behält und ihm das genügt. Das ist ja ein Spaß. Ich habe unter hundert Fällen hundert Mal Recht. Ich sage auch nicht wie Kostolany ›Ich glaube‹ oder ›Ich meine‹ – ich sage

›Ich weiß es!‹« Viel interessanter war, was er mir unter vier Augen gestand, als wir allein in einem kleinen Salon waren: »You know, Mister Kostolany, I am a ham (Schmierenkomödiant)!« Mir war er nicht einmal unsympathisch. Am nächsten Tag erschien in der *Frankfurter Allgemeinen Zeitung* ein halbseitiger Artikel über die Debatte. Man gab mir hundertprozentig Recht und beleidigte Joe Granville sogar etwas. Es sei kein Wunder, dass ein gebildeter Mann wie André Kostolany keine ordentliche Debatte mit einem Granville führen könne.

Weniger auf Mathematik, sondern mehr auf Mystik vertrauten vor vielen Jahrzehnten einige meiner Kollegen. Damals verlebte ich einige Ferientage in meinem geliebten Budapest. Die Aussicht, einmal nicht über Börsengeschäfte diskutieren zu müssen, machte mich sehr glücklich. Meine Enttäuschung war deshalb groß, als mich kurz nach meiner Ankunft ein guter Freund bat, mit ihm zu einer Bekannten zu gehen, die von mir als einem »Vollblutbörsianer« gehört hatte und mich deshalb unbedingt kennen lernen wollte. Auch ich kannte ihren Namen. Sie hieß Barbara Silbiger, eine fromme alte Jüdin. In meiner Jugend war sie eine berühmte Wahrsagerin in Budapest gewesen. Der Reichsverweser Admiral Nicolaus Horthy, der Ministerpräsident Graf Bethlen und viele andere der ungarischen Aristokratie gehörten zu ihren treuen Kunden oder Patienten. Zu Neujahr berichtete die Presse spaltenlang von ihren Prophezeiungen für die kommenden zwölf Monate. Sie galt offiziell als die Pythia von Ungarn.

Ihre Einladung war mir allerdings nicht besonders angenehm. Auf keinen Fall wollte ich etwas über meine Zukunft wissen, denn die Überraschung eines jeden neuen Börsentages ist für mich eine süße Sensation. Aber mein Freund versicherte mir, dass von Wahrsagerei keine Rede sein werde. Im Gegenteil, Barbara wolle von mir ganz andere Dinge erfahren. Also machten wir uns auf den Weg ins ungarische Delphi, das heißt in die Berge hinter Buda, beinahe am Ende der Welt.

In einer Rumpelkammer empfing uns eine fürchterlich aufgemachte alte Frau. Der schäbige Fauteuil stöhnte unter ihren hundert Kilo, in dem ungelüfteten Raum herrschte ein unbeschreibliches Durcheinander. Aber das ganze Bild veränderte sich augenblicklich, als sie zu sprechen begann. Ihre Ausdrucksweise war vornehm, äußerst gebildet, und sie beherrschte eine Menge Sprachen perfekt.

»Sie sind es also, mein liebes Kind, der aus Börsenspekulationen eine Tugend gemacht hat. Sie kennen anscheinend alle Techtelmechtel des Börsenspiels. Ich wäre glücklich, von Ihnen manches zu hören und zu lernen.«

Ich wollte meinen Ohren nicht trauen. Was konnte diese alte, allem Anschein nach vollkommen mittellose Frau – und dazu in einem kommunistischen Land – schon von Dow-Jones-Index, Kurs-Gewinn-Verhältnis oder Wandelanleihen wissen? Aber so komisch es auch klingen mag, es war für mich ein Vergnügen, ihr Börsenwahrheiten einzuimpfen. Ich blieb fast zwei Stunden bei ihr, und es war angenehm, in ihr eine so intelligente und interessierte Schülerin zu finden. Beim Abschied nahm sie mir das Versprechen ab, mit ihr in Kontakt zu bleiben und ihr von Zeit zu Zeit meine Meinung über die verschiedenen Börsenmärkte der Welt brieflich anzuvertrauen.

Als ich einige Wochen später wieder im Westen war, erzählte ich meinen Bekannten von dieser Begegnung. Wie groß war mein Erstaunen, als ich erfuhr, dass vier Auslandsungarn, einer in Zürich, einer in London, ein weiterer in Genf und der vierte in New York – alles ausgekochte internationale Börsenspieler – mit meiner neuen Freundin seit Jahren in Verbindung standen! Sie schickten ihr regelmäßig Geschenke und Pakete, und dafür bekamen sie von Barbara Voraussagen über alle Börsen der Welt. Manchmal kategorische wie »An der Wall Street im Herbst alles verkaufen!«; ein anderes Mal mystische wie »In Paris sämtliche Aktien, die mit P anfangen, aufkaufen!«, oder sogar malerische wie »In Zürich in Aktien von gelber Farbe einsteigen!«.

Warum auch nicht, sagte ich mir. Sie folgt ihren Intuitionen, die bestimmt auf irgendetwas gründen. Vielleicht zieht sie ihre Schlüsse aus Ereignissen, die einem zu nüchternen Menschen, einem Makler oder Bankier, nicht auffallen. Tatsächlich aber nahm sie von ihrer Rumpelkammer auf kommunistischem Boden aus auf die Börsenoperationen von vier internationalen Berufsspekulanten Einfluss.

Seit meinem Besuch verfügte sie über ein neues Arbeitssystem, einen direkten Draht. Ich sandte ihr von Paris aus meine »Weisheiten« in die fernen Budapester Berge, und von dort wurden sie umgehend, unter der Etikette ihrer Prophezeiungen, in die genannten vier Ecken der Welt weitergeleitet. Mithilfe dieser neuen Einrichtung waren Barbaras Ratschläge sicherlich fachgerechter geworden. Ob sich aber ihre Prophezeiungen bewahrheitet haben, das vermag ich heute nicht mehr zu sagen.

Eigenartigerweise sind die meisten Börsengurus Crash-Propheten. Hausse-Gurus gibt es nur wenige. Den Weltuntergang zu predigen erregt eben mehr Aufsehen. Doch sie haben harte Zeiten hinter sich. Von den meisten spricht heute kaum noch jemand. Robert Prechter und Joe Granville aus Amerika habe ich schon erwähnt. In Deutschland war es mein lieber Kollege und Freund Paul C. Martin, der in einem Buch nach dem anderen den Crash prophezeite. Heute schreibt er für die *Bild*-Zeitung. Oder der Ex-Bankier Philipp Freiherr von Bethmann. Er wollte bestimmt nie die Kurse manipulieren, sondern war hundertprozentig von seinen Prognosen überzeugt. Er schaltete vor einigen Jahren in der *FAZ* eine ganzseitige Annonce mit der Warnung vor dem wirtschaflichen Untergang der Welt. Diese Anzeige kostete ihn schließlich eine Menge Geld, ohne dass er dadurch irgendeinen finanziellen Nutzen gehabt hätte. Doch auch von ihm hört man nichts mehr. Aktiv ist nur noch Roland Leuschel, der vor einigen Jahren ins Lager der Crash-Gurus überwechselte. Bereits bei einem Dow-Jones von 3000 Punkten prognostizierte er ein zweites 1929. Bröckeln die Kurse zwischenzeitlich ab, spricht er immer wieder vom so genannten Salami-Krach, was bedeuten soll, dass der Crash sich in kleinen Schritten vollzieht. Natürlich ist das semantisch völlig falsch. Ein Crash ist etwas Plötzliches und Unerwartetes mit sehr bösen Folgen. Meine Definition für einen Crash sieht so aus: Das Zimmermädchen kommt mit der Suppenschüssel ins Speisezimmer und lässt sie fallen. Den ersten Krach gibt es, wenn die Porzellanschüssel den Boden erreicht. Dann fliegen die Scherben auseinander und zum Schluss macht die Hausdame dem Mädchen einen Krach. Das ist ein Crash – ein Triple-Crash sogar.

Statt sich etwas zurückzuhalten, protzt Leuschel damit, wie Recht er habe («I told you so«). Tatsächlich aber ist keine der Prognosen des Deutsch-Belgiers eingetroffen. In Amerika ist immer noch Jim Rogers als Untergangsprophet aktiv. Seit Jahren warnt der ehemalige Partner von George Soros vor der überbewerteten Wall Street.

Die Crash-Gurus sollten endlich ihre Fehler eingestehen und es so halten wie einst mein Bruder in Budapest. Bei einem großen Hausball sagte er zur Gastgeberin: »Sehen Sie den hässlichen Zwerg dort mit dem Wasserkopf?«

Die Antwort der Dame: »Das ist mein Sohn.«

Mein Bruder erbleichte und erwiderte das einzig Vernünftige: »Gnädige Frau, so einen Fehler kann man nicht wieder gutmachen. Ich gehe.«

Und er ist gegangen.

Crash-Guru war ich weiß Gott nie. Doch der Titel Börsenguru wurde mir von den Journalisten auch oft zugedacht, obwohl ich nie Tipps gab. Ich akzeptiere den Titel auch nicht, da ein Guru unfehlbar ist, was ich ganz sicher nicht bin. Unfehlbar war nur der Börsentipp des weltberühmten Wunderrabbiners von Fürth: Auf die Frage einer kleinen Gruppe von Frankfurter Börsianern, was man jetzt an der Börse tun solle, antwortete er: »Kaufet nicht verkaufet!« Die Börsianer mussten nur noch das Komma setzten. Entweder hieß es: »Kaufet nicht, verkaufet«, oder es hieß: »Kaufet, nicht verkaufet.«

Insider-Informationen

Die begehrten Informationen an der Börse sind Insider-Informationen. Dass deren Ausnutzung verboten ist, tut der Tatsache keinen Abbruch. Es ist ein Komplex aller Börsianer, zu glauben, die anderen wüssten mehr als man selbst. Es ist die alte Geschichte vom noch grüneren Rasen des Nachbarn. Bekommt ein Spekulant zufällig mit, wie ein Kollege eine Order für ein bestimmtes Papier gibt, vermutet er sofort, der Kollege wisse mehr. Erstens ist die Vermutung fast immer falsch, und selbst wenn er gewisse Insider-Informationen hat, müssen diese nicht richtig sein.

»Informiert« bedeutet oft schlicht »ruiniert«. So ist es auch mir einmal Anfang der Dreißigerjahre ergangen, als ich einen Winter in St. Moritz verbrachte. St. Moritz war damals ein Symbol für Luxus und Reichtum. Das *Palace*-Hotel mit Halle, Bar und Grill spielte eine besondere Rolle. Es war der Treffpunkt der internationalen Hochfinanz, der Playboys und der Prominenz aus aller Welt. Der Leser kann mich also mit Recht fragen, was ich in diesem exklusiven Kreis zu suchen hatte. Als Zuschauer absolvierte ich meine Lehrjahre im kosmopolitischen Lebensstil und gewann dadurch Lebenserfahrung, die mir bis heute nützlich ist. Und durch meine Baissespekulation hatte ich glücklicher Weise auch die entsprechenden Mittel.

Diese kleine farbige Welt ist verschwunden wie der Schnee vom vergangenen Jahr. Als ich vor Jahren durch die Halle des *Palace* ging, wurden die Geister der Vergangenheit in meiner Erinnerung aber noch einmal lebendig. In einer Ecke der Halle sah ich den Autokönig André Citroën – es war noch vor seiner Pleite. An einem anderen Tisch saß Sir Henry Deterding, Herr des Royal-Dutch-Shell-Konzerns. In seiner Nähe dinierte die Konkurrenz: Mr. Walter C. Teagle, Präsident der Standard Oil. Nach dem Dorfklatsch trafen die beiden Potentaten des Erdöls (die Vorfahren der Ölscheichs) jedes Jahr hier zusammen, um ihre Probleme zu besprechen: Preise, Märkte, Öl. Genau wie heute die Ölscheichs in einer OPEC-Konferenz. Zwei Schritte von ihnen sah ich Kees van Dongen, den weltberühmten Maler, und Charlie Chaplin. Nie fehlte hier mein Landsmann Dr. Arpad Plesch, der brillante Spekulant und größte Fachmann für Goldanleihen. Auf der anderen Seite saß, im immer gleichen Fauteuil und in Gedanken versunken, Dr. Fritz Mannheimer, der einflussreichste Bankier dieser Zeit, ein gebürtiger Stuttgarter, Chef des Bankhauses Mendelssohn & Co. in Amsterdam. Ich habe von ihm zuvor schon einmal berichtet. Er hatte sich als Devisenhändler ein Vermögen geschaffen. Vor der spektakulären Pleite seines Bankhauses galt er als ungekrönter König des Finanzplatzes Amsterdam, weshalb er mir natürlich am meisten imponierte. Er war untersetzt, arrogant, sich seiner Macht und Bedeutung wohl bewusst.

Ich verfolgte diese Show im *Palace* mit den Augen eines Privatdetektivs, analysierte die Gesten der auftretenden Figuren, ihre Physiognomien, und hätte gern ihren Gesprächen gelauscht. Sicher sprachen sie nicht über das Wetter! Und durch einen merkwürdigen Zufall wurde meine Neugier befriedigt. Eines Abends klopfte der Page an meine Tür und überreichte mir ein Telegramm, das ich ungeduldig aufriss. Der Text bestätigte die Ausführung eines gigantischen Kaufauftrags von vielen tausend Royal-Dutch-Aktien auf allen Märkten der Welt im Gegenwert von mehreren Millionen Gulden. Ich verstand nicht, worum es sich handelte, wendete das Telegramm und sah erst jetzt, dass es an Dr. Mannheimer adressiert war. So ein Irrtum kann sogar im *Palace* vorkommen! Mein Zimmer lag auf der Schattenseite, genau gegenüber der auf der Sonnenseite liegenden Suite von Dr. Mannheimer. Heute, viele Jahrzehnte später, fühle ich noch immer den Schock, der mich damals durchfuhr. Ich war plötzlich in die Geheimnisse der Götter eingeweiht. Erst vor einigen Tagen hatte ich in einer Ecke Sir Henry mit Dr. Mannheimer in lebhaftem Gespräch entdeckt. Die haben, so dachte ich mir, gewiss etwas ganz Besonderes in Sachen Royal Dutch ausgekocht. Das war unmissverständlich.

Ich läutete dem Pagen, gab ihm das Telegramm verschlossen zurück und versuchte Ordnung in meine aufgescheuchten Gedanken zu bringen. Damals war ich Baissespekulant. Ich war aus wirtschaftlichen und politischen Gründen pessimistisch und für Haussetipps nicht besonders empfänglich. Es war auch noch mitten in der großen Baisseperiode dieser Zeit. Aber eine solche Auskunft, die mir ein teuflischer Zufall zugespielt hatte, so etwas passiert kaum zweimal im Leben! So einem Tipp muss man folgen. Und ich folgte ihm. Ich kaufte mir Royal Dutch, und von diesem Augenblick an begann der Kurs zu fallen – bis auf ein Drittel meines Kaufpreises. Ich verlor das ganze Geld, das ich in diesen Tipp gesteckt hatte.

Ich habe nie erfahren, was die beiden in der Halle des *Palace* besprochen hatten. Aus meiner Erfahrung konnte ich jedenfalls zwei Schlüsse ziehen: Ein großer Finanzier kann auch ein schlechter Spekulant sein, und beim Wintersport kann man auch lehrreiche Börsenerfahrungen sammeln.

Stockpicking

Von der Aktienbörse zur Börse von Aktien

Bisher habe ich fast nur über die Analyse des gesamten Aktienmarktes gesprochen. Die ganz großen Gewinne von 1000 oder sogar 10 000 Prozent kann aber nur derjenige machen, der die richtigen Papiere besitzt.

Die Reihenfolge wurde jedoch ganz bewusst gewählt. Nach meiner Erfahrung ist niemand so gut in der Aktienauswahl, dass er in einem generellen Baissemarkt noch Gewinne macht. Ist die allgemeine Tendenz nach unten gerichtet, können sich nur äußerst wenige Papiere diesem Trend entziehen. Allenfalls ausgesprochene Wachstumsbranchen haben die Chance, ihr Niveau zu halten, und die besten Unternehmen dieser Branche können vielleicht auch leicht zulegen, doch wer weiß schon vorher, welche Unternehmen dies sind? Eine stürmische Hausse ist jedenfalls nirgendwo zu erwarten. Ist der Faktor Geld negativ, dann ist auch für die zukunftsträchtigen Aktien kein Geld übrig. Dreht sich die generelle Börsentendenz aber irgendwann und der Faktor Geld wird positiv, dann werden die Kurse dieser Wachstumsaktien raketenartig in die Höhe schießen.

Genauso ist es während einer generellen Aufwärtstendenz. Ist reichlich Liquidität vorhanden, dann halten sich auch solche Branchen gut, die ihre besten Zeiten hinter sich haben und sich vielleicht sogar in einem Schrumpfungsprozess befinden. Kommt irgendwann die Baisse, stürzen diese Papiere ab.

Fazit: In der Hausse kann selbst der schlechteste Stockpicker noch etwas verdienen, während in der Baisse nicht einmal die besten gewinnen. Folglich kommt zuerst die generelle Tendenz und erst an zweiter Stelle die Aktienauswahl. Nur den Anleger, der über Zeiträume von mindestens 20 Jahren anlegt, braucht die generelle Tendenz nicht zu interessieren.

Wachstumsbranchen: Die Chance, reich zu werden

Ergibt die Diagnose der allgemeinen Tendenz ein positives Bild, dann muss sich der Spekulant daran machen, die chancenreichsten Aktien mit dem größten Wachstumspotenzial herauszusuchen. Zunächst muss er sich fragen, welche Branchen, welche Industrien, von der zukünftigen Entwicklung besonders profitieren werden. Hat er die Branchen entdeckt, muss er die Unternehmen mit dem höchsten Wachstumspotenzial herausfiltern und diese dann kaufen. Doch Vorsicht! Ich erinnere an meinen Grundsatz: Was an der Börse jeder weiß, macht mich nicht mehr heiß. Hat bereits das breite Publikum die Wachstumsbranchen ausgemacht, sind die Kurse oft extrem hoch und das Wachstum der nächsten Jahre, ja, vielleicht sogar Jahrzehnte ist im Kurs vorweggenommen. Das Ei des Kostolany gilt natürlich auch für einzelne Branchen oder sogar einzelne Aktien. Es können durchaus nur einige Sektoren oder einzelne Werte total übergekauft sein, während sich der Gesamtmarkt erst in der zweiten Phase der Aufwärtsbewegung befindet.

Der Auf- und Abstieg einer Branche läuft immer nach dem gleichen Muster. Am Anfang entsteht eine große Zahl neuer Unternehmen. Das Wachstum des Marktes, in dem sie operieren, ist so groß, dass selbst die schlechtesten überleben. Dann wird die Branche langsam erwachsen. Das Wachstum geht zurück und die Qualitätsanforderungen steigen. Dieser Prozess wirkt wie ein Sieb. Die meisten Unternehmen überleben ihre Kinderkrankheiten nicht und sterben oder werden bestenfalls übernommen. Nur die konkurrenzfähigen Unternehmen bleiben übrig. Kommt es dann irgendwann sogar zu einer Rezession in dieser Branche, beginnt die zweite Auslese. Alle Unternehmen machen Verluste und nur die ganz starken überstehen die Krise. Am Ende teilt sich eine Hand voll großer Konzerne den Markt. Heute würde man sie wohl als Global Player bezeichnen.

So passierte es mit den Eisenbahngesellschaft im 19. Jahrhundert, genauso wie mit der Automobil- und Ölindustrie am Anfang des 20. Jahrhunderts. Wie viele Automobilhersteller sind an ihren Verlusten erstickt, bis General Motors, Ford und Chrysler ihre heutige Größe erreichten. Oder wie viele Ölgesellschaften sind von der Bildfläche verschwunden, bis Royal Dutch Shell, Exxon, British Petroleum und ein paar andere übrig blieben. Später ereilte das gleiche Schicksal die Elektro- und auch die Computerindustrie. Und so wird es auch – ich möchte darauf wetten – der Internet-Industrie ergehen.

Neue Branchen entwickeln sich im Zickzack. Sie schnellen nach vorn und fallen wieder zurück, dann kommt ein zweiter Wachstumsschub und danach wieder ein Rückgang, jedoch nie wieder auf ihr Ursprungsniveau. Bei jedem Rückschlag sterben die nicht überlebensfähigen Unternehmen. Parallel dazu entwickeln sich die Aktienkurse, wobei sie die tatsächliche Entwicklung noch überzeichnen. Es ist die alte Geschichte von dem Hund und dem Mann.

Der Spekulant muss versuchen, die Wachstumsbranchen früher zu erkennen als das breite Publikum. Nur so hat er die Chance, zu einem fairen Preis einzusteigen. Wird die Branche dann irgendwann zur großen Mode an der Börse, kann sich sein Einsatz verzehnfachen, ja, mit den richtigen Aktien sogar manchmal verhundertfachen. Die Vergangenheit vieler Aktien beweist es.

Der faire Preis einer Aktie

Es liegt auf der Hand, dass die Kurse der Aktien niemals ihrem wahren Wert entsprechen. Sie sind immer höher oder tiefer. Hat eine Aktie überhaupt einen objektiv messbaren Wert? Wäre dem so, dann könnte man den genauen Wert einer Industriefirma angeben, und es gäbe überhaupt keine Börse, sondern einen festen Preis für jede Aktie, der mithilfe eines Computers zu errechnen wäre. Dies ist aber nicht der Fall. Und deshalb versagen auch alle Experimente, mit Computern oder anderen Zauberregeln eine Börsentendenz, geschweige denn präzise Kurse voraussagen zu wollen. Schätzungen und Beurteilungen einer Aktie hängen von Millionen Personen ab. Nun hat aber jeder Mensch über die Aussichten und die Zukunft eines Unternehmens oder einer Branche jeden Tag eine andere Ansicht. Viele Faktoren beeinflussen das Urteil. Die gute oder schlechte Stimmung des Käufers, sogar persönliche Probleme spielen eine Rolle: ob man gut geschlafen oder Familiensorgen hat und so weiter.

Auch die Beurteilung des Kurs-Gewinn-Verhältnisses (KGV) einer Aktie (in den USA »price to earning ratio« – PE – genannt) ist rein psychologischer Natur. Es kann vorkommen, dass der Markt, das heißt die Analysten, bei ein und derselben Aktie ein KGV von 15 als niedrig beurteilen und damit das Urteil fällen, das Papier sei unterbewertet. Zu einem anderen Zeitpunkt bezeichnen sie aber dieselbe Relation bei demselben Papier als Überbewertung. Man kann aus dieser Beurteilung keine Rückschlüsse auf die weitere Entwicklung ziehen, da die Behauptung »unter- oder überbewertet« kein arithmetisches Axiom, sondern eine relative Beurteilung ist, die in großem Umfang psychologisch bedingt ist. Würde man das Kurs-Gewinn-Verhältnis als das Einmaleins der Börsenanalyse betrachten, hätte man IBM, Microsoft und keinen einzigen Internetwert je kaufen dürfen, denn nach dieser Berechnung hätten diese Aktien im gegebenen Moment immer zu hoch gestanden. Viele machten oder machen noch immer Verluste und haben sogar ein negatives KGV. Auch ich hätte meine größten Börsencoups verpasst, hätte ich nur auf diese Kennzahl gesetzt.

Turnaround-Werte: Der Phönix aus der Asche

Die zukünftigen Wachstumsbranchen frühzeitig zu erkennen und dann auch noch die kommenden Marktführer zu erwischen, ist äußerst schwierig. Natürlich ist heute sonnenklar, warum Microsoft und IBM zu den Marktführern wurden, doch wer konnte es vor 20 bzw. 40 Jahren wissen? Der Spekulant müsste Fachmann in jeder Branche sein und die technischen Details genau kennen und verstehen. Das ist aber unmöglich. Ich habe deshalb oft auf die so genannten Turnarounds gesetzt. Sie sind eine weitere Chance den Gesamtmarkt in der Performance um ein Vielfaches zu übertreffen. Mit Turnarounds sind Unternehmen gemeint, die in einer tiefen Krise stecken, Verluste machen und vielleicht sogar kurz vor der Pleite stehen. Die Kurse sind dementsprechend im Keller. Wenn aber diese Gesellschaften den Turnaround schaffen und wieder Gewinne erzielen, schnellen die Kurse steil empor. Meinen diesbezüglich schönsten Coup landete ich mit Chrysler. Als der drittgrößte Automobilhersteller der Welt Ende der 70er-Jahre fast pleite war, erwarb ich die Aktien für drei Dollar. Die Broker rieten mir, in Chrysler short zu gehen, da das Unternehmen sicher Konkurs machen werde. Es war ein weiterer Beweis für die Beschränktheit ihrer Zunft. Völlig abgesehen von der fundamentalen Situation ist es glatter Wahnsinn, eine Aktie, die bereits von 50 auf drei Dollar gefallen ist, short zu verkaufen. Chance und Risiko stehen in keinem Verhältnis. Macht das Unternehmen tatsächlich Pleite, beträgt der Gewinn pro Aktie drei Dollar, der Verlust kann aber 30 Dollar oder noch mehr betragen, wenn das Unternehmen doch gerettet wird. Im Falle Chrysler machte ich wie so oft das Gegenteil dessen, was mir die Broker empfahlen, und hatte großes Glück. Der legendäre

Automanager Lee Iacocca konnte den Kongress von der Überlebensfähigkeit Chryslers überzeugen. Mit viel Geschick und neuen Modellen sanierte er das Unternehmen. Der Kurs stieg von drei Dollar rasant an und steht heute, die Stocksplits und den Umtausch in Daimler-Chrysler herausgerechnet, bei rund 150 Dollar.

Das unsinnige Vokabular der Analysten

Viele Analysten und Broker unterscheiden in ihrem Urteil über Wertpapiere zwischen spekulativen und konservativen Aktien. Ich halte diese Unterscheidung für oberflächlich und im Grunde sogar für falsch. Der Unterschied liegt nicht in der Qualität der Werte, die man investiert, sondern in der Quantität. Wenn ein Großkapitalist eine relativ zweifelhafte Technologieaktie für einen minimalen Betrag erwirbt, so ist das keine Spekulation, sondern eine konservative Anlage mit kalkuliertem Risiko. Wenn aber ein kleiner Mann mit Beträgen, die seine Mittel weit übersteigen, das heißt auf Kredit, die »sichersten« Standardwerte kauft, so stürzt er sich in eine waghalsige Spekulation. Man muss sich immer vor Augen halten, dass der Unterschied zwischen spekulativ und konservativ nur eine Frage der Proportion ist.

Genauso halte ich die von Analysten oft ausgesprochene Empfehlung »halten« für totalen Unsinn. Wenn sich eine Aktie in meinem Depot befindet, die ich heute nicht mehr kaufen würde, dann muss ich sie verkaufen. Welchen Grund gibt es, ein Papier zu behalten, dem man offenbar nicht genügend Kurschancen zutraut, um es zu kaufen? Die Transaktionsgebühren wären das einzige Argument. Doch diese sind insbesondere in unserer Zeit der Discount-Broker zu vernachlässigen. Die Analysten geben meistens solchen Aktien das Prädikat »halten«, die bereits kräftig gestiegen sind. Wenn der Anleger schon Gewinne gemacht hat, könne er das Papier behalten, denken sie. Hier unterliegen sie einem Fehler, den fast jeder Börsianer macht. Er beurteilt die Aktie aus dem Blickwinkel seines eigenen Engagements. Hat er ein Papier zu 100 gekauft und es steigt auf 200, glaubt er, es sei jetzt teuer: Fällt es auf 50, meint er, es sei billig. Der Kollege, der bereits vor Jahren die gleiche Aktie zu 20 gekauft hat, sieht das aus einer völlig anderen Perspektive. Für ihn ist ein Kurs von 50 schon teuer, während derjenige, der für 200 gekauft hat, bereits alle Kurse unter 200 für billig erachtet.

Ob eine Aktie teuer oder billig ist, hängt allein von den fundamentalen Daten und den Zukunftsperspektiven eines Unternehmens ab. Nach diesen Kriterien muss der Spekulant eine Aktie so objektiv wie möglich beurteilen. Wann er eingestiegen ist, spielt dabei keine Rolle. Die Börse nimmt darauf keine Rücksicht. Auch eine Aktie, die bereits um 1000 Prozent gestiegen ist, kann noch kaufenswert sein, während eine, die bereits um 80 Prozent gefallen ist, noch kein Kauf sein muss. Das gilt natürlich auch für die Turnaround-Kandidaten. Nicht jedes Unternehmen, das vor der Pleite steht, kann diese auch abwenden. Bevor man kauft, muss man eine Idee haben, warum die Aktie ein Turnaround-Wert werden kann. Bei Chrysler setzte ich auf Iacocca und bekam Recht. Bremer Vulkan oder Pan Am habe ich nicht gekauft, weil ich keine Chance für eine Rettung sah.

Charts: Gewinnen kann man, verlieren muss man

Viele versuchen, mithilfe von Charts die besseren Aktien zu finden. Oft werde ich gefragt, was ich davon halte. Meine Antwort habe ich schon längst geprägt: »Chartlesen ist eine Wissenschaft, die vergebens sucht, was Wissen schafft.« Dennoch lese ich sie immer wieder gern. Denn schon Konfuzius sagte: »Erzähle mir die Vergangenheit, und ich werde Dir die Zukunft erkennen.« Anhand eines Charts sieht man am besten, was gestern war und heute ist. Aber das ist alles. Bis heute ist die Preiskurve Wahrheit, wenn sie in die Zukunft fortgeschrieben wird, ist sie Dichtung, gute oder schlechte. Der Chart macht daher nur einen einzigen Stein unter den Dutzenden in dem Mosaik aus, auf dem eine Analyse aufgebaut sein muss. Sich aber von den verschiedenen Chartformen wie »Kopf-Schulter«, »Wimpel«, »Untertasse« und ähnlichen grotesken Formen verführen zu lassen, bedeutet »Geldmord«.

Es ist geradezu lächerlich, wie die meisten Chartisten jede kleinste Kurve einer Zickzackbewegung ausnützen wollen und die Chartlinien schon für die Zukunft vorzeichnen. Aufgrund ihrer genannten Zeichnung stellen sie bereits im Voraus fest, zu welchen Kursen sie eine Aktien kaufen und wieder verkaufen müssen. Wenn ich aber eine Aktie kaufe, weiß ich nie, zu welchem Kurs ich sie wieder verkaufen werde; vielleicht 50 Prozent niedriger, vielleicht aber 300 Prozent höher. In meiner Praxis kannte ich Hunderte von Börsenspielern, die aufgrund der Chartentwicklung Tagesoperationen durchführten. Und nicht einer unter ihnen war erfolgreich. Im Gegenteil, viele verschwanden schon nach kurzer Zeit von der Börse.

Genau das gleiche habe ich mal auf einer Vortragsveranstaltung in Kulmbach gesagt. Und dann stand ein Mann auf, der Verleger von Chartheften ist, und sagte: »Herr Kostolany, sehen Sie sich vor, draußen steht ein Mercedes SL vor der Tür, der mir gehört, und ich bin reiner Chartist.«

»Ja«, sagte ich, »weil Sie Charts verkaufen und nicht damit operieren.«

Natürlich können Chartisten die Tendenz hier und da mal erraten. An der Börse gibt es nur zwei Pferde im Rennen: rauf oder runter. Erraten kann man es, sogar ohne oder trotz der Charts. Das größte Unglück für einen besessenen Chartisten ist, wenn er gleich am Anfang seines Systemspiels gewinnt, denn dann wird er noch besessener.

Einem meiner Freunde meldete man einmal im Park des Kasinos, sein Sohn sei im Spielsaal beim Roulette tätig. »Sitzt er oder steht er?«, war die spontane Frage. Denn steht er, spielt er nur sporadisch. Er kann verlieren oder auch gewinnen. Sitzt aber sein Sohn, dann spielt er ununterbrochen, wahrscheinlich mit System, und wird so das Kasino todsicher ohne einen Pfennig verlassen. Wie bei jedem Spiel, Roulette, Rennen und auch beim Chartsystem, gibt es à la longue nur eine Regel: Gewinnen kann man, verlieren muss man.

Heute findet man Chartisten in jeder Analyseabteilung der Banken und Brokerhäuser. Sie sollen das Publikum bei Tagesoperationen »chartgemäß« führen. Das ist auch kein Wunder, denn diese Art von Kunden sind das beste Geschäft für die Broker. Sie jonglieren hin und her und zahlen Millionen an Provisionen. Sie machen die Broker reich, enttäuschen aber ihre eigenen Erben.

Es gibt Dutzende von Charttheorien, je nach Geschmack des Spielers. Diese Theorien schreiben genau vor, wann und wie man kaufen oder verkaufen soll. Ich halte überhaupt nichts von diesen Theorien. Aber ein Gesetz gilt für alle: Die Chartisten dürfen keine sachlichen, politischen oder wirtschaftlichen Überlegungen in ihr Kalkül einbeziehen, sondern müssen sich streng an ihre Charttheorien halten. Denn die Kursentwicklung soll ja schon das Resultat aller relevanten Fakten sein, auch solcher, die wir nicht kennen, und die ein überzeugter Chartist auch gar nicht kennen soll. Die ganze Chartphilosophie beruht letztlich auf einem Postulat: »Wer für die Zukunft sorgen will, muss die Vergangenheit mit Ehrfurcht aufnehmen«, wie der französische Philosoph Joseph Joubert gesagt hat.

Ich beobachte jedoch zwei Chartregeln mit besonderem Interesse. Beide kommen im Repertoire der Chartisten aber kaum vor und beziehen sich immer auf eine einzelne Aktie und niemals auf einen Aktienindex. So wie ein Arzt im Krankenhaus die Fiebercharts seiner Patienten betrachtet, um daraus gewisse Schlüsse zu ziehen. Völlig unsinnig aber wäre es, eine Durchschnittsfieberkurve aller Patienten zu erstellen.

Die zwei Chartregeln, die ich beobachte, beziehen sich auf die Theorie des Doppelaufstiegs und des Doppelrückschlags sowie die Regel von M und W. »Doppelaufstieg« bedeutet, dass bei steigenden Kursen der letzte Höchstkurs immer wieder durch den folgenden überschritten wird. Wenn sich dieses Phänomen einige Male wiederholt, lässt dies eventuell auf eine weitere Aufwärtsbewegung schließen. Wenn aber die Chart einige Male die Form eines M zeigt, dann bedeutet dies einen Plafond, das heißt einen Hochkurs, den man nicht mehr durchstoßen kann. Denn wahrscheinlich wird ein größeres Quantum der Aktie zum Verkauf angeboten, und solange dieser Hahn nicht zugedreht wird, kann der Kurs nicht steigen. Nehmen wir an, dass aus einer Erbschaft 100 000 Wertpapiere zum Verkauf anstehen. Der Auftrag ist zum Beispiel auf 90 festgelegt. Jedes Mal also, wenn sich die Dotierung der Aktie 90 nähert, kommt eine größere Menge des Papiers auf den Markt, und der Kurs fällt wieder. Erst wenn alle »Erbschaftsaktien« veräußert sind, könnte es zu einem neuen Kursanstieg kommen.

Dieselbe Theorie lässt sich auch auf sinkende Kurse anwenden, wo immer ein neuer Kurs den vorherigen Tiefkurs unterbietet. Das würde auf weiter fallende Kurse deuten. Die Form eines Doppel-W dagegen deutet an, dass die Kurse nach einem Rückgang einen gewissen Boden gefunden haben, den sie nicht durchstoßen konnten. Vielleicht steckt ein Konsortium dahinter, das die Aktien aufkaufen will. Es könnte auch sein, dass ein Stützungssyndikat, ja, sogar eine Großbank den Aktienkurs eines Unternehmens aus psychologischen Gründen »künstlich« aufrechterhält. Das nennt man im Börsenjargon »Kurspflege«.

Die M- und W-Theorien sind die ältesten Chartregeln, und sie haben mir, obwohl ich kein Chartist bin, oft geholfen. Die Theorie vom Doppelaufstieg und Doppelrückschlag und die Theorie von M und W sind interessante Symptome unter vielen anderen, die ein Börsianer aus Erfahrung zu interpretieren vermag.

Doch sind für die meisten Chartgucker die Kurven nicht nur ein Hilfsmittel, sondern sie sind von ihrem System genauso besessen wie Roulettespieler, die mit Computern

M- und W-Charts

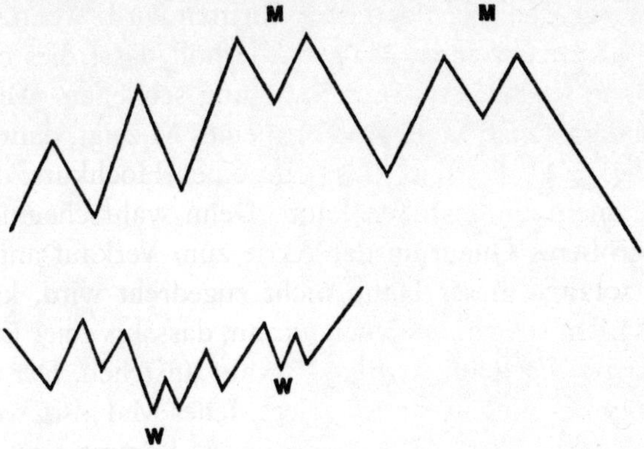

arbeiten. In vielen Kasinos gibt es Spielsyndikate. Der eine setzt die Zahlen, die der Zweite mit dem Computer ausgerechnet hat, und der Dritte läuft mit den Berechnungen dauernd zwischen ihnen hin und her. So arbeiten sie stundenlang. Oft habe ich solche Leute in Monte Carlo und Baden-Baden beobachtet. Man sollte nicht fragen, wie es endet. Am Abend sind sie noch aufgeblasen, ihres Glückes sicher, und glauben, »die« mathematische Formel gefunden zu haben. Um drei Uhr früh betteln sie um einige Mark, damit sie das unfehlbare System von neuem anfangen können. Und so geht es den meisten Chartisten.

Die Geldverwalter

Spekulanten auf fremde Rechnung

Viele Anleger entscheiden sich dafür, ihr Geld von so genannten Profis anlegen zu lassen. Die Angehörigen dieser Zunft haben begriffen, dass das Geschäft das Geld der anderen Leute ist, wie Alexandre Dumas sagte. Die unzähligen unseriösen unter ihnen haben nur eines im Sinn: Das Geld ihrer Kundschaft so schnell wie möglich auf ihr eigenes Konto zu bringen. Entweder plündern sie ihre Klientel mit horrenden Provisionen aus oder sie veruntreuen das Geld ganz einfach. Am Telefon schwatzen sie ihren Opfern Warentermingeschäfte, Bankgarantiehandel, Devisengeschäfte, Abschreibungsmodelle, Penny-Stocks und Ähnliches auf. Die Verkäufer sind hervorragend geschult. Von Geldanlage verstehen sie zwar gar nichts, dafür aber umso mehr, wie man einen Kunden zum Abschluss bringt. Für den Anleger bleibt in fast Fällen am Ende der Totalverlust.

Die seriösen Geldverwalter beschäftigen sich hauptberuflich mit dem Versuch, Gelder überdurchschnittlich profitabel anzulegen. Doch leider haben damit nur die wenigsten Erfolg. Die Performance von Portfolio-Managern ist mehrheitlich schlechter als die von Hausfrauen, die ein und dieselben Aktien 30 Jahre lang behalten. Warum? Weil sie keine Hartgesottenen sind. Es mangelt ihnen am häufigsten an Geduld und Gedanken. Sie sind Spieler ohne Überlegung. Sie haben zwar an den teuersten Universitäten studiert, verfügen über die kompliziertesten Aktienanalyseprogramme, lesen Charts und vieles mehr, doch sie sehen die Zusammenhänge nicht. Unter dem Druck, monatlich eine gute Performance abzuliefern, zocken sie hin und her. Laufen Aktien nicht sofort, die sie gekauft haben, schmeißen sie diese nach kurzer Zeit wieder heraus und springen zu Höchstkursen in die Papiere, die gerade »in« sind. Manche von ihnen werden sogar spielsüchtig oder versessen, wie der Fall Oligmüller zeigt. Am Ende verlieren sie das gesamte ihnen anvertraute Geld, ohne sich dabei selbst zu bereichern.

Kurz gesagt: Ein Spekulant auf fremde Rechnung, egal ob Fondsmanager, Vermögensverwalter, Privatbankier oder Anlageberater muss integer und verantwortungsbewusst sein, Erfahrung haben und wie der hartgesottene Spekulant über die vier »Gs« verfügen. Wenn er integer ist, wird er das Geld nicht veruntreuen. Wer verantwortungsbewusst handelt, wird keine unüberschaubaren Risiken eingehen und mit dem ihm anvertrauten Geld mindestens so sorgsam umgehen wie mit dem eigenen. Erfahrung ist die wichtigste Schule für einen Spekulanten, egal ob Spekulant auf eigene oder auf fremde Rechnung, und die vier »Gs« braucht er, um die Erfahrung in Erfolg umzusetzen. Fehlt ihm eine der vorgenannten Eigenschaften, ist er nicht zu gebrauchen, auch wenn er 16 Stunden am Tag im Dienste seines Kunden hart arbeitet und analysiert. Wie Molière schrieb: «Ein Dummkopf, der viel weiß, ist doppelt so dumm wie ein Unwissender.»

Investmentfonds: Der Autobus für viele Anleger

Die Idee ist nicht neu. Schon vor sechzig Jahren begeisterte ich mich für Investmentfonds. Einer meiner Jugendfreunde, Imre de Vegh, war in Amerika einer der Pioniere der Fondsidee. Natürlich gab es aber auch negative Auswüchse in der Fondsbranche. Die Deutschen machten mit der IOS, gegen die ich vehement gekämpft habe, besonders schlechte Erfahrungen. 1969, als der Verkauf der IOS-Fonds auf Hochtouren lief, war ich zu Gast auf einer Investmenttagung in der Bayerischen Hypothekenbank. Ein Bonner Ministerialrat erläuterte das Auslandsinvestmentgesetz und beschrieb die Nützlichkeit von Fonds als Anlageinstrument. Er ver-glich den Investmentfonds mit einem Autobus, der für jeden geeignet sei, der sich kein eigenes Auto leisten könne. Dem Fondsmanager komme die gleiche Aufgabe zu wie einem Busfahrer. Provozierend fragte ich in Anspielung auf die IOS: »Wie kontrollieren Sie denn, ob die Busfahrer überhaupt einen Führerschein haben?«

Doch die Investmentbranche ist den vergangen Jahren erwachsen geworden. Die Kontrolle ist heute sehr viel effektiver. Die Publikums-, Spezial-, und Pensionsfonds halten die größten Aktienpositionen und bilden so die Basis der Börse. Volkswirtschaftlich erfüllen sie einen wichtigen Zweck. Durch Investmentfonds kann jeder kleine Sparer an der wirtschaftlichen Entwicklung teilhaben. Schon mit geringen Mitteln von weniger als 1000 Mark oder auch nur 50 Mark monatlich kann man Anteile kaufen und auf diese Weise selbst mit bescheidenen Mitteln den industriellen Sprung nach vorn mitmachen. Ich sehe darin auch das beste Mittel gegen marxistische Propaganda. Jeder Bürger wird durch seine Mini-Geldanlagen zu einem Mini-Kapitalisten. Die kleinen Aktienbesitzer stellen die beste Bastion gegen den Kommunismus dar, denn sie setzen den demokratischen und liberalen Kapitalismus bei der breiten Masse in die Praxis um. Die westlichen Regierungen betrachten deshalb die Entwicklung der Investmentindustrie mit Wohlwollen.

Die Auswahl wird jedoch immer schwieriger. Tausende von Fonds mit den verschiedensten Anlageschwerpunkten werden angeboten. Der Fondsmanager hat natürlich nicht die Zeit, mit jedem seiner Anleger persönlich zu sprechen. Die Qualität der Fonds lässt sich deshalb nur an ihrer Performance messen. Dabei sollte man aber nicht nur die Ergebnisse der letzten drei, sondern der letzten zehn, besser noch der letzten zwanzig Jahre anschauen. Wer eine gute Dreijahresperformance aufweist, kann auch einfach nur Glück gehabt haben. Viel entscheidender aber ist, mit welchen Werten und welcher Strategie die Ergebnisse erzielt wurden.

Fonds ähneln ein wenig einem Restaurant: Nicht nur die Qualität der Zutaten ist entscheidend, sondern auch die Kochkunst des Chefs. Auch mit erstklassigen Zutaten kann ein Koch schlechte Küche machen. Ein großer Künstler dagegen bereitet mit den einfachsten Dingen die schmackhaftesten Gerichte zu.

Hedge-Fonds: Bereits der Name ist Betrug

Wenn ich von Investmentfonds spreche, meine ich damit keinesfalls die so genannten Hedge-Fonds. Sie sind ein hundertprozentiger Betrug am Publikum, ein doppelter sogar. Erstens ist es kein Hedge und zweitens kein Fonds. Fonds sind sie deshalb nicht, weil sie in den Ländern mit entwickelten Kapitalmärkten und Anlegerschutzgesetzen gar nicht als Fonds zugelassen würden. Fast alle mussten sich daher ihre Heimat in kleinen Inselstaaten suchen, was dem Betrug Tür und Tor öffnet. Wie Lohengrin es in der berühmten Gralserzählung singt: »In fernem Land, unnahbar euren Schritten.«

Und Hedge-Geschäfte machen diese Fonds auch nicht. Hedge-Geschäfte sind etwas völlig anderes. Hat man zum Beispiel Goldminenaktien und verkauft man im Gegenzug Gold auf Termin, dann hat man eine abgehedgte bzw. abgesicherte Position. Fällt das Gold, werden zwar Minen schwach, dafür verdient man am Terminmarkt à la baisse. Steigt aber der Goldpreis, werden sich die Minen vorteilhaft entwickeln, reduziert um den Betrag, den man am Terminmarkt verliert. Die Hedge-Fonds aber spekulieren in eine Richtung, mit einem das Eigenkapital mehrfach übersteigenden Quantum. Sie gehen so weit, dass sie die ohnehin schon viel zu geringen Einschüsse auf Devisen, Anleihen oder Rohstoffterminkontrakte auch noch mit Krediten finanzieren, die sie separat in Anspruch nehmen.

Es ist ein absolutes Hasardspiel und genauso, als würde ich im Spielsaal dem Herrn Meyer sagen: »Sie verstehen nichts von dem Spiel. Geben Sie mir Ihr Geld und gehen Sie für zwei Stunden spazieren, ich werde in der Zwischenzeit auf Ihre Rechnung Roulette spielen.« Wenn er dann wiederkommt und ich ihm melde, dass ich alles verloren habe, kann er nichts machen als sich zu ärgern und als armer Mann nach Hause zu gehen.

Der Erfolg des von George Soros gemanagten Quantum-Fonds, der 1993 mit der Spekulation auf die Abwertung des britischen Pfundes mehr als hundert Prozent Gewinn einfuhr, hat im Publikum eine Hedge-Fonds-Manie ausgelöst. Die meisten glauben, die Hedge-Fonds-Manager könnten sichere Gewinne machen.

Das Gleiche erklärte mir schon vor mehr als 15 Jahren eine Tänzerin, denn die Hedge-Fonds sind keine neue Erfindung, wie viele unerfahrene Börsianer glauben. Meine Bekannte führte bereits länger eine Debatte mit ihrem Mann, einem international bekannten Choreographen. Sie stritten über Anlagefonds. Er war Anhänger der konservativen Anlagefonds, während sie auf Hedge-Fonds schwor. Auf meine Frage, woher ihr Optimismus stamme, gab sie mir die kurze, aber lehrreiche Antwort: »Wissen Sie, die Börse steigt nicht immer, sie kann auch fallen. Und wenn sie fällt«, fuhr sie fort, »dann kann man auch verdienen.«

Endlich konnte ich diese beiden wichtigen Börsenaxiome von einer Ballerina lernen.

»Die Hedge-Fonds spekulieren auch auf die Baisse, verkaufen Wertpapiere, die sie nicht besitzen. Fällt die Börse, dann können sie diese Papiere billiger zurückkaufen, steigt die Börse, dann verdienen die Hedge-Fonds mit ihren Haussepositionen. Gleichgültig ob hinauf oder herunter, der Gewinn ist auf jeden Fall gesichert«, klärte meine Ballerina mich auf.

Das klingt zunächst durchaus logisch und einfach. Es erinnert mich an eine Freundin aus der Schweiz, die ihre Freunde zum Bridge immer mit den netten Worten empfing: »Ich hoffe, Sie werden alle gewinnen.«

Wie sicher die Gewinne der Hedge-Fonds sind, erlebten

wir vergangen Herbst, als *Long Term Capital Management* (*LTCM*) zusammenbrach. 16 Banken, darunter sogar so vornehme Adressen wie die schweizer UBS und Merrill Lynch hatten dem Fond Milliarden anvertraut und verloren. Nur durch massive Stützungsoperationen der engagierten Banken konnte der Fond gerettet werden. Was war geschehen? Die Fondsmanager – unter Ihnen zwei Nobelpreisträger und Havard-Mathematikprofessoren – hatten darauf gesetzt, dass die amerikanischen Zinsen angehoben werden. US-Notenbankpräsident Greenspan hatte damit häufiger gedroht. Deshalb verkauften sie US-Staatsanleihen short, während sie gleichzeitig in russischen Dollaranleihen long gingen, da deren Zinsen viel höher waren als die der amerikanischen. Es war eine kaum vorstellbare Dummheit. Russlands Finanzlage war höchst unsicher und eine weitere Verschärfung der Krise jederzeit möglich. Diese kam dann auch, mit der Folge, dass die russischen Anleihen fielen, während die amerikanischen stiegen. Da der Fond sich mit riesigen Krediten aufs Äußerste engagiert hatte, war die Pleite unausweichlich. Die bei LTCM kreditgebenden und anlegenden Banken waren zudem weitgehend identisch, sodass sie ihre eigenen Verluste finanzierten. Natürlich verloren auch Privatanleger Millionenbeträge.

Deshalb rate ich nicht nur davon ab, ich verbiete allen Lesern, Freunden und Anlegern, ihr Geld in Hedge-Fonds zu investieren.

Anlageberater: Ihre Freud ist des Kunden Leid

Unter Anlageberatern verstehe ich die Angestellten der Banken und Broker, die Beziehungen zu Kunden knüpfen und diese später dann auch betreuen. Sie beraten ihre Kunden bei der generellen Anlagestrategie und geben Empfehlungen zu speziellen Aktien, Anleihen oder Fonds. Sie sind in der Regel keine Geldverwalter mit Handlungsvollmacht für

Wertpapiertransaktionen, sondern stimmen jeden Auftrag mit ihrem Klienten ab. Dieser hat dadurch eine bessere Kontrolle und kann sich im persönlichen Gespräch ein Bild über seinen Berater machen. Das ist durchaus positiv, doch stehen alle Broker und Anlageberater der Banken in einem Interessenkonflikt mit ihren Kunden. Sie verdienen nur, wenn sie Umsatz machen, und das ist oft schlecht für die Kunden. Broker müssen so häufig wie möglich kaufen und wieder verkaufen. Bei jeder Transaktion fällt eine Provision an, und ein Teil dessen ist ihr Verdienst. Setzen sie nichts um, verdienen sie auch nichts. In Deutschland bekommen die Anlageberater in der Regel ein Festgehalt, was das Problem lindert. Dafür richten sich ihre Aufstiegschancen nach den Umsätzen, sodass sie indirekt doch wie ihre amerikanischen Kollegen in diesem Interessenkonflikt stehen.

Konkret sieht das so aus: Ein Kunde besitzt 1000 Aktien von IBM, sein Broker ist eigentlich auch der Meinung, dass der Kurs weiter steigen wird. Rät er seinem Kunden, die Aktien weiter zu halten, verdient er aber nichts. Aus diesem Grund empfiehlt er ihm, IBM besser in Compaq zu tauschen. So fallen zweimal Provisionen an, einmal für den Verkauf und einmal für den Kauf.

Ich weiß, wovon ich spreche, denn ich habe vor dem Zweiten Weltkrieg lange Zeit selbst als Broker auf Provisionsbasis gearbeitet. Nicht trotz dessen, sondern gerade deshalb schätze ich die Broker nicht sonderlich, wie ich zuvor schon mehrfach zum Ausdruck brachte. Es gibt nur sehr wenige, die in der langfristigen Zufriedenheit einer entsprechend großen Kundenbasis ihr Vorankommen sehen. Die meisten gucken auf den schnellen Dollar. Ich habe mit rund 70 Brokern bzw. Investmentbankern zusammengearbeitet. Vertrauen schenkte ich allenfalls fünf von Ihnen, meistens aber tat ich das Gegenteil dessen, was sie mir empfahlen. Wie es so schön in einer berühmten Koloratursopran-Arie heißt: »Oskar weiß es, sagt es aber nicht.« Ich drehe den schönen Satz um: »Der Broker sagt es, weiß es aber nicht.«

Vermögensverwalter: Die Maßschneider unter den Geldverwaltern

Die seriösen Vermögensverwalter stehen nicht in dem beschriebenen Interessenkonflikt der Broker und Anlageberater. Der Hauptteil ihrer Einkünfte richtet sich über eine Gewinnbeteiligung nach der Performance, die sie für ihre Kunden erzielen. Gewinnt der Kunde, verdient auch der Vermögensverwalter und vice versa. Je stärker sich die Gebührenstruktur eines Depotverwalters an seinem Anlageerfolg orientiert, desto besser. Die Vermögensverwalter sind in die Lücke gestoßen, die früher die vorwiegend jüdischen Privatbankiers ausfüllten, von denen es heute nur noch wenige gibt. Sie kennen ihre Kunden noch persönlich, kennen die Depots, womöglich sogar die Freundinnen und Liebhaber. Sie behandeln die zittrige alte Dame anders als das Ehepaar, den Vater, der für Kinder und vielleicht sogar Enkel sorgen muss, anders als den kapitalkräftigen Junggesellen. Denn ob eine Anlage gut ist, hängt nicht nur von der Anlage, sondern auch vom Anleger ab. Aus diesem Grund habe ich es auch immer abgelehnt, pauschale Anlageempfehlungen zu geben. Man muss den Ratsuchenden genau kennen und »durchleuchten«, bevor man eine Empfehlung aussprechen kann.

Die großen Banken beraten heute am Bankschalter und haben sich aus dem individuellen Geschäft zurückgezogen. Sie verkaufen »Konfektionsanlagen«. Der Vermögensverwalter hingegen ist der »Maßschneider«, warum ich ihm auch den Vorzug geben würde. Auch hier darf ich aus eigener Erfahrung sprechen, war ich doch jahrelang der Partner meines guten alten Freundes Gottfried Heller in seiner *Fiduka*-Depotverwaltung.

An den, der es wagen will

Verlieren gehört dazu

Im letzten Kapitel angekommen, wird sich so mancher Leser fragen: Soll ich mich in den Börsendschungel stürzen und mein Glück als Spekulant versuchen? Ein Schüler in einem meiner Börsenseminare stellte mir mal die Frage, ob ich mir, wenn ich einen Sohn hätte, wünschen würde, dass er Spekulant wird. »Gewiß nicht«, war meine Antwort. »Wenn ich einen Sohn hätte, sollte er Musiker werden. Ein zweiter Maler, ein dritter Schriftsteller oder wenigstens Journalist. Aber der vierte«, setzte ich hinzu, »müsste unbedingt Spekulant werden, um die drei anderen zu ernähren.«

Ich würde weiß Gott niemandem zuraten, Spekulant zu werden, doch es ist genauso zwecklos, jemandem davon abzuraten. Wen das Spekulationsfieber einmal gepackt hat, der wird es nicht wieder los. Die Leser mit Börsenerfahrung wissen, wovon ich spreche. Vielleicht konnten aber auch sie etwas von meinen Erfahrungen lernen und der eine oder andere vom Spieler zum Spekulanten werden.

Sicher gibt es Leser, die das Buch schon einige Kapitel vorher aus der Hand gelegt und beschlossen haben, dass die Spekulation ihre Sache nicht ist. Sie sind bestimmt nicht zu bedauern und mancher, der die obige Frage mit »Ja« beantwortet und sich für die Spekulation entschieden hat, wird sich noch öfter wünschen, es ihnen gleichgetan zu haben.

Bevor man die Börse wirklich begreift und vielleicht ein klein wenig meistern kann, muss man viel Lehrgeld bezahlt haben. Ich wiederhole: Bei Spekulationen gewonnenes Geld ist Schmerzensgeld. Zuerst kommen die Schmerzen, dann das Geld.

Nur vor einem muss man sich hüten wie vor der Pest: um jeden Preis das verlorene Geld »zurückgewinnen« zu wollen. Wenn man einen Verlust erlitten hat, muss man ihn hinnehmen, reinen Tisch machen und sofort wieder bei Null anfangen.

Das Schwierigste ist jedoch, an der Börse einen Verlust hinzunehmen. Es ist wie ein chirurgischer Eingriff. Man muss den Arm amputieren, bevor sich die Vergiftung ausbreitet. Je eher, desto besser. Das ist schwer, und unter hundert Spekulanten gibt es vielleicht nur fünf, die imstande sind, so zu handeln. Der unverzeihliche Fehler der meisten Börsenspieler ist es, die Gewinne zu limitieren und die Verluste anschwellen zu lassen. Das Resultat sind kleine Gewinne und große Verluste. Ein richtiger und routinierter Spekulant lässt die Gewinne wachsen und schneidet mit relativ kleinen Verlusten ab. Den Spruch »Kleine Fische – gute Fische« soll man an der Börse nicht anwenden. Mein Sprüchlein für die Börse lautet eher: »Wer das Kleine sehr ehrt, ist des Großen nicht wert.« Es gibt ein jüdisches Sprichwort, das lautet: »Wenn schon Schweinefleisch, dann muss es triefen.« (Fromme Juden dürfen doch kein Schweinefleisch essen.) Wenn man also schon an der Börse spekuliert, dann muss es sich wenigstens lohnen.

Ich muss lachen, wenn mir Kollegen erzählen, dass sie ein Papier kaufen und gleichzeitig einen zehnprozentigen Verkaufsauftrag erteilen. Das erinnert mich an den großen französischen Schriftsteller Sacha Guitry, der zwar von Spekulationen nie etwas hören wollte, aber, um einmal einen Makler loszuwerden, ihm folgenden Auftrag gegeben hat: »Kaufen Sie mir 100 Royal Dutch und verkaufen Sie, wenn Sie den Kurs wiedersehen.« Sacha Guitrys Witz liegt nicht weit ab von der Einstellung meiner Kollegen.

Als Spekulant muss man wie ein Pokerspieler mit einem schlechten Blatt wenig verlieren und mit einem guten Blatt viel gewinnen. Auch darf man nicht jeden Tag Bilanz ziehen und seine Gewinne ausrechnen. Ob ein Spekulant erfolgreich war, können nur seine Erben beurteilen.

Keine Frage der Zeit

In Interviews sagen manche Fondsmanager, dass sie 16 Stunden am Tag arbeiten. Das mag so manchen Hobbybörsianer entmutigen, der noch einem bürgerlichen Beruf nachgeht und Familie hat. Gegen solche Vollprofis mit Realtime-Kursen und Großcomputern habe ich keine Chance, denken die meisten. Doch das ist Unsinn. Zu 95 Prozent ist die Arbeit der Profibörsianer vertane Zeit. Sie lesen Charts und Geschäftsberichte und vergessen darüber das Denken. Das aber ist das Wichtigste für den Spekulanten, und denken kann man überall – beim Spazierengehen, Joggen, Radfahren, im Flugzeug, im Auto, beim Essen und natürlich, wie von mir bevorzugt, beim Musik hören. Der Spekulant im Westentaschenformat kann sich zum Beispiel nur auf eine Branche spezialisieren und ausschließlich hier seinen Erfolg suchen. Wenn er selbstständig denkt, ist er 90 Prozent seiner Kollegen bereits überlegen, ganz egal wie viel sie arbeiten.

Der Nimbus hat Folgen

Hat sich bei Freunden, Nachbarn oder Sportkollegen irgendwann herumgesprochen, man sei erfolgreicher Börsenspekulant, wird man diesen Nimbus nicht mehr los. Die Möglichkeit, Geld zu machen, ohne im bürgerlichen Sinne des Worte dafür zu arbeiten, fasziniert fast jeden. Egal wo der Spekulant sich aufhält, ob im Sportclub, in der Kneipe, beim Friseur oder selbst in der Pause eines Theaterstücks oder einer Oper, wird er mit Fragen gelöchert. Was verlockend klingt, hat aber auch seine Schattenseiten.

Wie gern hätte ich mit dem großen Komponisten und Geiger Fritz Kreisler eine Konversation über Musik geführt. Doch es war nichts zu machen. Er bedrängte mich unentwegt um meine Weisheit, denn sein größtes Problem war immer wieder, ob man im Markt bleiben oder alles abstoßen solle. Er dachte sicherlich, dass ich ein besseres Ohr für die Dissonanzen an der Börse hätte als er. Allerdings hatte er mir gegenüber einen enormen Vorteil. Er konnte seine Börsenverluste vom Vormittag abends mit der Geige wieder »einspielen«.

Nach dem Krieg hatte ich das große Glück, in der Schweiz meinem Idol im Reich der Musik, Richard Strauss, zu begegnen und sein Freund zu werden. Oft saßen wir im *Verenahof* in Baden bei Zürich beim Essen beisammen, und ich lauschte begierig, ein Wort des Meisters über Musik zu vernehmen. Aber vergebens. Man sprach nur über Geld, und seine Frau Pauline wollte alles über die Börse wissen.

Das Phänomen Börse reizt nun einmal die Menschen. Folgende Geschichte ist besonders typisch. Mein guter Freund Janos H. aus Budapest war oft mein Gast an der französischen Riviera. Er war ein Mann von großer Kultur und besonders in der französischen Literatur bewandert. Ich wollte ihm eine besondere Freude machen und lud meinen Freund und Nachbarn, den französischen Schriftsteller und Goncourtpreisträger M. C., ein. Letzterer war zudem Kunstkritiker und Professor der französischen Literatur in Amerika. Ich wollte eigentlich vor dem Franzosen mit meinem ungarischen Freund protzen, wollte ihm zeigen, dass man selbst im kommunistischen Ungarn über die jüngste französische Literaturentwicklung wohl informiert ist. Mein Freund Janos bereitete sich tagelang auf den literarischen Gedankenaustausch vor. Leider kam es nicht zu dem geplanten belletristischen Gespräch, da mein Ehrengast mich mit Fragen über Elektronik und Ölwert, Goldpreise und Geldmarkt bombardierte. Mein armer Freund Janos konnte kein Wort anbringen. Traurig saß er bei Tisch. Das geplante literarische Mittagessen war ein Fiasko geworden.

Ich habe mich mit meinem Nimbus abgefunden. Deshalb warne ich auch alle gastfreundlichen Damen davor, mich einzuladen, wenn sie Künstler, Schriftsteller oder andere Schöngeister empfangen. Schon meine Anwesenheit verpestet die Atmosphäre. Also Achtung! Das wird auch jedem anderen passieren, der den Ruf eines guten Börsenprofis hat.

Börse und Liebe und die Liebe zur Börse

So mancher Spekulant verliebt sich so sehr in die Börse, dass er für nichts anderes mehr einen Sinn hat. Die Betroffenen sind zu bedauern, denn ihnen entgeht so vieles. Wie eintönig wäre mein Leben ohne den Genuss am Essen, an guten Weinen, schönen Frauen und natürlich der Musik gewesen! Und es ist nicht nur bedauerlich, es ist auch gefährlich, sich in die Börse zu verlieben, wie die folgende Geschichte eines Freundes zeigt: In seiner Art war er ein ziemlich ungewöhnlicher Mensch, der sich ganz mit der Börse identifizierte. Er schien mir eine bessere Verkörperung der Spekulation zu sein als jede allegorische Figur. Er wohnte in Wien, aber er hätte auch in jeder anderen Stadt der Welt leben können, vorausgesetzt, dass es dort eine Börse, Telex und Telefone gegeben hätte. Sein Einsiedlerdasein war ausgefüllt mit Fernschreibern, allen möglichen Jahrbüchern, sämtlichen Kurszetteln und Finanzzeitschriften der Welt, die sich in seinem Büro häuften. Sein Gesicht wurde nur dann von einem Lächeln erhellt, wenn er gewonnen hatte. Für ihn gab es nur die Charts an den Wänden, seine Zahlen im Kopf – alles andere war für ihn belanglos. Selbst seine Zeiteinteilung war von der Börse bestimmt. Mit abwesendem Blick und großen Schritten ging er durch die Straßen, ohne das Geringste wahrzunehmen. Er sah nicht die Pelzmäntel in den Schaufenstern, nicht die Diamantenkolliers bei den Juwelieren oder die hübschen Mädchen auf den Plakaten, welche das Publikum zu wundervollen Urlaubsreisen aufforderten. Er trug Scheuklappen wie ein Rennpferd. Nur eines sah er immer direkt vor sich: die Börse. Es konnte regnen, donnern, die Sonne scheinen, ihm war nur ein Klima wichtig, das der Börse. Er rannte, um vor dem ersten Klingelzeichen dort zu sein. Das zweite Klingeln bei Börsenschluss erschien ihm wie ein Totenglöckchen.

Glücklicherweise konnte er sein Vergnügen verlängern, wenn er wieder nach Hause zurückkehrte. Von seinem Büro aus setzte er sich per Fernschreiber und Telefon mit Auslandsplätzen in Verbindung. Aktien, Obligationen, Devisen, Rohstoffe – das war die Welt, in der er lebte und in der er sich glücklich glaubte.

Er war, wie man so sagt, von der Spekulationswut besessen. Alles hing damit zusammen, und alles lief darauf hinaus. Wenn er sich rasierte, dachte er »Gillette«, wenn er Maschine schrieb »Remington«, wenn er eine Erfrischung bestellte »Coca-Cola«. Jeder Artikel des täglichen Lebens war für ihn zugleich ein Börsenwert: die Baumwolle seines Hemdes, die Seide seiner Krawatte, der Zucker in seinem Kaffee, alles Rohstoffe, mit denen man spekulieren kann. Vom Frühling wusste er nichts als die Kurse des Pariser Warenhauses gleichen Namens (Au Printemps), von Monte Carlo kannte er nur die Aktien der »Seebäder-Gesellschaft Monaco«.

Eines Morgens eilte er mit noch mehr Eifer als gewöhnlich zur Börse. Das Radio hatte eine ungünstige Nachricht über eine Gesellschaft durchgegeben, bei der er auf Baisse spekuliert hatte. Für ihn war dies also eine gute Nachricht. Er freute sich schon, nicht so sehr über den Gewinn als vielmehr über die Genugtuung. Immer vier Stufen auf einmal nehmend, eilte er die Börsentreppe hinauf und vernahm bereits die Musik der Baisse. Seine Ohren waren nicht geschult für Mozart oder Bach, aber sie konnten unfehlbar das Dur der Hausse vom Moll der Baisse unterscheiden.

Und dann passierte etwas Unvorhersehbares. »Was macht denn die Leiter da auf dem Flur? Ich will lieber das Schicksal nicht herausfordern und darunter durchgehen. Ich könnte meinen großen Auftritt verpatzen!«

Plötzlich durchfuhr ihn ein Schreck, als hätte er einen Faustschlag vor die Brust bekommen. Von der Höhe der Leiter lächelte ihm ein blondes Mädchen zu, und er stand da und schaute sie an, musterte sie von Kopf bis Fuß.

»Das ist ja Unfug, ich werde verrückt«, dachte er, »sie lächelt doch nicht etwa mich an?«

Dann verschwand er im Börsensaal.

Aber das Lächeln verfolgte ihn. Er nahm kaum die für ihn so ausgezeichneten Kurse wahr, seine Hand zitterte ein wenig. Er hörte nicht die Glückwünsche seiner Kollegen, das merkwürdige Lächeln war immer noch da. Er glaubte, es links, rechts, überall, beharrlich und fragend zu sehen. Schließlich läutete die Glocke zum zweiten Mal. An diesem Tag nahmen die Börsenstunden kein Ende. Ob er sie beim Hinausgehen noch einmal sehen würde? Nein, sie war nicht da, nicht einmal die Leiter war mehr da, so als ob er alles geträumt hätte. Auf der Straße ging er etwas weniger schnell. Jedes Ding bekam plötzlich seinen Sinn. In den Modepuppen der Schaufenster erkannte er das blonde Mädchen. Diamanten tanzten um ein Lächeln: das des jungen Mädchens, und von den Plakaten herab lud ihn dasselbe Lächeln zur Reise ein.

Zu Hause klingelte das Telefon, aber er nahm den Hörer nicht ab. Der Fernschreiber klapperte, aber er rührt sich nicht, um nachzusehen. An diesem Abend gingen weniger Telegramme aus seinem Büro hinaus – und die eintreffenden öffnete er erst gar nicht. Er kümmerte sich nicht um die Schlusskurse der Auslandsbörsen. New York, Chicago, Buenos Aires existierten für ihn nicht mehr.

Als die Nacht kam, konnte er nicht schlafen. Sein Leben zog vor seinen Augen vorbei, leere Jahre ohne Lächeln, reich an Abenteuern, aber nur an Spekulationsabenteuern, ohne menschliche Gegenwart. Bis zum Morgen machte er Bilanz, gab sich der unsinnigen Idee hin, dass er sie wiedersehen würde und sich alles ändern könnte. Die Zeit schien stillzustehen. Mit doppelter Ungeduld wartete er auf die Stunde, um zur Börse zu gehen. Das junge Mädchen war jedoch nicht da. Er war enttäuscht. Seinen Kollegen fiel auf, dass er zum erstenmal in seiner Laufbahn als Börsianer mit etwas anderem als den Kursen beschäftigt schien. Nervös und zerstreut verschwand er, sobald die Schlussglocke läutete.

Da war sie, in der Aufseherloge ihres Vaters! Durch das offene Fenster sah er, wie sie vor einem Spiegel ihre langen blonden Haare kämmte. In einem plötzlichen Aufleuchten trafen sich ihre Blicke – ein Funken, als hätte er zu ihr gesagt: »Warte auf mich!«, und ihre Antwort wäre gewesen: »Ja!«

Auf dem Nachhauseweg durchlebte er ein echtes Drama. Als er zu Hause ankam, war die Entscheidung getroffen. Er machte sich unverzüglich an die Arbeit. Da war das Leben, zum Greifen nahe, und er wollte endlich zufassen. Mehrere Tage lang sandte er Telegramme ab, gab Aufträge, aber diesmal nicht, um neue Spekulationen einzuleiten. Im Gegenteil, er löste all seine Verpflichtungen, er deckte seine Baissepositionen, verkaufte seine Hausseengagements. In einer Woche liquidierte er alle seine Geschäfte. Dann reiste er ins Ausland, besuchte seine Geschäftsfreunde, saldierte seine Konten, kassierte, löste auf und schloss endlich ab.

Am letzten Abend seiner Reise saldierte er endgültig sein Konto, packte seinen Koffer und nahm sein Rückreisebillett. Jetzt würde das wirkliche Leben beginnen. Er würde sein Geld auf die Sparkasse legen und nie mehr an die Börse denken. Er würde noch einmal zur Börse gehen, aber nur, um beim Aufseher stehen zu bleiben. Er würde das Mädchen an der Hand nehmen und mit ihm fortgehen, und wie im Märchen würden sie lange Zeit glücklich miteinander leben. Er träumte ...

»Endlich finde ich Sie! Seit einer Woche habe ich Sie überall telefonisch gesucht!«

Es war einer seiner alten Freunde, ein Makler und Spekulant, der zufällig im gleich Zug saß.

»Stellen Sie sich vor«, fuhr jener fort, »ich habe die Spekulation des Jahrhunderts entdeckt, eine ganz außerordentliche Sache.«

»Das interessiert mich nicht mehr, ich ziehe mich von der Börse zurück.«

»Sind Sie verrückt? Das ist wohl ein schlechter Witz. Man darf keine Zeit verlieren. Hören Sie, es handelt sich um ...«

»Es ist zwecklos. Ich sagte doch eben, ich gebe alles auf. Ich habe genug vom Spekulieren.«

»Aber hören Sie doch. Sie werden gleich sehen …«

Er versuchte zu protestieren, aber der andere war schon in voller Fahrt.

»Man muss Häute kaufen, Rohhäute an der New Yorker Börse. Das ist ein todsicherer Tipp. Die Kurse sind zwar schon gestiegen, aber sie steigen, und sie werden noch viel mehr steigen. Die Russen kaufen, so viel sie nur bekommen können, sie raffen alles an sich. Auf allen Märkten der Welt, in Argentinien, in Kanada stößt man auf ihre Agenten. Sie verursachen eine Warenknappheit, die Schuhfabriken in Deutschland müssen wegen Ledermangel schon die Arbeit einstellen.«

Der Makler hatte sich in seinen Enthusiasmus hineingeredet. Er gehörte zu jenen Leuten, die sich für eine Idee begeistern können, sie bis auf den Grund ausschöpfen und anderen ihre Begeisterung übermitteln.

»Verstehen Sie mich richtig«, fuhr er fort, »die Preisentwicklung bei Häuten hat nichts mit anderen Produkten zu tun. Leder ist ein Nebenprodukt, man schlachtet keine Ochsen wegen des Leders, sondern wegen des Fleisches. Gewöhnlich wird die Produktion angeregt, wenn der Preis eines Rohstoffes steigt. Dies war zum Beispiel so beim Kupfer. Als vor einigen Jahren die Preise stiegen, hat man die lange stillgelegten Kupferminen wieder in Betrieb genommen. Ebenso war es beim Kautschuk und kürzlich auch beim Whisky, und wer weiß, ob sich nicht gerade jetzt eine ähnliche Entwicklung beim Nickel anbahnt. Aber beim Leder ist es absolut nicht das Gleiche. Die Preise können in den Himmel steigen – denn die Metzger werden nicht mehr Tiere schlachten, solange der Fleischverbrauch gleich bleibt. Der aber nimmt sogar ab. Es wird mehr Kalbfleisch gegessen, und in Amerika mehr und mehr Schweinefleisch, Fisch und Geflügel, ganz zu schweigen von der steigenden Zahl von Vegetariern. Sie werden also einsehen, dass wenig Aussicht für eine erhebliche Produktionssteigerung bei Leder besteht.

Und was findet man auf der anderen Seite? Einen ins Unermessliche gesteigerten Verbrauch. Was machen die Russen mit den Devisen, die sie für ihren tonnenweise exportierten Kaviar und ihre Krebse aus Kamtschatka bekommen? Sie kaufen damit so viel Häute, wie sie nur kriegen können. Nehmen Sie zum Beispiel einen Soldaten. Seine Stiefel, seine Sohlen, seine Koppel, seine Patronentaschen, alles ist aus Leder. Es gibt Stiefel für den Winter, Stiefel für den Sommer – und wie viele Soldaten gib es auf der Welt? Wie viele Armeen, die von Kopf bis Fuß ausgerüstet werden müssen? Wie viele unterentwickelte Länder, wo es noch keine Schuhe gibt? Und die 850 Millionen Chinesen? Nun werden Sie doch nicht mehr behaupten wollen, dass ich Unrecht habe!«

Es regnete Argumente, die Geographie marschierte auf, die Politik musste herhalten, alles diente zur Begründung einer einzigen These: Man muss Häute kaufen.

»Bei der heutigen internationalen Spannung, lieber Freund, muss man auf Häute spekulieren. Sobald es irgendwo in der Welt nach Pulver riecht, werden Häute gebraucht.«

»Ich bestreite das gar nicht, Sie haben Recht, aber ich wiederhole nochmals, ich ziehe mich vom Geschäft zurück.«

»Gut, ich will nicht drängen, aber wenn Sie es sich anders überlegen, hier ist meine Telefonnummer ...«

Und mit diesen Worten trennte man sich. Unser Freund verbrachte eine schreckliche Nacht in seinem Schlafcoupé. Bis zum Morgengrauen wälzte er sich von einer Seite auf die andere, er träumte von Stiefeln, chinesischen Ochsen, unterentwickelten Vegetariern, von Patronen, Metzgern, die Hähnchen schlachteten, russischen Stiefelsohlen, und dann sah er wieder das Mädchen mit blonden Haaren oben auf der Leiter.

Als er von seiner Reise zurückkam, eilte er sofort nach Hause. Seine Wohnung sah völlig anders aus als sonst. Es gab keine Statistiken mehr an den Wänden, keine Kurszettel, keinen Fernschreiber, alles war vor seiner Reise abgeholt worden. Als er sich rasierte, dachte er nicht an Gillette-Aktien. Beim Anziehen sann er nicht über die Wollkurse nach, und er band seine Krawatte, ohne die Seidennotierungen zu überdenken. Ein neues Leben sollte beginnen. Zum erstenmal sah er sich wirklich im Spiegel. Einige Falten, viel Müdigkeit. Er begann zu überlegen und mit seinem Spiegelbild zu sprechen.

»Du bist verrückt, du kannst nicht alles von heute auf morgen hinwerfen. So leicht kann man nicht aus seiner Haut, man streift sie nicht ab wie ein Hemd.«

Ohne dass es ihm ganz klar zu Bewusstsein kam, ging er aus alter Gewohnheit zum Telefon und wählte die Nummer seines Maklers.

»Kaufen Sie für mich x Häute-Kontrakte an der New Yorker Börse zu allen Terminen.«

Der Auftrag war riesig und reichte an die äußerste Grenze seiner Mittel. Er musste als Sicherheit die gesamte für die Sparkasse bestimmte Summe hinterlegen.

Ruhig setzte er sich an seinen Schreibtisch und nahm seine Geschäfte wieder auf. Telegramme gingen hinaus, der Fernschreiber wurde wieder installiert und tickerte eifrig. Dann nahm er mit seinen Häute-Kontrakten wieder den täglichen Weg zur Börse auf. Er war glücklich, diese Gelegenheit nicht verpasst zu haben, und rechnete schon seine künftigen Gewinne aus. In die Richtung der Aufseherloge sah er nie wieder. Er hatte Angst vor sich selbst. Wieder war er der Erste, der morgens kam, und der Letzte, der abends ging, immer war er an seinem gewohnten Platz in einer Ecke des großen Börsensaals.

Und was wurde aus den Häuten? Präsident Dwight D. Eisenhower lud Nikita Chruschtschow zu einer Reise durch die Vereinigten Staaten ein. Das war der Auftakt zu einer großen Entspannung. Koexistenz und Abrüstung waren an der Tagesordnung. Man versuchte, Stiefel und Patronentaschen zu vergessen. Und die Preise für Leder stürzten ab. Mein Freund verlor sein ganzes Vermögen. So kam es, dass freundliche Weltereignisse den Helden dieser unvollendeten Romanze bestraften.

Auch ich verlor einige Federn dabei. Ich konnte ebenfalls der »makellosen« Beweisführung, den Verlockungen des Erfolgs nicht widerstehen.

Nachdem ich diese authentische Geschichte niedergeschrieben hatte, las ich sie meinem Freund vor, der mir dafür als Modell gedient hatte. Aufmerksam hörte er mir zu, stimmte kopfnickend zu, verzog keine Miene und sagte am Ende vielsagend: »Sehr interessant, André. Aber ich werde ihnen etwas sagen: Jetzt muss man Schweinebäuche kaufen!«

Ich möchte den Leser nicht ohne meine bereits vor Jahren aufgestellten zehn Gebote und zehn Verbote verabschieden. Wenn man diesen folgt, bevor man eine Position eingeht, auflöst oder sich entscheidet, weiter engagiert zu bleiben, kann man ganz sicher ein paar Mark Lehrgeld sparen.

ZEHN GEBOTE

1. Ideen haben, mit Überlegung handeln: ob man überhaupt kaufen soll und wenn ja, wo, welche Branchen, welches Land?
2. Genügend Geld haben, um nicht unter Druck zu kommen.
3. Geduld haben, denn erstens kommt alles immer anders und zweitens anders, als man denkt.
4. Hart und zäh sein, wenn man überzeugt ist.
5. Elastisch sein und immer damit rechnen, dass in der Vorstellung ein Irrtum vorlag.
6. Verkaufen, wenn man einsieht, dass eine neue Konstellation vorhanden ist.
7. Die Liste seiner Werte von Zeit zu Zeit durchschauen und prüfen, welche man auch jetzt kaufen würde.
8. Nur dann kaufen, wenn man eine große Fantasie darin sieht.

9. Alle Risiken, sogar die unwahrscheinlichsten, ins Kalkül ziehen, das heißt, ständig mit Imponderabilien rechnen.
10. Demütig bleiben, auch wenn man Recht bekommen hat.

ZEHN VERBOTE

1. Tipps nachzulaufen, Geheiminformationen ablauschen zu wollen.
2. Zu glauben, dass die Verkäufer wissen, warum sie verkaufen, oder die Käufer, warum sie kaufen, das heißt, dass sie mehr wissen als man selbst.
3. Verluste zurückgewinnen zu wollen.
4. Rücksicht auf alte Kurse zu nehmen.
5. Auf Wertpapieren einzuschlafen und sie zu vergessen in der Hoffnung, einen besseren Kurs zu erreichen, das heißt keine Entscheidungen zu treffen.
6. Die Kurse ununterbrochen in den kleinsten Variationen zu verfolgen und auf jeden Singsang zu reagieren.
7. Permanent Bilanz zu ziehen, wo man gerade Gewinn oder Verlust macht.
8. Verkaufen, nur weil man einen Nutzen ziehen will.
9. Sich von politischen Sympathien oder Antipathien emotional beeinflussen zu lassen.
10. Übermütig zu werden, wenn man einen Profit erwischt hat.